EXPLOITS

Reinhold Messner

LA VITA SECONDO ME

Con 28 fotografie

Traduzione di Gabriella Pandolfo

CORBACCIO

Titolo originale: *Überleben*
Traduzione dall'originale tedesco di *Gabriella Pandolfo*

I edizione settembre 2014
II edizione settembre 2014

Per essere informato sulle novità
del Gruppo editoriale Mauri Spagnol visita:
www.illibraio.it
il sito di chi ama i libri

Casa Editrice Corbaccio è un marchio di Garzanti Libri S.r.l.
Gruppo editoriale Mauri Spagnol

www.corbaccio.it

ISBN 978-88-6380-837-7

LA VITA SECONDO ME

« Tutti conoscono l'utilità dell'utile, ma nessuno comprende l'utilità dell'inutile »

Zhuang-Zi

Prefazione

Quante volte ho descritto le mie sensazioni quando arrivavo in vetta a una montagna; e quante volte ho cercato di spiegare che valore attribuisco al mio modo di affrontare l'avventura e cosa significano per me le mie imprese. Per chi ascolta i miei racconti e legge i miei libri sono rimasto quello di sempre, un uomo « estremo », costantemente teso al superamento del limite.

Oggigiorno, milioni di arrampicatori dilettanti si allenano nelle palestre, altri si spingono fino in Sudafrica per praticare il *bouldering*; i bambini per il compleanno e gli adulti per attività di team building aziendali si incontrano nei parchi avventura, dove si agganciano a scale, si arrampicano con il vuoto sotto di loro, si lasciano cadere da ponti. Sono tutte avventure metropolitane in cui ci si lancia alla ricerca di emozioni, per provare a se stessi il proprio coraggio, per assaporare il brivido. Tutti vogliono arrivare al limite... ma senza correre alcun rischio e iper-assicurati. Grazie tante! Su sentieri ripidi collaudati e piste protette che si snodano in un teatro del rischio ricreato nei minimi dettagli, immerso in una finta natura selvaggia, da tempo urbanizzata come il resto del mondo civilizzato.

Oggi vivere in modo selvaggio, folle, è spesso solo un modo per darsi delle arie, una finzione, anche perché fuori la natura selvaggia sta scomparendo sempre di più. Le persone raccontano volentieri dei propri « anni vissuti allo stato brado », fanno « cose folli » e hanno « folli obiettivi ». Ma sempre in modo sostenibile, a piccole dosi, e sempre con la rete di protezione. E così la natura selvaggia addomesticata e la vita addomesticata trovano il loro punto di incontro. Quel che non rientra in questo schema andrebbe contro ogni buon senso, sarebbe da irresponsabili, anzi immorale. Invece a me interessa la natura dell'uomo, andare oltre il qui e ora, andare oltre un'esistenza addomesticata.

Alla mia immagine dell'uomo appartiene l'autonomia dell'individuo. Per tutta la vita sono stato un cane sciolto e mi sono opposto alla volontà altrui. Credo che decidere per se stessi sia un diritto sacrosanto, e per questo temo che l'informatizzazione di tutti gli ambiti della vita comporterà una perdita di libertà. Una vita sempre più efficiente, più sicura, più veloce significherà meno qualità della vita stessa, meno democrazia, meno umanità. Non mi sono mai comportato in modo «assennato», e i miei viaggi nella natura selvaggia sono sfuggiti spesso a ogni controllo. Può darsi che il «giusto» comportamento del singolo sia più conveniente per tutti di quanto non lo sia una vita vissuta decidendo per sé, ma è proprio per questo che non voglio subire un controllo totale, non voglio fare parte del mucchio di dati che costituisce la somma di una società consumistica determinabile, utilizzabile, conformista.

Sebbene io sia democratico, non credo neanche in una democrazia diretta con un voto online permanente. Che ne sarebbe della responsabilità dei politici? E della possibilità della riflessione? La mia curiosità è rivolta all'individuo, al singolo, una tipologia di uomo che ho incontrato, e incontro ancora, solo in quella parte del mondo urbanizzato che non è ancora stata raggiunta dalla politica, dalla tecnologia e dall'informazione.

I viaggi-avventura, gli sport estremi e le vacanze attive sono sempre più in voga; forse per il desiderio inconsapevole di ciascuno di scoprire la prima vera essenza del genere umano; per esperire com'era una volta e per mettere alla prova le proprie capacità. Cento anni non sono nulla in confronto a sei milioni di anni dell'evoluzione dell'uomo. Ovunque nel mondo e in tutte le culture ci sono stati lenti cambiamenti, tuttavia nella parte «civilizzata» del mondo, tale cambiamento è stato veloce mentre nella natura è stato lento. Il concetto di «lento» è quindi relativo, l'antica cultura della *polis*, che non risale neanche a 10.000 anni fa, è soltanto una piccola parentesi in un arco temporale di milioni di anni. L'uomo è per lo più nomade geneticamente. Di recente, molte società hanno subito cambiamenti talmente radicali da non riuscire a comprenderli appieno, col risultato che è andato perso il sapere di un tempo.

La sete di conoscenza sulla vita che mi ha accompagnato finora non è dovuta soltanto al fatto che sono cresciuto in un paese rurale del mondo occidentale e alle mie tante spedizioni grazie alle quali ho potuto conoscere gli aspetti più diversi di società tradizionali, ma anche al fatto che sono sempre stato un tipo curioso. Senza rendermene conto – proprio come un uomo primitivo – ho capito cosa vuol dire sopravvivenza durante molte delle mie spedizioni: i nostri antenati hanno acquisito istintivamente le doti di leadership, la capacità di affrontare minacce di ogni sorta, e l'arte della sopravvivenza. Poiché la collaborazione tra diversi gruppi in situazioni in cui si rischia la vita è insita nella natura umana, non è una questione di morale. Ho condotto le mie esperienze senza una meta, senza controllo e senza alcuna intenzione di vedere quel che accadeva quando azzardavo una mossa. Ma sempre, in ogni occasione, ho potuto imparare qualcosa. All'inizio in modo inconsapevole, in seguito spinto da una curiosità crescente. Ho registrato quel che mi passava nella mente in situazioni difficili, le reazioni dei miei compagni in situazioni estreme, quel che la natura esigeva da noi. È così che ho potuto accumulare la mia esperienza di vita, e maturare la mia idea di vita.

L'istinto del moderno *Homo sapiens*, che in migliaia di anni ha imparato la comune sopravvivenza, ha influenzato il nostro mondo – il nostro patrimonio genetico, la nostra cultura, i nostri comportamenti – più profondamente di quanto noi stessi immaginiamo. La società – dalle prime forme di vita organizzata in piccoli gruppi, passando per le città-stato fino alle forme di stato attuali – è il risultato di necessità. Le prime regole per una convivenza religiosa e civile risalgono a più di 5000 anni fa. Ma non per questo il mondo della preistoria non ci appartiene più. Ciascuno di noi custodisce dentro di sé qualcosa dell'uomo primitivo. Crediamo di non essere più nomadi, ma rimarremo per sempre tali. Persino contro la nostra volontà. La nostra percezione del mondo, le nostre esperienze e le nostre strategie efficaci di sopravvivenza ci rendono cittadini del mondo capaci di tessere rapporti, pur rimanendo al contempo uomini primitivi. Almeno nel nostro subconscio e nei nostri geni siamo più simili agli animali di quanto noi stessi vogliamo ammettere.

Io ho imparato a vivere combinando due percezioni della vita: in viaggio nelle cosiddette società primitive e nel nostro mondo urbanizzato. Ho accolto ragione ed emozione, come se la conoscenza e l'istinto insieme fossero l'espediente per ottimizzare il potenziale della sopravvivenza. Non posso dire quanto questa mia teoria possa essere utile ai cittadini di oggi, tuttavia, in determinate circostanze, una visione possibilmente più ampia della varietà delle esperienze umane non può far male. Per quanto mi riguarda, la natura selvaggia e ritrovarmi di tanto in tanto in viaggio in alcune società tradizionali mi hanno formato più della scuola. Le mie avventure hanno influenzato il mio modo di vedere il mondo e la natura umana. Soprattutto, è il pericolo che ha arricchito la mia vita. Grazie all'eccellenza tecnica, politica e militare, il predominio mondiale della cultura urbana ha sicuramente mostrato i suoi vantaggi. Ciononostante le moderne società industriali non hanno trovato metodi eccellenti per condurre una vita in comune, armonizzare interessi contrastanti, assicurare la giustizia. Nemmeno l'educazione dei bambini e una serena vecchiaia per i nostri anziani sono garantite. Quando mi trovavo nella natura selvaggia, in caso di divergenze di opinione ho sempre trovato un compromesso sia con gli indigeni del luogo sia con i miei compagni. Invece, spesso i litigi nel mondo civile non trovano una composizione; è come se nelle società più sviluppate fosse sempre più difficile trovare una soluzione ai conflitti sociali. Che le domande vengano poste nel modo sbagliato? Non cerco una risposta all'abusata domanda: cos'è l'uomo? Per me è importante sapere quel che pensa. Ma soprattutto: come possono sopravvivere insieme gli uomini? Questa è la vera domanda che da secoli ci viene posta.

Parte 1
ESERCIZI DI VITA

« Solo guardando dentro di me posso comprendere gli altri. »

Laozi

Estate 1945: Torri Fermeda sopra Brogles. Primi tentativi di mia madre di farmi stare in piedi.

Tutti i nove figli del maestro Messner arrampicavano (Günther è il secondo da sinistra, Reinhold è il secondo da destra).

La montagna è stata la mia seconda casa fin da quando ho imparato a stare in piedi: da poppante a Brogles sotto le Torri Fermeda, da ragazzino ho arrampicato nelle Dolomiti e ho sciato, in seguito ho anche arrampicato sul ghiaccio delle grandi pareti alpine.

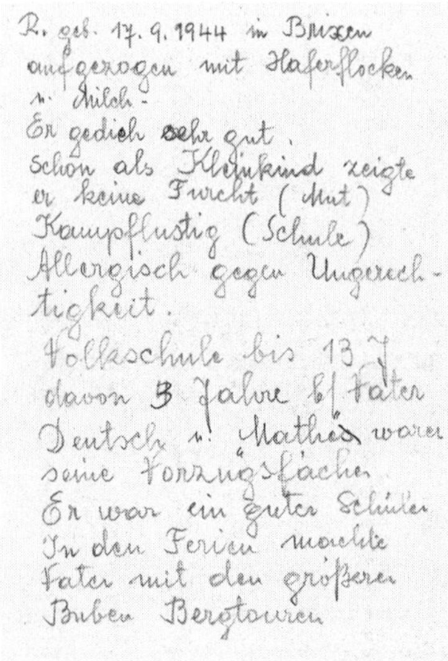
R. geb. 17.9.1944 in Brixen
aufgezogen mit Haferflocken
u. Milch –
Er gedieh sehr gut.
Schon als Kleinkind zeigte
er keine Furcht (Mut)
Kampflustig (Schule)
Allergisch gegen Ungerech-
tigkeit.
Volksschule bis 13 J
davon 3 Jahre b/ Vater
Deutsch u. Mathem. waren
seine Vorzugsfächer
Er war ein guter Schüler
In den Ferien machte
Vater mit den größeren
Buben Bergtouren

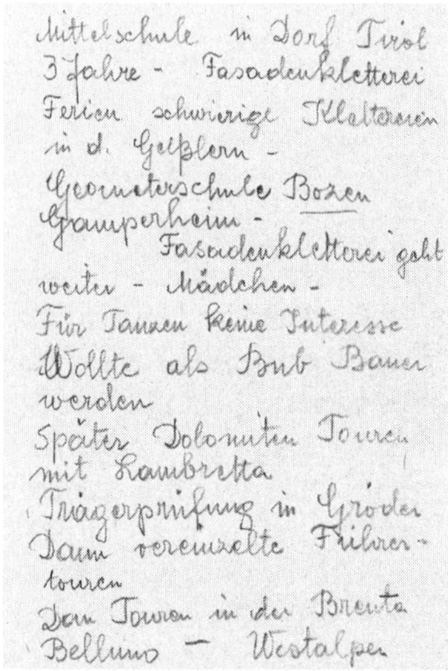
Mittelschule in Dorf Tirol
3 Jahre – Fasadenkletterei
Ferien schwierige Klettereien
in d. Geißlern –
Geometerschule Bozen
Gamperheim –
Fasadenkletterei geht
weiter – Mädchen –
Für Tanzen keine Interesse
Wollte als Bub Bauer
werden
Später Dolomiten Touren
mit Lambretta
Trägerprüfung in Gröden
Dann vereinzelte Führer-
touren
Dan Touren in der Brenta
Belluno – Westalpen

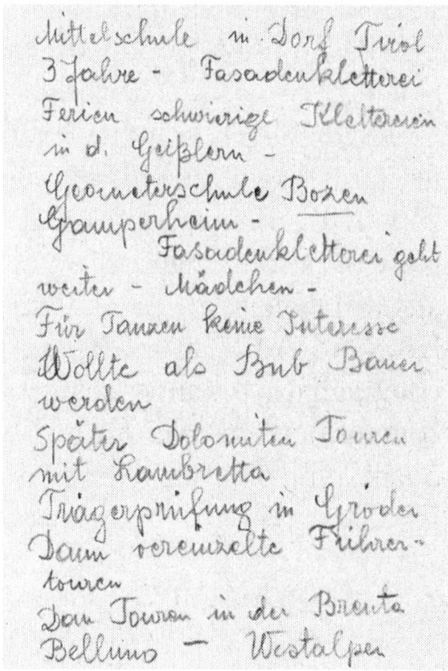
Mittelschule in Dorf Tirol
3 Jahre – Fasadenkletterei
Ferien schwierige Klettereien
in d. Geißlern –
Geometerschule Bozen
Gamperheim –
Fasadenkletterei geht
weiter – Mädchen –
Für Tanzen keine Interesse
Wollte als Bub Bauer
werden
Später Dolomiten Touren
mit Lambretta
Trägerprüfung in Gröden
Dann vereinzelte Führer-
touren
Dan Touren in der Brenta
Belluno – Westalpen

Nostra madre aveva tracciato un breve ritratto psicologico su ciascuno dei suoi nove figli (Helmut, Reinhold, Günther, Erich, Waltraud, Siegfried, Hubert, Hansjörg, Werner). E così aveva individuato l'essenza di ciascun carattere, che si poteva riconoscere già all'asilo.

1. Infanzia

All'inizio dell'estate del 1945, i miei genitori portarono me e mio fratello maggiore Helmut alla malga Brogles sotto le Torri Fermeda. Noi bambini avevamo la pertosse, l'aria di montagna ci avrebbe fatto bene. Mio padre, da poche settimane tornato dalla guerra, a cui era sopravvissuto facendo da interprete dopo la ritirata della Wehrmacht in Italia, trascorreva il tempo facendo legna nel bosco vicino, andando a caccia e scendendo a valle una volta la settimana, per comprare nel piccolo emporio del suocero tutto il necessario per sopravvivere sui monti con la sua famigliola. Questa storia la conosco solo grazie a qualche racconto e a qualche fotografia in bianco e nero: una madre e due bambini piccoli davanti a imponenti torri di pietra verticali.

Quando ripenso alla mia infanzia, ricordo in particolar modo le lunghe passeggiate al Buco dell'Orso a Sankt Jakob, dai nonni a Santa Maddalena, alla cascate del Valluzza o al Miglanz, un magnifico maso al margine ovest della valle, dove viveva una famiglia di Dableiber – contadini che avevano deciso di rimanere nel loro Alto Adige al momento delle Opzioni.* Solitamente ci accompagnava soltanto la mamma che allietava le escursioni raccontandoci le storie dell'ultimo orso a cui avevano sparato cinquant'anni prima nella valle di Funes, delle bombe che erano

* Le «Opzioni» in Alto Adige furono messe in atto fra il 1939 e il 1943 in seguito a un accordo fra Italia e Germania che imponeva alle popolazioni di lingua tedesca e ladina presenti in Italia di scegliere se trasferirsi nel Reich diventando cittadini tedeschi o restare in Italia senza essere riconosciuti come minoranza linguistica. Dableiber erano coloro che restavano, Geher coloro che si trasferivano. (*N.d.R.*)

state lanciate a San Valentino durante la grande guerra, e parlandoci dell'acqua ghiacciata delle cascate del Valluzza che si diceva avesse proprietà curative. Noi ne riempivamo le borracce e la portavamo a casa nello zaino.

Ci divertivamo di più solo a giocare a Pizzago, un piccolo villaggio con una sola strada, sotto San Pietro. Eravamo un piccolo gruppo di due dozzine di scolaretti, maschi e femmine, tra i quattro e i dodici anni. Andavamo a giocare nei boschi limitrofi, al vicino ruscello o sul «poggio» che fungeva anche da cortile della scuola. Non ci dividevamo mai in maschi e femmine o secondo l'età, come si fa di solito nelle grandi compagnie, eravamo un'unica grande compagnia. Nei masi e nella valle tutti si conoscevano, e così anche quando non andavamo a scuola giocavamo tutti sempre insieme nei fienili, spesso divisi in due gruppetti opposti. Le decisioni venivano prese parlando, non c'erano capi riconosciuti come tali, proprio come accadeva nel mondo degli adulti che parlavano degli avvenimenti del paese dopo la messa della domenica. Vigeva un ordine rigoroso solo nelle aule della scuola – non c'era una multiclasse, mentre gli adolescenti non la frequentavano più – e in chiesa, l'edificio più grande di Funes.

Allora nella valle non c'era quasi nessuna differenza sociale, nessuna divisione del lavoro, e i problemi economici erano pochi. Non c'era neppure povertà. Lo stile di vita era molto modesto. La comunità era organizzata in modo egalitario e democratico, così come noi bambini quando giocavamo. Tutti avevano le stesse possibilità. Ciascuno a seconda delle proprie capacità aveva un ruolo, che gli altri rispettavano.

Lo stesso tipo di società, come ce ne sono state da migliaia di anni ovunque nel pianeta, l'ho incontrata più tardi nei miei viaggi: nelle Highlands della Nuova Guinea, in Tibet o in Nepal. Nelle valli inaccessibili dell'Himalaya, dove spesso abitano meno di cento famiglie e tutti si conoscono personalmente, la vita collettiva era rimasta viva come l'avevo conosciuta quasi settant'anni prima a Funes. Non era tanto questione di legami di parentela o di clan quanto piuttosto delle varie frazioni che organizzavano la propria vita a livello locale. In estate, il bestiame pascolava in alpeggi comuni ad alta quota, la legna veniva tagliata insieme, i morti seppelliti insieme. Per il foraggio fresco, in ogni maso della valle c'era un fienile dove mantenerlo asciutto durante l'inverno. Per tutto ciò non serviva alcuna burocrazia: da secoli diritti e doveri venivano tramandati a voce e ogni decisione nasceva dal dialogo. Erano l'esperienza e la forza di persuasione che facevano emergere nei dibattiti le personalità leader, e contavano ben più del servilismo. Avevamo un sindaco, il consiglio comunale, la commissione tecnica. Nessun monopolio istituzionalizzato, tranne che nella parrocchia – massima autorità in ragione della sua posizione «voluta da Dio». La comunità della valle si basava più su un'identità territoriale e religiosa che su un'ideologia politica. Poiché però in caso di dispute, difficilmente potevano partecipare tutti gli abitanti, alla fine valeva quel che consideravano giusto il parroco, il sindaco – di solito il contadino più anziano della valle – e il maestro.

Noi bambini dovevamo obbedire. Solo quando giocavamo eravamo liberi di esprimerci. Senza saperlo imitavamo la vita degli adulti, come fanno tutti i bambini del mondo nelle società costituite da clan. I loro giochi sono la copia della vita degli adulti.

Nelle Highlands della Nuova Guinea, che ho visitato vent'anni dopo, i bambini intagliavano guerrieri e maiali nel legno poiché nella vita degli adulti tutto ruotava intorno a guerrieri e maiali. Per i Masai dell'Africa Orientale, i bovini erano al centro dell'esistenza, e i bambini imitavano in piccolo la vita dei grandi con mandrie, paludi e pastori. In Groenlandia, dove gli uomini andavano a caccia di foche, i bambini degli Inuit giocavano con le foche. In tutte le società tribali che ho conosciuto più tardi, i bambini costruivano nei loro giochi un fantastico mondo di neve, sabbia, legno o argilla, popolato da pupazzi fabbricati con le loro stesse mani, con cui diventavano allevatori di bestiame, guerrieri o cacciatori di foche.

Anche noi abbiamo imparato a conoscere il mondo giocando lontano da casa. Già da piccoli avevamo sviluppato una certa abilità per il lavoro manuale, conoscevamo l'ambiente che ci circondava, la valle, la natura e la cultura locali. Il gioco ha stimolato anche la mia creatività, la capacità di sviluppare nuove idee, la voglia di vedere le cose sempre in un modo nuovo, diverso e di farle meglio. Presto ho sperimentato anche cosa vuol dire perdere e cosa vuol dire rialzarsi e ricominciare. Sebbene, più tardi, io abbia aspirato «all'impossibile» con le mie imprese al limite, sono rimasto sempre un giovane con la voglia di giocare. Oggi lo so: è lo spirito del gioco quello che mi ha accompagnato per tutta la vita.

Ciò che si doveva o si poteva fare, quello che la società si aspettava da noi, era stabilito a scuola come a casa. Noi figli dei contadini di montagna e del paese non avevamo accesso alle risorse degli adulti. Loro avevano altre regole. Noi dovevamo attenerci ogni giorno alla loro volontà, a casa come a scuola. Molte cose non ci venivano concesse, molte altre ci venivano persino vietate. Ma quando giocavamo diventavamo uomini che non volevano essere né usati né protetti. Ci sentivamo bambini tra bambini e interagivamo tra noi con lealtà e onestà. L'intelligenza, l'altezza e la forza fisica erano realtà oggettive, che non suscitavano né stupore né invidia.

È stata questa non-educazione che ci ha reso uomini sicuri e forti. Ben presto ho capito che la sopravvivenza dipende dalle proprie capacità e dalla propria forza, e che il corso della vita si decide da soli. Come nel gioco. Se avessi dato sempre ascolto ai miei genitori, ai maestri e ai parroci, da bambino, forse, me la sarei cavata meglio. Tuttavia, la mia sicurezza emotiva, la curiosità, la fiducia in me stesso hanno dato luogo a un atteggiamento di resistenza nei loro confronti. L'autonomia e le capacità sociali me le sono guadagnate non sotto l'ala protettrice dei miei genitori o in chiesa, ma prima giocando, e dopo andando in montagna.

A quei tempi non esistevano televisione, videogiochi o Internet. E anche dopo, in montagna, non c'era nulla che mi potesse distrarre. Lì non c'era nessuno che mi dicesse cosa fare. Le montagne sono state il mio secondo campo di gioco: per me la città e la pianura sono state da subito il contrario della libertà. Non volevo essere inserito in uno schema o sottostare ad alcunché. Solo la mia mente si inseriva nelle leggi stabilite dall'uomo, non l'istinto o il sentimento, che tuttavia sono lo spirito che costituisce il mio essere. Da allora come legislatore supremo riconosco soltanto la natura.

2. Ingiustizia

Su ciascuno dei suoi nove figli, mia madre ha tracciato un ritratto psicologico, una sorta di psicogramma. Era una donna semplice, credente, che tutte le domeniche mattina andava a messa, ed esprimeva lo stesso affetto per tutti i suoi figlioli, per quanto il più piccolo ricevesse comunque più attenzione dei più grandi.

Non so quando abbia formulato le sue osservazioni su di me e dove le abbia custodite, l'unica cosa che ricordo ancora è il momento in cui mi ha consegnato i tre fogli scritti di suo pugno. Dovevo portarli con me quando avrei lasciato definitivamente Funes – e ciò accadde a quarant'anni. Eravamo seduti nel tinello, io stavo guardando il tetto del fienile del vicino e un piccolo villaggio su boschi ombrosi di abeti rossi che incorniciavano il versante sud-ovest della stretta valle. All'improvviso, lo sguardo rivolto sul pendio sotto le dorsali di porfido del monte Rasciesa, alcune immagini, alcuni ricordi si formarono nella mia mente: laddove da bambino vedevo il maso dei Riegl, la ripida parete boscosa appariva più chiara che in alto. Un giovane bosco rigoglioso ricopriva tutto lo spazio occupato in precedenza da prati e campi, casa e stalla.

« Il vecchio Riegl » raccontava spesso la mamma, « non voleva andare via, ma i giovani sono emigrati. » È stato costretto ad andarsene anche lui, « a casa nel Reich » come si diceva allora. Da solo cosa avrebbe potuto fare lì? Occuparsi di campi ripidi, di più di cento ettari di bosco, e andare a caccia da solo. Da solo non ce l'avrebbe fatta. Nel frattempo l'area è passata a un commerciante di legname, e i giovani della valle non seppero mai che dopo l'esodo per molto tempo durante la notte si vedeva una luce aggirarsi nel maso. Anche la fattoria in Stiria, che i nazisti avevano assegnato ai Riegl nel « Reich » è andata persa, come la famiglia, di cui nessuno a Funes ha avuto più notizie. Ci si dimentica presto!

Di solito, noi ragazzi andavamo con la mamma al maso Maschisch – un altro di quelli abbandonati nel 1939 dopo le Opzioni – e poi, passando dal Valluzza, andavamo dai Riegl. Stare in equilibrio sui ponti sospesi sul rio Valluzza era così eccitante che facevamo spesso avanti e indietro. E sopra il fiume si stagliava maestosa, fino quasi a toccare il cielo, una parete di roccia color giallo zolfo. Lassù, immerso nel bosco dei Riegl si trovava il desolato «poggio dei Riegl», il più piccolo dei due masi. «Una volta» raccontava la mamma, «mentre la contadina tornava a casa dalla messa passando su questi ponti, per poco non morì di terrore vedendo due dei suoi bambini che giocavano sui rami di un abete, che sporgeva molto oltre il margine superiore del pendio.» L'albero si trovava ancora là. Volsi prima lo sguardo in alto, verso la cima, e poi in basso, verso la profonda gola sotto di me. Mi girò la testa per qualche secondo. Riuscii a immaginare sia le sensazioni dei bambini spavaldi sia la disperazione della madre, che aveva levato al cielo una muta preghiera. Non aveva urlato per paura di spaventarli e farli cadere. Il suo istinto le aveva suggerito il comportamento più giusto. E i bambini impararono che non era solo sbagliato, ma ingiusto nei confronti della madre esporsi a pericoli senza motivo.

Mia madre non ha mai espresso giudizi. Era particolarmente sensibile all'ingiustizia. Ma con il suo carattere accomodante, riusciva sempre a sedare malumori, litigi, torti. In famiglia come nel paese. Alla base di ogni società c'è un proprio concetto di giustizia, e ciascun membro ha un senso di giustizia innato. Ciascuno è consapevole che l'uguaglianza e la libertà sono subordinate alla giustizia.

Nel mio «psicogramma» c'era scritto «allergico all'ingiustizia». Lo lessi mentre stavo andando a prendere l'auto per tornare a Juval, dove abitavo. Giusto, pensai, in effetti non avrei mai voluto essere oggetto delle decisioni di altri. Di solito mi arrabbiavo molto se a un'ingiustizia seguiva un'imposizione. Questa rabbia, anche se chi di dovere stabilì di dovermi proteggere da me stesso, ha influenzato la mia vita fino a oggi. Che mi sia mancato un elemento accomodante, quella magnanimità che era un aspetto sostanziale del carattere di mia madre? No, io sono solo allergico a ogni tipo di abuso, al farsi tenere al guinzaglio senza una giustificazione sufficiente. È la natura che decide le mie possibilità.

Io credo che l'ingiustizia sia la causa maggiore di dolore per l'umanità. Le dispute, le guerre, la distruzione hanno tutte origine nell'ingiustizia. Ne parla già il mito di Caino e Abele: entrambi offrono a Dio in sacrificio i frutti del proprio raccolto, ma questi non vengono considerati di egual valore. È evidente che Caino non è soddisfatto quanto suo fratello Abele. Perché questa differenza? Solo «Dio», che voleva trasformare in coloni i suoi beduini, lo sa. Ma poiché l'ingiustizia è stata commessa, Caino, sentendosi escluso, si allontana sempre più dal fratello. Infine lo uccide per eliminare la differenza ed eliminare così l'ingiustizia. Una giustizia che è diventata intollerabile! In preda alla disperazione, lo stesso Caino si macchia di un'ingiustizia, e la sventura si perpetua. Chi, e perché, ha l'autorità di dispensare benevolenza, di decidere su cosa è buono e cosa non lo è? Senz'altro il senso della giustizia, che noi possediamo, ha il potere di decidere su di noi.

Lo sdegno sull'«ingiustizia» della natura o del caso serve a poco. La natura è sempre giusta, l'ingiustizia è una prerogativa degli uomini. Di solito sono le ingiustizie che innescano catastrofi: risentimenti, emarginazione, razzismo. Una società giusta rimane un ideale, un progetto che non sarà mai compiuto del tutto.

Oltre alla comprensione, una sorta di empatia col prossimo, mia madre mi ha anche mostrato col suo esempio l'unica strada giusta per stare al mondo. Una strada che nessun altro poteva percorrere. Dove mi avrebbe portato? Allora non lo sapevo. Non l'ho mai saputo in anticipo. All'inizio avevo capito solo una cosa: non mi piaceva camminare in fila indiana. «Se una cornacchia sta su un albero e uno stormo di passeri le passa davanti, la cornacchia non si unisce a loro» aveva detto una volta mia madre. Se tutti vanno in una direzione, non significa che sia sempre giusto. Chi si unisce allo stormo più fitto, non ha per forza la soluzione migliore. In ogni modo, io sono sempre andato per la mia strada, e finora non mi sono unito allo stormo guidato dalla tecnologia dei computer. Per lo più, porta nella direzione sbagliata.

«Allergico all'ingiustizia» aveva scritto dunque mia madre di me in quel grafico della vita, che mi consegnò più avanti negli anni. Non si tratta di una profezia né di una diagnosi di malattia, era solo quel che lei sapeva della natura di un uomo, di me. Per questa ragione, ho voluto cominciare il mio libro ricordando le sue parole.

Oggi lo so: ciò che ha plasmato la mia identità non sono state solo le cose che ho fatto nella vita, ma piuttosto questo senso di giustizia, che insieme al coraggio delle mie opinioni, mi ha fortificato. Solo così ho potuto sviluppare la forza per superare le ingiustizie. Sempre.

Il bambino che ero e l'uomo che sono diventato non sono il risultato delle mie intenzioni. Perché conta solo quel che ho realizzato, che è la sostanza del mio essere. Non c'è un significato nascosto nella mia biografia né sono alla ricerca di un'assoluzione. Il nostro essere non ci lascia via di fuga. Ma poi, la vita che si vive passo dopo passo non può essere letta pagina dopo pagina come un libro aperto. Così come non ho potuto sfuggire alle attitudini che mia madre aveva notato in me da bambino... con una conoscenza profetica di me.

3. Patria

Era una grigia e fredda mattina d'inverno. Io tenevo stretta la mano di mia madre in mezzo a uomini alti e robusti che parlavano a voce alta, che mi bloccavano la visuale sulla bara e la tomba, in cui sarebbe stato deposto. Il parroco guidava le preghiere e i partecipanti al funerale incominciarono a cantare in coro. Poi qualcuno, prima ancora che iniziasse il servizio funebre, lesse una lettura. Dalla lettera ai Corinzi? Mi sembrava di stare in una cattedrale, e alzando gli occhi vedevo solo le gambe di quegli uomini e, alte sopra di me, strisce grigie nel cielo d'inverno. Sebbene fossi rimasto colpito da tutte quelle persone, dalla situazione e dalla bara aperta che appariva come una ferita fresca in mezzo ai tanti crocifissi, la morte mi sembrò naturale.

Seguirono altre preghiere in chiesa e poi dopo il suono delle campane, il commiato. Nel frattempo seppellirono «il vecchio di Niedermunt». La sua vita non è stata vana, pensai mentre tornavamo a casa.

Io, mio fratello maggiore e mia madre ci eravamo uniti al corteo funebre un po' lontano verso Colle. Eravamo abbastanza indietro e intonavamo insieme agli altri il canto, una litania, di cui non capivo una sola parola. Le nuvole si erano fatte più minacciose: a sud-est, verso le Odle, il cielo era nerissimo intorno al sole che sembrava quasi esserne inghiottito. A ovest più tardi l'orizzonte si colorò di arancione. Quando il cielo si aprì in un tripudio di colori, fui certo che nessun altro potesse ammirare uno spettacolo più bello da nessun'altra parte nel mondo. Un sole velato risplendeva in mezzo alle nuvole, e poi il cielo si offuscò di nuovo. La base dei monti e le vette, su cui danzavano luci e ombre, si avvicinavano sempre di più fino a fare scomparire i boschi al centro. Per quanto la monotonia delle giornate d'inverno nella nostra valle influisse sul nostro umore, il cielo non era mai uguale a se stesso.

Non era stato il primo funerale a cui partecipavo. Ma la mamma ci raccontò soltanto la storia di quell'uomo. Come fosse un santo: non era mai andato via da Funes ed era diventato una colonna della comunità della valle.

In primavera noi ragazzi più grandi andammo a Colle con la mamma. Ricordo il verde intenso dei prati, le calte sulle sponde di piccoli ruscelli, che spuntavano nei fossi tra i campi a valle. È come se ne sentissi l'allegro sciabordio ancora adesso.

Ci fermammo a Niedermunt, e la mamma ci mostrò la fattoria del contadino che era stato seppellito l'inverno precedente. Sotto le case, i prati erano talmente ripidi che ebbi paura. «Questo signore» raccontò la mamma, «è rimasto, anche se gli altri abitanti di Funes, quasi tutti, se ne volevano andare. I tedeschi allora cercarono di convincerlo a lasciare la sua fattoria promettendogliene una più bella e più grande, il Paradiso, nel «Reich», se avesse scelto la Germania al momento delle Opzioni. Il clima lì è più mite, i campi meno ripidi, la valle non così stretta. Ma lui» continuò la mamma, «volle rimanere. Al motto 'popolo tedesco in terra tedesca', si infuriava: 'è proprio per questi prati ripidi, questa montagna' diceva accennando alle Odle, 'e per questo cielo che non me ne andrò, tutto questo non esiste da nessuna altra parte, solo qui a Niedermunt nel Sudtirolo'.»

Allora non sapevo nulla delle Opzioni, della possibilità di scegliere se andare nel «Reich» o se rimanere nella patria d'origine. Questa «assurdità» imposta agli altoatesini nel 1939 con un accordo tra Mussolini e Hitler, pretese che la gente scegliesse tra la propria terra e contro la propria lingua, o viceversa. Dunque era in gioco la patria. Solo molto più tardi ho scoperto che l'86 percento degli altoatesini di lingua tedesca optò allora per la Germania di Hitler. Solo lo scoppio della guerra ritardò prima, e alla fine impedì che in Alto Adige si verificasse una scissione fra la popolazione e la sua terra.

Solo pochi altoatesini, infatti, si opposero alla propaganda del

«Terzo Reich». I «cacciatori di uomini» venuti dal nord avevano capito che inizialmente per la maggior parte degli altoatesini andarsene non significava tornare in patria bensì abbandonarla. Il legame con la patria cedette al sentimento nazionale in virtù della propaganda. Le argomentazioni hanno una forza di persuasione limitata, ma se nascondono un che di tronfio e di retorico, rendono più difficile la conoscenza emotiva. O piuttosto era la ragione che aveva preso il posto dell'emozione? Il processo pragmatico della decisione, che non può essere aiutato dalla ragione dei sentimenti, corre sempre il rischio di essere condizionato.

Cosa voleva dirci la mamma con quel racconto? Mai come allora, la nostra piccola patria era a un passo dalla fine. Ma il contadino di Niedermunt aveva seguito le sue emozioni, non le argomentazioni di altri. Come per mia madre, la patria era il suo passato, il suo presente e il suo futuro, e quella valle con il suo cielo vi appartenevano come l'ignoto dietro le montagne. Anche per me quella sensazione di bambino si è trasformata in un sentimento di patria, in un valore che poi ha occupato il suo posto accanto a quello della famiglia. Col tempo è diventato più forte e si è rinnovato. Oggi la mia patria non è soltanto una; è come se ne avessi diverse. Prima era il luogo dove sono nato; poi il paese dove i miei genitori e i miei nonni hanno vissuto – da qui vengono le persone di cui mi fido –; infine è diventata una responsabilità per il futuro. Per me, oggi, questa patria è l'Alto Adige.

Questa terra è pregna di tracce del passaggio dell'uomo: storie inconfondibili in un paesaggio inconfondibile. Un paesaggio che mi ha plasmato con i suoi antichi dialetti, la sua cultura, le montagne e tutti i ricordi che ne costituiscono la memoria collettiva. Ho guardato il mondo dall'Alto Adige, ed è in Alto Adige che sono sempre ritornato. È come se io sapessi tutto di questa terra, anche se vivo senza Internet, computer e SMS. Forse sono un tipo strano che vuole vivere nel passato, ma la possibilità di essere sempre rintracciato mi fa stare male. Noi tutti siamo narratori del nostro essere più nascosto, anche senza la speranza che domani tutto sia proprio come ieri. La realtà e la sensibilità soggettiva non sono un inganno, se lo vogliamo.

Patria per me non significa il fazzoletto di prato più bello dietro casa, il castello di Juval o le vette delle Odle al rosso tramonto della sera. Per me la patria è un sentimento: posso sentirne il profumo, il sapore, percepirne la presenza, ascoltarne i suoni, vederlo. Anche a occhi chiusi. Coloro che l'hanno persa o che l'hanno lasciata – tibetani, nordafricani, abitanti delle regioni orientali della Prussia, dei Sudeti, i Geher dell'Alto Adige... idealizzano la propria patria. Il passato risplende nei loro ricordi come la neve fresca. Anch'io, quando ripenso al bosco di betulle in cui giocavamo da bambini, sento risuonare nella mia testa l'eco del primo canto del cuculo in primavera. Ma è un'eco rassicurante come il profumo dell'erba tagliata da poco o il verso delle ghiandaie sui cembri al limitare del bosco di Niedermunt.

A sera, dopo il funerale del contadino di Niedermunt, ricordo che cadeva una neve fine come polvere. Nel più assoluto silenzio. Era come se il mondo fosse diventato un cubetto di ghiaccio: tutto il villaggio si ammantò di bianco.

Come è possibile, mi chiedevo spesso, che una comunità sopravviva in una piccola valle? Da secoli! Un tempo, in inverno, rimaneva tagliata fuori dal mondo per settimane. E come è riuscito l'uomo, nel corso dell'evoluzione, a sviluppare la capacità di leggere il suo mondo? Cos'era importante per la sua sopravvivenza? L'istinto e il know-how sono innati? Il gusto cambia, la cultura progredisce, la tecnologia raggiunge gli angoli più remoti del pianeta. Abbiamo forse perso l'istinto di cercare e andare per la strada che ci porta verso la sopravvivenza? Allora, a Niedermunt, sapevo cos'era giusto e cos'era sbagliato. Lo avevo capito anni prima. Come se tutta la nostra arte di vivere fosse intuizione, come se fosse il nostro istinto a guidarci. Tutte le riflessioni di natura filosofica sono venute molto più tardi.

Non posso spiegare quel che significa per me il concetto di patria, di casa. Fin da bambino ogniqualvolta camminavo sulla neve vergine piangevo per la forte emozione. La neve era piena di mistero. La ragione deve essere motivata, il sentimento no. Casa, patria, per me erano lo scorrere delle stagioni a Funes, i suoi pendii ripidi su entrambi i versanti della valle, le fattorie isolate, la gente al lavoro e le vette delle Odle sullo sfondo. Era un sentimento suscitato dalle prime nevicate e dai vecchi che se ne andavano. Un sentimento che svanisce solo quando noi stessi ce ne andiamo. Per sempre.

4. Legge della natura

Il più grande cambiamento cui ho dovuto adattarmi quando sono andato a scuola, è stata la poca libertà. Non che noi bambini ne avessimo di più a casa, al contrario. Ma nel tempo libero rigorosamente organizzato ci scatenavamo nel gioco senza essere sorvegliati da nessuno. In quel periodo, mio padre gestiva un piccolo allevamento di pollame, che man mano sarebbe diventato un'azienda avicola. Benché piccolo dovevo dare una mano, ma mi restavano sempre un paio d'ore al giorno che trascorrevo con i bambini del vicinato. Potevamo giocare senza restrizioni dando libero sfogo alla nostra fantasia, e potevamo esplorare «la natura selvaggia» alle spalle del villaggio – superando recinti e addentrandoci per i sentieri. Tra una lezione e l'altra, invece, non potevamo arrampicarci sugli alberi, non potevamo azzuffarci e non potevamo allontanarci dalla scuola.

Avevo trascorso l'ultima estate prima di andare a scuola ad arrampicarmi sugli alberi e sulle rocce. Ero persino salito con i miei genitori sulla montagna più alta della catena delle Odle. Prima ancora di andare a scuola avevo già avuto la possibilità di sperimentare giochi rischiosi, e le mie piccole avventure mi avevano insegnato come si sta in gruppo e nella natura. Ma tutti quei pericoli da cui ho imparato cos'è la prudenza sono completamente assenti nell'infanzia protetta dei bambini di oggi. Quanto a me, mi ritengo fortunato che abbiano fatto parte della mia scuola di vita.

I principi della giustizia, della disponibilità verso gli altri e della lealtà non ci devono essere insegnati, li abbiamo dentro di noi. Come una legge della natura. Se durante i nostri giochi «nella natura» accadeva qualcosa, restavamo sempre uniti. Anche se prima ci eravamo «azzuffati». D'un tratto non si trattava più di vincere o perdere, ma del nostro stare insieme: non era mai una questione di potere; non era mai una questione di servilismo che avrebbe significato la negazione di uno di noi o di un gruppo; mai una questione di andare oltre la propria natura. Era come se, senza averlo stabilito a parole, seguissimo tutti una «morale» innata, la legge del gruppo. Ovviamente anche i genitori, la scuola e la chiesa hanno influenzato i nostri comportamenti, ma era la morale in se stessa, in qualità di guida del nostro gruppo di gioco, a dominare tutto secondo un tacito accordo. Ci aiutava a elaborare le emozioni, ci imponeva un comportamento che assicurava la possibilità di rivedersi ancora. Se pure capitava che ci comportassimo in modo egoistico, senza rendercene conto rispettavamo una legge del gruppo e con l'intensità del nostro essere gruppo, l'interesse del singolo svaniva.

Oggi sono grato al fatto di essere cresciuto a Pizzago in Val di Funes come qualunque altro bambino in società tradizionali alle periferie del mondo. Per questo il mio destino non è stato quello di seguire le strade percorse prima di me da centinaia di generazioni, bensì quello di imparare ad andare per la mia strada.

La strada che ho preso in seguito, che mi ha portato in posti sconosciuti, non ha seguito i modelli della mia infanzia a Funes. Tuttavia, quel mondo che appartiene alle mie origini l'ho fatto mio, perché è lì che ho vissuto le mie prime esperienze. La mia casa, la mia patria, è rimasta lo scrigno delle mie esperienze sempre presenti nel teatro della mia vita. Come la stretta valle di Funes: il versante soleggiato col suo tappeto di campi di cereali, la striscia di cielo punteggiata di stelle, stretta e senza fine, i boschi e le montagne imperturbabili al proprio posto. Le messe cantate la domenica, gli affreschi sulle navate delle chiese, le storie degli anziani e le parabole del Nuovo Testamento hanno gettato le basi su cui l'inconscio ha trovato una cornice e le rivelazioni una lingua. Tutte queste sollecitazioni hanno mosso non solo la mia fantasia, ma anche la mia curiosità. Tutto ciò significa ancora patria per me. Essa ha plasmato il mio pensiero, il mio senso di appartenenza e di collettività: i rituali di nascita e morte, di colpa ed espiazione, anche la celebrazione dei matrimoni secondo la religione cattolica.

A Pizzago, dove sono cresciuto, i nomi non erano ladini come quelli dei masi della valle – Ranui, Tschadui, Plawatsch – ma si riferivano ai mestieri, all'arte artigiana, al lavoro, al commercio. In quel periodo, nel fondovalle c'era già un accenno di urbanizzazione: si lavorava il legno, la latta, venivano ferrati i cavalli e macellati i maiali, e risuonavano parole come « attenzione! » e « acqua! » pronunciate dai primi vigili del fuoco. Una volta all'anno si celebrava la festa del prato, e si organizzava la fiera del bestiame. La banda suonava sempre tra le strade del villaggio e il versante soleggiato dietro la dépendance degli Zellen. C'era il maso Wegmacher e in inverno i cavalli ansimanti trascinavano il legname su stradine ricoperte di neve, dal deposito alla sega da legno di Kabis. Dai Troi, già allora c'era tutto quanto potesse servire e anche di più, dagli Zellen pane e pasti caldi. Si giocava a carte in veranda, e la domenica dopo la messa solenne ci si ubriacava in salotto.

Noi abitavamo in Gasserhaus 74 ed eravamo i figli del maestro Messner. Nel menu settimanale di mia madre il venerdì c'era il baccalà, il sabato krapfen e la domenica il pollo macellato e spennato da noi bambini, cucinato in tanti modi diversi. Tutto questo rappresenta per me il concetto di patria, plasmato dalla realtà, e frutto delle storie che sedimentano nel ragazzino della valle, a cui allora la gente chiedeva di chi fosse figlio. Poi accade che ci si allontana da quella patria, e che la nuova patria lontana ne prenda il posto. Non si può sfuggire alla nostra natura.

Questo modo di crescere, di diventare adulto, mi ha offerto più possibilità dell'odierna educazione nelle moderne società basate sulla comunicazione. Non che la mia vita ne sia stata avvantaggiata, è solo che quel tipo di educazione corrispondeva all'essenza dell'uomo più di quella di un bambino che vive in un quartiere di città.

Al limitare del bosco non c'erano cartelli di divieto, sulle vette non c'era alcuna croce. Non sapevamo cosa fosse una piscina, ma il rio Funes, in cui ci immergevamo, era facilmente accessibile. Non so nuotare, ma so che sono responsabile delle mie azioni. La cultura urbana ha invece sollevato l'uomo dalle sue responsabilità, in un certo senso ha inibito il cittadino. Oggi tutto è assicurato, sia le cose materiali sia le azioni, e nei casi critici la responsabilità è degli altri. Ma non ci si può sempre sottrarre alle proprie responsabilità nel nostro mondo, men che meno a una morale che si fondi sull'altruismo. Tutto questo finto «idealismo» è in contraddizione con la natura umana e non deriva dall'attenzione per la comunità, ma solo dalla reputazione.

Sono consapevole che oggi ci sono tantissime norme, limitazioni, regole che rendono impossibile ai bambini di esplorare il loro ambiente più prossimo. La libertà e il pluralismo dei valori, che hanno fatto parte della mia infanzia in modo naturale, sono andati persi: oggi i laghetti devono essere recintati; è vietato salire sulle recinzioni; il bosco è un tabù; persino quando si sale una montagna corriamo il rischio di essere denunciati se dovesse accadere qualcosa.

L'esperienza emotiva dello stare insieme agli altri stimola la nostra coscienza che non è fatta solo di conoscenza ma anche di partecipazione – una virtù che può regolare, facilitare e rendere ottimale la nostra interazione nel sociale: il rispetto della libertà degli altri, la lealtà, la correttezza, l'assistenza, l'autorità sono indotti dalle emozioni, non dalla ragione o da una morale imposta in qualche modo. Oggi noi uomini siamo il frutto di una battaglia per la sopravvivenza che dura da milioni di anni. Il risultato di una selezione evolutiva che comprende la nostra essenza animale.

Quello che è avvenuto in così tanti anni e in diversi modi ci appartiene, come la cultura urbana che influenza il nostro comportamento da qualche secolo. Quello che succede intorno a noi e con noi causerà sempre dei cambiamenti nell'umanità e nel singolo. Ci sforziamo di fare gioco di squadra, ma rimarremo sempre anche degli individualisti perché siamo altruisti ed egoisti a un tempo. Se così non fosse, l'umanità avrebbe già perso ogni possibilità di sopravvivere prima ancora di avere la capacità, grazie alla tecnologia, di perdersi nella collettività. Uno scenario – trovarsi sottomessi a un controllo che proibisce la libertà di ciascuno – che fa paura.

Se i miei movimenti fossero stati sempre controllati, alla fine la mia mente sarebbe rimasta vuota, i miei sentimenti vacui, la mia creatività sarebbe morta: la vita una non-vita. La gioia di vivere cresce godendo della libertà e grazie alle prove che si incontrano vivendo. La natura umana è questa. È una legge della natura.

5. Spazi aperti

Era una mattina d'inverno di fine febbraio 2013, a Monaco: ero seduto a un tavolo di una panetteria davanti a una tazza di cappuccino e stavo leggendo la *Süddeutsche Zeitung* quando una giovane madre entrò nel locale con la figlia, una bambina di sette o otto anni. Per comprare una merenda, pensai. Lanciai una rapida occhiata alla piccola, in piedi accanto alla madre al bancone, e poi rivolsi lo sguardo alle due grandi vetrine che davano sulla strada. La notte precedente aveva nevicato, e c'erano meno auto del solito: è la giornata adatta per fare un pupazzo di neve, pensai. La ragazzina – non so perché avesse attirato la mia attenzione – aveva in mano un krapfen e le brillavano gli occhi. Saranno venute per fare colazione, mi dissi: la madre bevve un tè e spiegò alla figlia a voce alta e gesticolando che lei da bambina non aveva mai potuto mangiare un krapfen. Che fosse una consolazione per la loro vita modesta? O una giustificazione? Irritato, cercai il punto della pagina dove ero stato interrotto. «È ora di andare» sentii dire alla madre, mentre, prendendo la bambina per mano, si diresse verso la porta. Alla richiesta della figlia «facciamo un pupazzo di neve, ti prego» non seguì alcuna reazione. La madre rimase in silenzio e la porta si chiuse.

Anch'io sono cresciuto in modo molto modesto, il mio primo krapfen di carnevale credo di averlo mangiato a quattordici anni, ma la vera festa fu quando scoprii la neve. Facevamo pupazzi di neve, giocavamo a tirarci le palle di neve mentre andavamo a scuola e tra una lezione e l'altra facevamo i giochi tipicamente invernali che tiravano fuori sia aggressività sia gioia di vivere. Le nostre madri erano molto attente a quel che ci davano da mangiare, ma d'inverno ci lasciavano liberi di giocare per le strade del villaggio.

Quello stesso giorno, più tardi, in occasione di un intervento a un meeting internazionale sul tema «I nuovi media», mi ritrovai in un mondo completamente diverso: celebri studiosi parlarono di sviluppo, pericolo e futuro della comunicazione, degli attacchi degli hacker e della guerra cibernetica. Come se ci fossimo riuniti tutti lì per reinventare il mondo. Durante la pausa caffè, centinaia di giovani discutevano del futuro dell'uomo senza sprecare nemmeno un secondo a chiedersi dove i bambini avrebbero potuto fare i loro pupazzi di neve in quel futuro. Sembrava che nessuno dei miei interlocutori, provenienti dagli ambienti e dai ceti più diversi, avesse mai fatto un pupazzo di neve. Nel frattempo era diventato pomeriggio, e continuava a nevicare.

Non mi sono mai sentito svantaggiato rispetto agli altri: né da bambino perché facevo i pupazzi di neve insieme agli altri; né da ragazzo perché mi piaceva rischiare solo quello che sembrava impossibile agli altri; né da adulto perché avere tutto era diventato noioso e la mia curiosità era sempre alla ricerca di nuove sfide per il futuro.

A sera, durante il viaggio di ritorno in treno per la Svizzera, ripensai ancora turbato all'incontro del mattino con la bambina. Non conoscevo neppure il suo nome, ma immaginavo quanto potesse essere povera la sua vita. Nella nostra società le differenze tra povertà e ricchezza sono sempre più grandi e sempre più difficili da colmare. Al contempo, per i bambini dei ceti popolari sono andati persi tutti quegli spazi di gioco che una volta erano gratuiti e accessibili a tutti.

Il mondo in cui ho fatto le mie esperienze sociali più importanti, in cui ho sviluppato la mia autostima e in cui ho imparato soprattutto l'arte della vita, non c'è più. Ma dove si farà esperienza in futuro? Se è vero che l'accesso alla formazione è importante, gli spazi all'aperto lo sono ancora di più perché i bambini possono imparare l'arte della vita solo se giocano insieme sotto la propria responsabilità. I pericoli sono molteplici e fanno parte del gioco. Ma se il legislatore chiude tutti questi spazi aperti o li regolamenta, ed eserciti di avvocati e assicuratori sfruttano i più piccoli incidenti invece di garantire un futuro ai bambini, per il mondo occidentale non ci sarà alcun domani. E crescerà la rassegnazione della nostra già apatica società incapace di opporsi veramente.

6. Controllo

Allora le mie gambe erano tanto corte quanto erano grandi la mia fantasia e il mio desiderio. Forse anche perché mi sentivo sempre limitato: sempre in balia del giudizio e del controllo degli adulti! In estate davo una mano nel nostro allevamento di polli, e poi mi mandavano da un cugino al Renon per aiutarlo nella sua fattoria. Per fortuna ci andavo con mio fratello e nei fine settimana facevamo escursioni: andavamo agli alpeggi, salivamo sul Corno del Renon o ci fermavamo per ore ad ammirare il massiccio dello Sciliar sul versante opposto della valle che cambiava a seconda delle nuvole e del sole. In quei giorni sognavamo di scalare le vette delle Odle in autunno.

A quei tempi, il mio più grande sogno era di spiccare un grande salto sulla valle Isarco e atterrare dall'altro lato per esplorare il gruppo del Catinaccio, il Sassolungo e soprattutto il massiccio dello Sciliar che si ergeva come un miraggio, proprio come noi ragazzi avevamo esplorato le gole e i passaggi della valle di Funes. Ma sul Renon era tutto troppo lontano. La libertà e la possibilità di andarvi senza permesso erano limitate, così le Dolomiti rimanevano irraggiungibili. Spesso tornavo alla fattoria con l'animo di un carcerato.

Un dodicenne non è più un bambino! Ormai non mi bastava giocare con mio fratello o con gli altri bambini, e neanche «l'appartenenza a una comunità» serviva a distrarmi dalla mia brama di libertà. Ero avido di indipendenza. Ma i contadini delle fattorie isolate non sentivano alcun bisogno di cambiamento, figurarsi se arrivavano a capire i miei sogni. Loro cambiavano stile di vita per necessità – siccità, malattie, sciagure – e ciononostante restavano là, dove erano rimasti anche i loro padri e i padri dei loro padri.

Nessuna meraviglia quindi che la negazione di questo tipo di vita stanziale fosse temuta dalle autorità. Nostro cugino Luis sosteneva con forza l'importanza di poter continuare a coltivare da sé i mezzi di sostentamento e che il suo terreno continuasse a dare frutto. Non si allarmava di sicuro per le nostre escursioni. Lui conosceva il paesaggio meglio di noi e sapeva sempre esattamente dove eravamo e quando saremmo tornati. Ci concedeva, con le nostre piccole fughe, l'illusione di una libertà fittizia. Ma non avrebbe tollerato una ribellione al sistema. La possibilità di superare l'orizzonte, che ci suggerivano i nostri sogni, rappresentava una minaccia per tutti i nostri custodi, che da sempre vedevano l'Alto Adige come il luogo più confortevole per tutti i suoi abitanti.

Nostro cugino Luis era allora uno scapolo quarantenne che sperava ancora di trovare una donna con cui costruire una famiglia. Voleva che la sua fattoria rimanesse per sempre in buone mani. Quella fattoria era tutto il suo mondo, per quanto fosse piccola; lo appagava totalmente. Non si faceva domande su un creatore. Perché tutto aveva il suo ordine. La domenica, con le sue due sorelle che lo aiutavano nella fattoria, una in casa e l'altra nella stalla, se ne andava a Longostagno in chiesa, in autunno al mercato, il resto del tempo lo passava a lavorare: con l'aratro trainato da una coppia di buoi arava i campi, in estate potava i frassini e curava il vigneto che si trovava alla fine dei suoi possedimenti; era molto fiero dei suoi buoi.

Il cugino Luis sapeva leggere i segni del tempo, capiva in anticipo se durante la fienagione dal massiccio dello Sciliar arrivava un temporale. Io, però, non mi accontentavo di sapere che le nuvole portano pioggia, io volevo sapere come si formano le nuvole e come viene scaricata l'energia sulle pareti rocciose del massiccio, con lampi, tuoni e qualche volta anche grandine, che però giungeva fino a noi sul Renon solo di rado. Quelle formazioni di nuvole, in cui spesso la cresta delle Dolomiti si incastonava come una striscia chiara tra i boschi neri e il cielo grigio giallastro, mi facevano pensare a tanti visi. Come se l'universo fosse popolato da esseri soprannaturali. Riuscivo a fare parte di quel cielo minaccioso così come mi mescolavo fra la gente. Così trovai la mia dimensione. Proprio come i contadini che la cercavano con le loro processioni, le loro benedizioni: la disinfestazione col fumo il giorno dei Re Magi o la benedizione degli animali a San Leonardo. Per tutti si tratta sempre di superare i propri limiti.

Oggi, mi chiedo talvolta come ha fatto l'uomo a sviluppare meccanismi che permettono di reagire subito e istintivamente agli innumerevoli pericoli – serpenti velenosi, fulmini, la caduta di rami – per mettersi al sicuro. In montagna, lo sapevo da quando avevo cominciato ad arrampicare, si aggiungevano ulteriori insidie. Che questi pericoli abbiano fatto nascere in me ulteriori istinti?

Viaggiare affrontando il pericolo è stata la scuola di vita più importante per me. Non c'era alcun controllo esterno, mai, né umano né soprannaturale, che mi proteggesse da eventuali minacce. Può essere che l'uomo civilizzato diventi collaborativo quando viene controllato e scatti subito l'interesse personale quando invece non lo è. Eppure, lontano da qualunque tipo di controllo – come quando si arrampica in due – l'uomo si comporta istintivamente nel modo giusto. Per la sopravvivenza e il successo comuni, dell'uno in funzione dell'altro. Quando viene messo in questione il nostro essere, sono necessari istinti puri e nessun controllo divino o terreno. È la nostra natura che ci induce al giusto comportamento: andare d'accordo; prendersi l'uno la responsabilità dell'altro. Tutto questo non appartiene solo alle «qualità» dell'uomo, ma alla sua natura, all'arte della sopravvivenza.

Il rapporto di fiducia tra noi bambini che arrampicavamo mi sosteneva, mi dava la spinta per osare. In seguito, in età adulta, quando mi capitava di esprimere la mia opinione durante dei dibattiti, venivo spesso criticato dai colleghi alpinisti con forte spirito associazionistico che attribuivano un valore morale al cameratismo. Per loro il cameratismo era un ideale nobilitante, un impegno, un sacrificio. Per me, allora come sempre, era una cosa ovvia, era una legge della natura. Secondo la mia esperienza, non ci si può affidare ai tanti sedicenti «buoni compagni», ma agli uomini con cui si risolvono problemi e si affrontano paure. La paura unisce: più sono difficili le sfide comuni, più si è disposti a condividerla. Non amo gli ideali precostituiti. E neanche lo Stato con le sue norme sociali valide per tutti. È quindi comprensibile che con il mio bagaglio di esperienza non sia adatto a far parte di associazioni di alcun tipo: i miei compagni li ho cercati e trovati prima di tutto fra persone di indole anarchica.

Molto prima che nascessero ordinamenti di tipo statuale, gruppi di cacciatori e raccoglitori si incontravano e talvolta collaboravano, ad esempio nella caccia alla selvaggina di grossa taglia. Pur rimanendo estranei, hanno cominciato a fidarsi gli uni degli altri. Alle volte mi sembra che le mie arrampicate estreme siano state un processo di esperienza simile. A differenza delle grandi società centralizzate con le loro disparità e la loro indolenza, il processo dell'esperienza nei piccoli gruppi di uomini d'avventura impone di stare insieme in modo incondizionato.

Quanto a me, non si è mai trattato di libertà intesa come affrancamento dai doveri sociali. Ma solo del fatto che per sfogarmi dovevo uscire dalla civiltà e tornare nella natura selvaggia, dove non c'è nessun decalogo, nessuna fede comune a guidarci, ma solo la conoscenza pratica e il nostro istinto di sopravvivenza. Ciò non toglie che quando torniamo alla vita quotidiana, siamo di nuovo parte della società civile. Come tutti, anche noi che amiamo l'avventura custodiamo dentro di noi un sorvegliante, che ci impedisce di comportarci in modo egoistico quando ci troviamo nel mucchio. Nessuna illusione, questo controllo innato ci rende anche affabili e pronti ad aiutare, quindi adatti alla convivenza negli agglomerati urbani.

Tuttavia, quando si tratta di sopravvivenza, l'empatia diventa l'elemento regolatore in una situazione di parità dei diritti. Poiché la natura umana non ammette alcun comando. È come se si andasse più d'accordo senza leggi che con le leggi. Proprio e soprattutto per comprendere la natura di questo stare insieme ho scalato la conoscenza e ne ho fatto il mio bagaglio di vita. Solo quando ci troviamo in situazioni che ci rendono particolarmente esposti e solo quando siamo responsabili di noi stessi, immagazziniamo esperienza lasciandoci guidare dall'autocontrollo. Come uomini che cercano l'avventura addentrandosi nella natura selvaggia, tesi al superamento di noi stessi, siamo soggetti a modelli di comportamento anarchici.

7. Attenzione

Ricordo un'escursione nel bosco con i miei genitori. Io e Helmut, il mio fratello maggiore, arrancavamo per ore dietro i miei genitori. Lungo il Mühlerbach e poi su per il ripido pendio ombroso sopra Pizzago nella valle di Funes. Percorremmo prima una strada forestale e poi salimmo su sentieri sempre più ripidi. Il paesaggio intorno a noi appariva sempre più scuro, perché la luce filtrava a malapena tra gli abeti rossi e illuminava debolmente il sottobosco ricoperto di muschio. Fintanto che i nostri genitori erano davanti a noi, non avevo alcun timore, ero solo stanco e avrei fatto volentieri una sosta.

Era tardi, e il tratto di bosco, che mia madre aveva appena ereditato, e che i miei genitori volevano visitare per farsi un'idea, era ancora troppo lontano perché potessero raggiungerlo con noi bambini. Così ci lasciarono ad aspettarli sotto un abete. Io e Helmut ci sedemmo l'uno accanto all'altro su un viluppo di radici e osservammo papà scomparire nel folto nel bosco seguendo un passaggio della selvaggina. Mamma gli era alle spalle. Mentre i loro passi si perdevano in lontananza, calò il buio intorno a noi. Non era ancora notte, ma quella luce velata rendeva il mondo che ci circondava più angusto, misterioso e pericoloso a un tempo: ogni scricchiolio, ogni stridio delle ghiandaie sui cembri, persino il brulichio delle formiche ci induceva a stringerci sempre più l'uno all'altro.

Aspettammo. Il tempo sembrava non passare mai, e quando si fece notte, i pericoli sembrarono ancora più imminenti. La paura cresceva. Quel che di giorno aveva soddisfatto la nostra curiosità – il vento tra gli alberi sotto la cui chioma ci eravamo seduti, le corse nel bosco, uno scoiattolo – cedeva man mano il posto a un prepotente senso di impazienza. Come se dentro di noi vivessero due entità: una che si svegliava di notte e una che viveva di giorno. Che fosse capitato qualcosa ai nostri genitori? Ma allora perché non tornavano? Saremmo riusciti a trovare la strada da soli? Di notte, e senza ricordarci affatto il dedalo di sentieri che invece i nostri genitori avevano percorso a occhi chiusi?

Quasi cinquant'anni più tardi, nel 1995, ho vissuto con mio fratello Hubert nel Mare Glaciale Artico una «fine del mondo» analoga. Eravamo partiti dalla costa della Siberia per raggiungere a piedi il Canada passando dal Polo Nord: 2000 chilometri, senza aiuti per via aerea. Tuttavia la seconda notte, una notte molto rigida, il ghiaccio cominciò improvvisamente a scricchiolare sotto i nostri piedi. Il pack si spaccò in tanti lastroni che si schiantavano l'uno contro l'altro. Al fioco chiarore della luna si intravedeva solo il caos. Sopra di noi solo nuvole e qualche punto argenteo qua e là: le stelle! Intorno a noi il nero del ghiaccio e dell'acqua, la neve scintillante e l'oceano che, sbattendo contro il pack, faceva staccare altri lastroni di ghiaccio. Pericolo ovunque.

Nonostante le rigide temperature, lasciammo la tenda in un baleno. Dovevamo metterci al sicuro sulla costa! Alle nostre spalle, a ondate, barriere di ghiaccio e al di sopra uno straordinario sipario di luce opaca – verde e viola –: la luce dell'Artico, che scrosciava come una cascata di fuochi d'artificio cosmici. A ogni passo, lo strato del ghiaccio si riduceva, e la nostra disperazione cresceva. Nessuno può prevedere con sicurezza come si comporterà il pack. Hubert aveva i geloni alle mani, le vesciche si erano congelate poiché eravamo a 50 gradi sotto zero. E così man mano che si scioglievano, le mani gli facevano sempre più male. Ogni movimento era un tormento. Le nostre urla non erano però urla di dolore, bensì l'espressione della nostra disperazione e della nostra paura, del tentativo di salvarci la pelle e allo stesso tempo di non lasciarci prendere dal panico. Per non rinunciare alla vita. Erano urla gutturali, come quelle degli uomini primitivi, perché non potevamo discutere sul da farsi: avevamo le mascelle irrigidite e i nostri gesti al buio non si vedevano. Eravamo molto concentrati, la situazione richiedeva attenzione, proprio come accade agli animali.

Allora, nel bosco, non avemmo il tempo per parlare delle nostre paure ai nostri genitori. Quando ritornarono all'albero dove ci avevano lasciato a riposare, riprendemmo subito la discesa; mio padre avanti con una torcia tascabile, noi bambini alle sue spalle, e per ultima la mamma. Non ricordavo i passaggi dei sentieri o i punti che mio padre aveva memorizzato durante la salita. Mi sembrava di percorrere una strada completamente diversa.

In quell'occasione avvertii, solo inconsapevolmente forse, che l'orientamento ha a che fare con il «fai da te». Sapevo già che quando seguiamo gli altri, il senso d'orientamento ci manca: o meglio, ho cominciato a fare attenzione mille volte a quello che non conoscevo, dopo che una volta ho commesso l'errore madornale di non tenere conto di un pericolo. Quando siamo in azione, noi uomini non parliamo quasi per niente. Solo dopo, quando il pericolo è passato, ci torna la parlantina, come una sorta di rinascita. È sciocco colui che nel bosco non fa attenzione alle tracce. Coloro che non si fidano dei segni cui non sono in grado di dare una spiegazione naturale non sono fifoni, bensì persone esperte. Dunque la mia paura, un tipo di «paranoia costruttiva», non era stata altro che la reazione naturale di un bambino prudente. Se non l'avessi sviluppata presto, non sarei sopravvissuto.

Sono rimasto colpito dalla grande prudenza di molti alpinisti. Questo fatto non deve però far pensare che le persone previdenti si blocchino di fronte all'azione. Chi ci pensa due volte prima di osare non può fare esperienza. Ci sono uomini d'avventura prudenti e meno prudenti. L'uomo prudente soppesa tutti i rischi e agisce di conseguenza. Sa che è pericoloso quel che fa, e lo fa comunque. Sempre e con sempre più prudenza. Ma chi non osa, non può neanche fallire. Il rischio di morire rimane sempre.

Completamente diversi sono i pericoli del territorio. Se, per esempio, si distruggono i boschi sulle montagne, si esauriscono anche le sorgenti. Man mano che sui pendii scompaiono gli alberi, il sottobosco e il muschio, l'acqua piovana non viene più trattenuta. I letti dei fiumi si prosciugano, oppure in caso di piogge intense si ingrossano ed esondano. Invece di alimentare le sorgenti, gli acquazzoni provocano smottamenti causando piene che devastano i campi a valle. Distruzione dei boschi significa in definitiva distruzione della fonte di sussistenza di regioni intere. Spesso non si può rimediare agli errori che commettiamo nei confronti della natura.

I pericoli che trovo in montagna sono, invece, di altro tipo. Ma anche se riguardano soltanto me, possono spaventare coloro che non sono alpinisti. Perché corro comunque questi rischi che mettono a repentaglio la mia vita? Sicuramente non perché il gioco è limitato a una sola vita, la mia. La vita ha comunque un limite temporale per tutti! Al contrario, è innegabile ormai che non corriamo quasi alcun rischio per cercare l'acqua, il cibo o dare la caccia a un nemico. L'aspettativa di vita media per gli alpinisti estremi è molto più bassa di quella di un bancario. La ragione sta nei pericoli incontrollabili come slavine e freddo, ma anche negli errori che si possono commettere. Per quanto siamo prudenti, non possiamo mai escludere completamente di sbagliare. Peraltro c'è da dire che moriremo comunque in meno di un secolo. Con questa consapevolezza, corriamo rischi più seri dei cittadini che hanno un'aspettativa di vita media di ottant'anni? No. Se avessi continuato a fare il mio lavoro, a vent'anni avrei saputo fino a quando sarei vissuto? Avrei osato di più? Non lo so. Tuttavia, credo di sapere che davanti a un pericolo cresce il desiderio di salvarsi. Nasce un'attenzione, che ci spinge a mettere in dubbio il proprio io. Così come siamo capaci di rendere il mondo un campo di gioco, di realizzare i nostri sogni, la natura ci impone l'umiltà. Anche rispetto a quello che non siamo in grado di fare. Sono entrambi presupposti per seguire la nostra strada, per esprimere le nostre capacità.

L'avventura tradizionale e i modi di vivere primitivi sono inevitabilmente collegati alla presenza di rischi. Con la differenza che l'una li cerca, gli altri li devono correre. Il fatto che noi abbiamo molto da raccontare è la conseguenza. Se potessimo capire chi, quando, dove, cosa, e come è stato fatto o perché una determinata impresa è andata bene, impareremmo a valutare meglio i rischi per affrontare meglio i successivi. Non si tratta quindi di cosa è giusto e cosa è sbagliato, e nemmeno di critica o cinica soddisfazione, ma di un processo di apprendimento per tutti coloro che non ignorano i pericoli della vita. Avventura tradizionale significa stare sempre all'erta, compiere delle deduzioni: l'odore della roccia, il colore della neve, la direzione del vento devono essere interpretati prima di esporci a questi elementi, prima di correre rischi. La nostra civiltà moderna ci promette invece la massima sicurezza. Al singolo non sembra quindi necessario stare con le orecchie tese o spiare nemici potenziali. Attenzione però a decidere solo in base a questo tipo di percezione.

Sono le esperienze sedimentate in molte generazioni che ci mostrano come possono essere ridotti al minimo i rischi della vita. La società civile ne trae le sue regole. Gli uomini d'avventura invece si comportano attivamente di conseguenza. Maggiore è il pericolo, maggiore è l'attenzione. Il programma d'azione che garantisce la sopravvivenza si riduce man mano che il rischio aumenta. Quando ci manca improvvisamente il terreno sotto i piedi, perché cala la notte, il pack in Artico si spacca, le rocce che ci sovrastano si staccano oppure veniamo travolti da una valanga, è nello spazio di un secondo che decidiamo tra la vita e la morte. L'attenzione dell'uomo d'avventura tradizionale non si nutre solo di azione. Essa è la somma di esperienza e cultura, della conoscenza accumulata da tutti i nostri predecessori.

L'atteggiamento «no limits» di una generazione sempre tesa al divertimento che considera il pericolo un ingrediente del brivido e nega la paura, non ha nulla a che vedere con un'impresa tradizionale, che deriva dall'esperienza di vita. Ma conoscere il pericolo e dominare i rischi che si corrono quando ci si trova in una situazione di pericolo è fondamentale. Io non corro rischi per mettere alla prova il mio coraggio, la mia tecnica mi porta innanzitutto a evitarli. L'attenzione mi aiuta ad agire ai limiti delle mie possibilità per imparare come gestire nel modo corretto la situazione di rischio. «Chi cerca il pericolo muore con esso», dicono quanti obiettano al mio pensiero. Ma c'è anche da dire che chi non conosce il pericolo, non può imparare a gestire il rischio.

Nella nostra società basata sulla comunicazione – con Internet, TV, radio, videogiochi – disponiamo della più alta possibilità di esperienze passive di sempre. Non c'è quasi più il tempo per scambiarsi consigli sulle esperienze vissute. E dimentichiamo che le informazioni dei media implicano meno attenzione di quanto non lo richieda il contatto diretto con i pericoli. Molte delle mie esperienze si sono impresse nella mia memoria al punto che l'attenzione è diventata una sorta d'istinto. Fa parte di me e mi aiuta anche nella sopravvivenza quotidiana. Persino di notte, perché i sogni, gli istinti e l'attenzione hanno la stessa origine.

8. Nido

La mia era una famiglia numerosa. Eravamo nove figli. Vivevamo in un appartamento di 100 metri quadrati sulla strada principale del villaggio in una sorta di nido, che difendevamo tutti insieme dagli estranei. Quando il nostro cane pastore, che sorvegliava i pollai della fattoria, venne avvelenato, lo prendemmo come un attacco alla nostra famiglia, il clan: un gruppo di persone unite che lavorano insieme, ciascuna col suo compito!

Ci incontravamo all'ora dei pasti in cucina, proprio come i clan dell'età della pietra si incontravano intorno a un fuoco. Papà si occupava della ripartizione dei compiti, e noi ragazzi li eseguivamo. Quindi ce ne andavamo nel bosco, a sciare sui prati o ad arrampicare. Nostra sorella Waltraud aiutava la mamma in casa e in cucina: eravamo un gruppo compatto, il senso di appartenenza assomigliava a quello dell'età della pietra, le regole a quelle del Medioevo, gli ordini erano divini!

Quello che dovevamo fare a casa, a scuola e in chiesa era ben stabilito. Solo per il tempo libero non c'erano regole. Non vedevo quel rigore come un conflitto. Secondo me la divisione tra l'interesse comune e l'interesse personale ci definisce in quanto uomini. Fuori, dove giorno dopo giorno conquistavamo nuovi orizzonti dovevamo essere individualisti, a casa eravamo membri di una comunità. Al centro del nostro essere c'erano di volta in volta inventiva e fantasia, e poi partecipazione e condivisione. Nella comunità del villaggio – ma non nella nostra famiglia – le prime venivano considerate difetti e le seconde virtù.

Proprio come la religione, che nella nostra società di valle aveva un ruolo determinante. Le caratteristiche di quella religione – organizzazione standardizzata, rituali collettivi, obbedienza imposta, comportamenti estranei al nostro essere, rigido codice morale – erano diametralmente opposte al mio modo di sentire la vita. Le piccole comunità non ne avevano affatto bisogno. Per risolvere i conflitti bastava il dialogo. Il gruppo trova sempre una soluzione e in modo assolutamente naturale.

Nella mia vita ho incontrato le razze e i popoli più diversi, di cui ho imparato i riti e le religioni. Spesso anche quelle fondate su principi che un capotribù, un re o un dio sosteneva di aver derivato dal cielo per metterlo in contatto con la terra. Ovunque sacrifici affinché gli dei mandassero la pioggia e provvedessero a un buon raccolto. Sempre per il benessere dell'uomo. Anche il capotribù aveva il suo ruolo, e faceva costruire alla sua gente servizi pubblici utili a tutti: fossati per l'irrigazione, templi, magazzini. Come contropartita i sudditi consentivano al capotribù o ai sacerdoti di vivere bene con una parte dei loro guadagni. Per questo sono nati rituali standardizzati in società standardizzate. La vita dei sudditi seguiva un ordine: obbedire!

Non so quando ho capito queste relazioni, ma con le mie prime salite autonome ho intuito che non potevo sfuggire alle mie leggi innate. Tuttavia tutto questo non ha nulla a che vedere con questioni morali. Non credo che un comportamento corretto sia il risultato di un comandamento. Solo noi sappiamo quel che è giusto e sbagliato, e come ci si deve comportare. È una questione di sentimenti, riguarda la natura umana della nostra coscienza e quel che le religioni chiamano morale. Su una parete esposta, quel che si deve fare emerge a livello emotivo quasi fosse una legge di natura.

Ho poca esperienza delle grandi società. Non so se sono stati gli dei, le forze soprannaturali o i profeti a stabilire il loro codice morale, come i dieci comandamenti. In ogni caso per sopravvivere nella natura questi non servono. Il problema è che la maggior parte delle religioni rivendica il monopolio sulla verità. Ma già affermando che tutto il resto è sbagliato, risultano poco credibili.

Secondo la mia esperienza di bambino la natura umana è un

misto di collaborazione e competizione, altruismo ed egoismo. Quando cresciamo sopraggiungono la tendenza a dominare e la reciprocità, e dopo, talvolta, il tradimento e l'inganno. A seconda che giochiamo per vincere o per divertirci, siamo un po' egoisti, un po' altruisti. Anche l'intuito e la ragione sono in contrasto dentro di noi: si può indagare su come le impressioni, i sentimenti, le intenzioni e il controllo vengono comandati dalla ragione o invece dalle emozioni del singolo. Il gruppo, d'altra parte, subisce più dell'individuo condizioni e umori. Naturalmente la nostra cultura religiosa ha un ruolo importante: un buddista seguirà una vita più contemplativa, mentre i cristiani tenderanno al cielo e i musulmani si orienteranno verso la Mecca. Tutto quello che è familiare, di casa, ci sembra giusto.

Quando ripenso alla mia infanzia, le liti che potevano sorgere in casa non le abbiamo mai affrontate con ottusità. Quel che sono diventato lo devo ai momenti più intensi. È come se la mia vita fosse una collezione di episodi e storie, che hanno avuto un lieto fine. Questo ricordo è sempre vivo.

Possono cambiare le nostre storie se le vediamo a posteriori? Nel ricordo non contano il successo o il riconoscimento ma il fatto di aver superato un'avventura. Prima di un'avventura non sappiamo cosa ci aspetta, altrimenti non ci sarebbero avventure. Sarà pericoloso? Farà freddo? Sarà impegnativo? Solitario? Doloroso? Alla fine ci ricordiamo il sollievo, la felicità, il fatto di essere tornati sani e salvi. E questo, il fatto di essere sopravvissuti, eclissa tutto il resto, anche il pericolo e la sofferenza. Può suonare incredibile, ma quanto più l'esperienza è stata brutta, tanto più il ritorno al nido è profondamente radicato nel nostro intimo. Come se il nostro io si dividesse in due: una parte edulcora tutte le paure e le fatiche, l'altra ricorda come una rinascita il fatto di essere sopravvissuti. Si nasce un'altra volta.

Più di sessant'anni fa, Edmund Hillary salì per la prima volta l'Everest. Mi disse che per lui il ritorno era stato più importante della salita. Da allora la percezione della montagna più alta è cambiata, i suoi segreti sono stati man mano svelati. Cionononostante, negli anni continua a essere meta di tanti. Persone che non seguono regole, e lasciano la responsabilità agli Sherpa. Al contrario di Hillary, non portano alcun messaggio: solo il fatto di essere *summited*, arrivati in cima. Come se lassù avessero combattuto per se stessi e contro se stessi a un tempo: contro la tentazione di mollare; per un ideale; per resistere. Come se la loro ascensione non fosse fine a se stessa.

Il fascismo ha usato l'alpinismo come pretesto per rinsaldare il suo dominio, l'ha idealizzato e l'ha reso popolare facendolo scivolare nel culto del corpo: azione, volontà e coraggio come simboli di una «razza superiore». Avventura e battaglia erano sinonimi. Oggi si sono aggiunti test di livello del fitness, dimostrazione del rendimento e record: tutto misurato, naturalmente. Io non capisco cosa attiri un uomo d'avventura su una montagna di cui tutto è già noto: segreti, pericoli e persino la sua grandezza. Lo sforzo durante un'ascensione può essere valutato e considerato come una nuova disciplina dello sport di montagna? *Extrem*, *speed*, *power*: gli uomini d'avventura incarnano tutto ciò. La vetta diventa l'espressione del successo, e sempre più anche il sinonimo del non plus ultra, il massimo, che però vale sempre meno come occasione di esperienza. Chi ha costruito la propria carriera di alpinista sull'impiego di risorse e ha risparmiato a lungo per il suo *summited*, non può più farne a meno. Se quasi tutti ritengono accettabile arrivare alla vetta seguendo una pista preparata ne conseguirà una forma di egoismo diffuso che non tollererà atteggiamenti diversi.

Il mio comportamento in famiglia è stato naturale tanto quanto ho dovuto essere egoista nelle mie spedizioni solitarie nelle montagne. Che almeno le mie imprese in montagna siano soltanto mie! Il prete mi ammoniva dicendo che non dovevo comportarmi mai in modo individualista, non dovevo pensare solo a me stesso! I miei genitori si auguravano che avessi un lavoro normale; i miei fratelli che finissi gli studi; i miei amici che trovassi un posto fisso. Io invece mi sono opposto a ogni tentativo di imposizione, e i miei obiettivi sono sempre cambiati. La fine di ogni singola fase della vita è stata determinata esclusivamente dalla percezione che da una determinata attività non avrei tratto più alcuno sviluppo ulteriore. Il mio nido, ogni volta diverso, mi ha consentito una continua evoluzione.

Noi uomini non siamo «portati» per un determinato lavoro, abbiamo un «compito» in seno alla famiglia, ma nessuna «vocazione», proprio come accade per le piante o gli animali.

9. Prudenza

I miei genitori mi hanno portato per la prima volta a fare un'ascensione quando avevo cinque anni: salimmo sul Sass Rigais nelle Odle. Negli anni successivi, sono salito sul Sass de Putia, sulla Piccola Fermeda e sul Campanile di Funes.

Ricordo ancora molto bene il giorno in cui mio padre volle condurmi sulla Grande Fermeda. Eravamo partiti presto dalla malga di Casnago, e passando per la Forcella Pana verso l'alpe di Cisles – sul versante gardenese delle Odle – scesi lungo ripidi prati fino all'attacco. Avevamo camminato a lungo sotto un sole cocente i cui contorni si confondevano con un paio di nuvolette. Arrivammo in cima salendo per tratti di sentiero e poi affrontando due brevi camini scivolosi. Alla fine, quando il canale d'attacco si stagliava verticale davanti a noi, mio padre tentò prima di salire sulla sinistra, e poi ridiscese e scelse di traversare sulla ripida parete verso destra. Io dovevo solo assicurarlo e stare attento a che la corda non rimanesse incastrata. Quando lui trovava un punto adatto alla sosta trenta o quaranta metri sopra di me, potevo procedere anch'io salendo lungo la corda di canapa tesa. Così, con mio padre da primo, passo dopo passo, salimmo sulla parete sud della Grande Fermeda.

Mio padre valutava ogni presa, ogni passo con estrema prudenza. Verificava se la roccia teneva, se le cenge erano in grado di sorreggerlo. E si assicurava che avessimo preso la via giusta. Sempre. Non avevamo con noi alcuna descrizione della via, ed era difficile trovarla. Quel che lo faceva esitare non era mancanza di sicurezza, bensì il senso di responsabilità. Quella prudente valutazione delle nostre possibilità, il suo modo di affrontare il pericolo – questo è il cuore dell'arte dell'alpinismo tradizionale –

mi pervasero man mano che aumentava l'esposizione, dal momento che sapevo che non potevamo permetterci errori. C'erano 300 metri di parete verticale sotto di noi. Mentre mio padre arrampicava esitante, fui colto dalla paura. Anche lui ne aveva? No, lui era solo prudente. Era già salito su quella montagna da ragazzo, ma da allora erano passati vent'anni.

Può capitare che l'uomo nel mondo civilizzato valuti i rischi sistematicamente in modo sbagliato. In montagna una cosa del genere può costare molto cara. L'alpinismo classico è organizzato in modo che il rischio di cadere, di perdersi o di essere sorpresi dal cattivo tempo debbano tendere al minimo. Ciononostante in montagna muoiono anche molti alpinisti esperti. Che l'alpinismo sia pericoloso è un dato di fatto. Per questo gli alpinisti intraprendono istintivamente delle misure per non trovarsi in pericolo di vita. Non si affidano alla fortuna; in un posto molto pericoloso lontano dal mondo civilizzato essi sentono, vedono, percepiscono anche il più piccolo indizio della fonte di un pericolo. Sono sempre più pronti ad affrontare i rischi man mano che la loro esperienza cresce, perché di pari passo cresce anche la sicurezza in se stessi così come aumentano anche i potenziali vantaggi che possono trarre da situazioni estreme.

Dunque, sotto la cosiddetta «paretina» mio padre non era sicuro che fossimo sulla via giusta. Così scendemmo. Nessuna delusione. In un certo senso me lo aspettavo.

La responsabilità non è mai di uno solo; quando ci si trova su una montagna viene divisa tra tutti i membri di un gruppo. Certo, chi è più dotato nel fisico e nello spirito – nel nostro caso mio padre – se ne assume la maggior parte. Istintivamente le preoccupazioni, la responsabilità, i carichi vengono distribuiti in modo che ciascuno se ne assuma la giusta parte. Dunque, tutti hanno gli stessi diritti e decidono i propri doveri secondo le proprie capacità.

Di ritorno all'attacco avevo la sensazione di essere cresciuto. E avevo sete! Dopo tutte quelle ore al sole ci eravamo disidratati, la gola ci bruciava e avevamo mal di testa. Papà conosceva una sorgente tra i massi ai piedi della montagna e assaporammo quell'acqua fresca, bevuta con le mani a coppa, più di qualunque altra bevanda in un bicchiere.

Neppure quando ci sentiamo piccoli e persi in mezzo al nulla su un'enorme parete di roccia, siamo niente. La prudenza e l'azione ci rendono creativi. Ovvero: noi non creiamo nulla, ma garantiamo la nostra sopravvivenza.

Mentre tornavamo a casa, riflettei sulle contraddizioni insite nell'alpinismo classico: in situazioni pericolose fuggire per non rischiare la pelle! Allora non ne ero ancora ben consapevole, ma scalare le vere pareti di roccia mi sembrava il migliore allenamento per sopravvivere a un'avventura. Il primo presupposto per farcela è la capacità di osare. Poi viene la prudenza e col tempo la capacità della visione d'insieme. Tuttavia chi si preoccupa *solo* di sopravvivere, davanti a un grosso pericolo non riesce a cogliere le possibilità di sopravvivenza che ha.

10. Soddisfazione

In estate noi quattro fratelli scalavamo le montagne vicine mentre in inverno salivamo sulle malghe con gli sci. Era una sorta di rituale: durante le vacanze di Natale, con gli sci in spalla – semplici sci senza lamine, senza pelli, senza attacchi Telemark – ci mettevamo in cammino l'uno dietro l'altro su per gli alpeggi di Brogles, Gampen o Glatsch. Di solito ci accompagnava anche papà. Quando giungevamo in cima, salendo a piccoli passi trasversalmente al pendio, ci sfidavamo in discese in picchiata, slalom e salti: c'erano trampolini naturali ovunque. A sera, descrivendo ampi archi nella neve alta tornavamo a valle lungo le tracce naturali segnate sul pendio. Con sistemi di frenata alquanto originali...

Di quel periodo ho alcune fotografie in bianco e nero che ritraggono noi ragazzi più grandi – io, Helmut, Günther ed Erich – sotto la croce di legno a Brogles, sui prati di Gampen e a Zans. Quando le riguardo, non ricordo solo l'atmosfera che ci circondava ma anche la fatica della salita e le nostre urla di incitazione quando andavamo a caccia nella valle. Riesco quasi a sentire il vento in faccia. È come se la nostra memoria fosse capace di associare immagini più nitide alle esperienze intense che non alla vita quotidiana.

Allora non c'erano skilift nella nostra valle. Per tutti noi sciare faceva parte dell'alpinismo. Salivamo sui pendii ripidi vicino al villaggio per poi scendere con gli sci. Tutt'altra cosa rispetto allo sci di fondo, che invece consideravo semplicemente uno sport. Quando ero alle elementari mi allenavo su un prato pianeggiante a neanche cinque minuti da casa, e vinsi anche alcune gare locali. Poi capii che l'allenamento, il confronto con me stesso, mi divertiva di più che correre più veloce degli altri. Quello che mi piaceva in assoluto di più – nella scala della gioia di vivere – era quando noi fratelli andavamo insieme in montagna d'inverno, bevevamo dalle mani l'acqua che scorreva limpida da una sorgente sotto il ghiaccio e ci scaldavamo in un rifugio con tè caldo e mele al forno.

Che fosse sciare o scalare una montagna, ciò a cui aspiravamo era la trasformazione finale della fatica in godimento. Allora come oggi. Il mio rendimento, all'epoca quello di un adolescente, contava meno dello stare insieme. Ce ne stavamo rannicchiati in un rifugio, ci divertivamo e ci gustavamo la nostra stanchezza. Come se il corpo dimostrasse gratitudine per essere riuscito in una impresa. Oggi è ancora così. È il mio corpo che mi mostra dove può arrivare. E anche dove non può arrivare! E dopo ogni sforzo, sopraggiunge il godimento, l'euforia, insiti in ogni fibra del mio essere. E questo è un sentimento che unisce tutti coloro che si mettono in cammino insieme. Poi giunge la quiete, la tranquillità. Dopo tanto impegno, quando la mente riposa, la concentrazione e la tensione sono calate, sopravviene una sorta di liberazione. Forse è quello che i buddisti chiamano Nirvana. Non importa quanti anni abbiamo e quel che abbiamo fatto. A ciascuno accade secondo le proprie possibilità.

Oggi, per me salire sulle montagne è una sorta di consolazione. E già allora era così, anche se non si coglie leggendo le annotazioni nel mio quaderno delle salite. Tutta l'esperienza, la sensazione di benessere dopo le fatiche e i rischi superati significano conoscenza: è stata una spinta sostanziale per salire sulle montagne. Non ho mai voluto allenarmi alla vita, lo facevo inconsapevolmente. Nel mio diario di viaggio si legge: «Inverno 1956: gita con gli sci a Brogles. Siamo saliti senza pelli fino alla malga e siamo scesi lungo i percorsi usati per il trasporto della legna. Naturalmente, frenando. Altre sciate alla malga Glatsch. Più tardi abbiamo provato anche nella neve alta dei pascoli di Gampen. In primavera con Erich sulla Piccola Fermeda. Con la pioggia e la neve. Che soddisfazione a ripensarci in collegio».

La funzione consolatoria dell'avventura non mi fu subito chiara. Soprattutto non in relazione alla morte. So che un giorno morirò fin da quando ho preso coscienza del mio essere. E allora sarà troppo tardi per tutto quel che non ho compiuto. Questo destino – assistendo alla morte di molti miei compaesani – ho dovuto capirlo col tempo. Fin da bambini, prima ancora di andare a scuola, venivamo portati al funerale del vicino o al cimitero da un parente. Sapere cosa vuol dire morire mi ha stimolato a riempire il mio tempo. Poi è toccato ai nonni. Vederli indifesi nel letto, malati, mi ha spaventato da un lato ma dall'altro mi sono sentito sollevato quando sono morti. L'idea che mi toccasse la stessa sorte prima o poi non mi faceva paura. Non volevo negare la realtà della morte, soprattutto non volevo pensarci con un sentimento di consolazione, come se ci fosse un aldilà dove si viene in un certo senso risarciti per le «pene terrene». Nella morte non vedevo un significato più profondo. È un dato di fatto: tutte le promesse secondo cui le pene di questo mondo saranno ricompensate nell'aldilà non portano ad altro che al servilismo e alla bigotteria. L'umiltà davanti alla natura è qualcosa di completamente diverso. A noi non resta che comportarci con determinazione in questo mondo e secondo buonsenso.

Più diventavo adulto, meno soddisfazione trovavo nella concezione della religione impartita. Ero molto lontano dall'idea di liberazione o di aldilà. Estrapolavo il senso della vita da visioni che valeva la pena mettere in pratica, da atti ai limiti del possibile. Ogni avventura mi portava a smontare sempre di più il codice morale civile del bianco o nero, giusto o sbagliato.

Nei miei viaggi ho avuto occasione di incontrare gente che professava i credi più diversi, ne ho condiviso la vita, ho pregato con loro. Conosco dunque la funzione consolatrice delle religioni, e le rispetto tutte. Ma questo non vuol dire che mi affiderò a un aldilà. È come se le mie esperienze soggettive in contatto con la natura selvaggia contendessero alle religioni la loro originale funzione chiarificatrice. A cui però non rimandano le possibilità che abbiamo oggi di ridurre al minimo il pericolo con mezzi tecnici e sociali. Le religioni hanno il compito, non il diritto di postulare il senso del nostro essere. Questo monopolio non spetta a nessuno, anche se il mondo dovesse apparire vago, superficiale, vano. Il senso dell'impenetrabilità – del microcosmo come del macrocosmo – è l'unico senso individuale di questo mondo, ma siamo noi stessi a crearlo.

11. Cammino

In Val di Funes, quando ero piccolo c'era una corriera che partiva al mattino e tornava la sera. Non ricordo perché la presi la prima volta, l'unica cosa che ricordo ancora è quanto stetti male nel tragitto verso Chiusa. Anche per questo in seguito ho sempre preferito andare a piedi, che poi era il modo in cui si spostavano tutti nella valle. Quel che mi circondava – malghe, boschi – l'ho scoperto camminando. Strade non ce n'erano. Così mi ero costruito una sorta di carta geografica nella testa. Piazze e sentieri, che avevo inserito man mano in una griglia tridimensionale. Tutto solo immaginato. Passo dopo passo, collocavo quel che vedevo in quel paesaggio. Gli innumerevoli punti di riferimento – un albero su una roccia; il panorama da una forcella nella valle; una croce – avevano tutti il loro nome, e il nome veniva associato al luogo in modo automatico. Come le cose e le parole. Mentre camminavo mettevo tutto in relazione, tutto prendeva forma e consistenza. Un po' alla volta, il mondo intorno a me diventava sempre più mio: mi fidavo di ogni angolo, misuravo ogni altezza con i miei passi. Ancora oggi viaggio in questo modo. Come se fossi il primo uomo che ricrea un mondo già conosciuto. Non si tratta di una meditazione, ma piuttosto di un processo di attribuzione, un modo per trovare il proprio posto nel mondo. Mi fa bene, e non mi interessa affatto se vi sia un fondo pratico o no nel farlo. Perché comunque ha un senso, anche senza essere utile.

Camminare è una passione che ci hanno trasmesso i nostri genitori. Non so quante migliaia di chilometri ho percorso tra i cinque e i dieci anni. Ma so che in quelle escursioni ho imparato a conoscere la valle sempre meglio. E dopo le nostre passeggiate in Val di Funes esploravamo anche le valli vicine. Una volta andammo sulla Plose attraverso il Passo delle Erbe: ricordo un temporale con scrosci d'acqua torrenziali, fulmini e tuoni. C'era da aver paura. E nessun riparo! Un'altra volta in estate, attraversando il bosco d'alto fusto e le malghe per raggiungere Longiarù in Val Badia, il caldo era davvero opprimente, ma a piedi arrivammo fino a Santa Cristina in Val Gardena. Così ho imparato ad affrontare le realtà naturali della nostra terra, come facevano in passato anche i mercanti.

Una volta, quando ancora ero bambino, avevo girato intorno alle Odle oltre le punte del Puez per raggiungere il Passo Gardena e poi ero tornato dall'Alpe di Cisles, quando improvvisamente tutto mi parve diverso: non sentivo più dolore, stanchezza, non avevo percezione del tempo. Il mondo intorno a me cresceva e io scomparivo. Perso nell'infinito andare su e giù nella valle, sentivo che quell'andare era utile per me e per il mondo. Non mi interessava se quell'errare sarebbe diventata un'occupazione per la vita, ma immaginavo che camminando avrei potuto dimenticarmi completamente di me stesso.

Noi ragazzi una volta alla settimana facevamo un'escursione. Di solito in due o in tre. Aspettavamo con impazienza quelle escursioni che poi sono diventate delle vere e proprie arrampicate. Mi mettevo volentieri in cammino. E non solo per sfuggire alla costrizione, alla gestione quotidiana del pollaio, che nostro padre ci aveva assegnato. Forse è stata proprio questa forma di viaggio, scelta con piena consapevolezza e senso di responsabilità che, in contrasto con il lavoro nel pollaio di mio padre, necessario per il sostentamento, mi ha insegnato che ciò che ha senso non è necessariamente utile.

Da bambino la valle di Funes era il mio mondo: era un regno stravagante fatto delle radici degli alberi, con le mura del cimitero invase dal muschio e i fienili vuoti, che noi dominavamo come banditi e conquistatori. Poi man mano, la valle mi sembrò piccola e angusta, come se non avesse più segreti. Così li cercai oltre le montagne e in seguito in orizzonti più lontani: con gli Indios sono stato sulle Ande del Sudamerica; con i Dani mi sono spinto fin nel cuore della giungla della Nuova Guinea e in età adulta, con mio figlio Simon, allora tredicenne, ho viaggiato nel deserto del Ténéré in Africa con i Tuareg a dorso di cammello; e a settant'anni, con una troupe cinematografica, ho attraversato l'Himalaya in una spedizione che è durata un mese.

Ma più cose vedevo, più viaggiavo, più mi rendevo conto che la mia casa non era da nessun'altra parte se non in Alto Adige. Il mio forte legame con alcuni posti, in particolare il mio forte legame con il paesaggio delle Dolomiti, ha a che fare con le prime impressioni, che sono da ricondurre alle molte esperienze di viaggio che ho fatto da bambino. Sarei diventato un navigatore se fossi cresciuto in un posto di mare? Forse. Nel paesaggio alpino il desiderio di partire, di andare oltre l'orizzonte, si era manifestato presto dentro di me come necessità di mettermi in cammino. L'alpinismo in seguito mi ha regalato esperienze uniche. Ma quando ci ripenso, non mi rivedo su una parete in vetta. Quello che è maggiormente impresso nei miei ricordi sono gli attimi della salita su quella tale montagna, o meglio ancora, quello che mi lasciavo dietro.

Negli ultimi anni della scuola elementare, con mio padre come maestro, ero uno scolaro ribelle. Facevo di tutto per dimostrare la mia libertà: sciavo, mi difendevo anche azzuffandomi e dicevo quel che pensavo. Ma sopra ogni cosa mi piaceva andare in montagna. Sempre.

Forse anche quando sarò vecchio continuerò a essere un viandante. Forse perché il ritmo intimo del cammino risuona dentro di me dall'infanzia. Potrei rinunciare ad arrampicare, ma non potrei mai rinunciare a camminare. Come se dentro di me fosse nascosto lo spirito errante del nomade. Come un'abitudine imprescindibile. Non cerco più nuovi orizzonti, ma trovo sempre il tempo e un pretesto per lasciare il mio nido. Taglio la corda! Quel che importa non è la lunghezza del viaggio, ma la possibilità di trovare il mio posto in un luogo. Quel che le mie forze mi consentono di fare mi serve di esperienza. Proprio come accadeva una volta quando ero un alpinista «estremo».

Nel camminare è insito un parametro umano. Se superiamo il nostro ritmo, sentiamo che abbiamo perso la percezione. Tuttavia camminando, il mondo ci appare misterioso, più grande, mai banale. La crescente fiducia nelle proprie forze, nella propria resistenza e abilità che ci stimola da giovani quando intraprendiamo un viaggio, col tempo si riduce come la nostra naturale velocità. Ma viaggiare e pensare rimangono una sola cosa. Il corpo e la mente diventano un tutt'uno. Oggi devo camminare per poter pensare. Non fino allo stremo delle forze, ma comunque fino a sentire la stanchezza. Il pensiero che segue il ritmo del cuore e dei passi riconosce il mondo nel dettaglio, noi stessi emergiamo dalla distanza. Come se l'uomo capisse quel che ha fatto solo dopo. Come se solo dopo vedesse dove non è andato e quel che non ha visto.

Non è importante se quel che faccio mi riesce. Io vado, conta solo questo. Alla fine tutte le domande trovano risposta. Quando smetto di pensare, il cerchio si chiude. La strada giusta non è mai una linea retta perché non ci libera dal male di fondo della filosofia e della morale. Ma ogni volta che partiamo, ogni volta che ci mettiamo in cammino, mettiamo tutto in discussione. Sempre. Solo così possiamo comprendere la vita come avventura. È una sensazione grandiosa, non pensare, essere in comunione col proprio corpo e camminare. Misurare il mondo con i piedi e gli occhi. Obbedendo al ritmo del proprio cuore e a quello dei propri polmoni, senza artifici. Poiché nel viaggio si sperimenta la vita, un'arte che s'impara viaggiando.

Dunque sono rimasto in Alto Adige perché lo considero il posto ideale per camminare. Non ci sono attrazioni famose, più della metà della nostra regione è ricoperta da boschi, montagne, altopiani. Ogni paese, ogni città sono circondati da sentieri, piste che conducono nella natura: è il posto più facilmente esplorabile al mondo.

12. Coraggio

La prima arrampicata che io e il mio fratello minore Günther abbiamo affrontato da soli è stata la parete nord della Piccola Fermeda, 500 metri di dislivello, in basso terreno aspro, con scarsa visibilità, in alto roccia verticale, piuttosto compatta. Quanti anni avevamo? Io non ancora quattordici, Günther dodici. Entrambi avevamo già fatto tante salite più facili con papà e ci eravamo spesso allenati alla malga Glatsch.

Indossavamo pantaloni di velluto alla zuava, camicie sotto pullover di lana e scarponi da montagna con suola in gomma. Negli zaini avevamo le nostre giacche a vento e del cibo: pane e una scatola di sardine, oltre a una fotografia della parete.

Qualche giorno prima avevamo studiato «la nostra parete» e tracciato sulla fotografia una via ideale di salita – in seguito la nostra via – che confrontavamo ripetutamente con la linea corrispondente sulla montagna. Così cominciammo a identificarci con il nostro obiettivo, con questa sfida che noi stessi avevamo cercato. Ma l'ascensione programmata, insieme all'entusiasmo provocò anche dubbio e curiosità, e alimentò la paura. Ce l'avremmo fatta? E se non fossimo riusciti a raggiungere la vetta? Poiché avevo tuttavia imparato a immaginare ogni possibile scenario, quella paura mi servì da sprone, e procedetti a piccoli passi. La sicurezza era di fondamentale importanza anche per me. Non potevamo escludere alcun rischio dal momento che io e Günther sapevamo che stavamo facendo qualcosa di pericoloso. La paura ci aiutava a non valutare i pericoli in modo sbagliato, cosa che sarebbe stata più che rischiosa.

Le contraddizioni che risaltavano a un esame del rischio e del pericolo non ci interessavano allora. Più che comportarci secondo buonsenso, desideravamo mettere alla prova tutte le nostre possibilità.

Marciammo per un'ora – dalla malga di Casnago attraverso il sentiero Munkel e poi senza una traccia su per la ripida conca – fino all'attacco direttamente sotto la parete nord della Piccola Fermeda. Traversammo lo zoccolo di questa parete ripida e un canale dapprima slegati, poi, giunti a uno spuntone di roccia, ci legammo. Il terreno era ancora facile ma la via non era ben visibile nella sua interezza e mancavano punti di riferimento. Arrampicammo su quella roccia friabile, tenendoci sulla destra e alternandoci in modo da assicurarci l'un l'altro. Uno saliva, l'altro assicurava. Non c'era una via precisa, seguivamo la linea immaginaria che avevamo in testa. Nessun segno di paura mentre salivamo e ci staccavamo sempre più da terra. Man mano che lasciavamo filare la corda, il panorama si allargava; era straordinario. Sotto di noi c'era l'abisso, sopra di noi il cielo lontano.

Il nostro umore saliva insieme ai nostri passi, eravamo via via più sicuri. Il coraggio e l'accortezza crescevano a un tempo! Il tratto già salito ci appariva ora più semplice di quanto avessimo immaginato, ma ci sentivamo più isolati di quando avevamo programmato la scalata. Innanzitutto, il tratto da salire ancora sembrava più pericoloso e difficile di quanto avessimo pensato. La prima parte della salita ci aveva permesso ci conservare un po' di coraggio per la seconda. Ci fermammo un po', poi ripresi a salire il risalto successivo verso il cielo scuro.

Non volevamo capire o giustificare le nostre azioni, dovevamo solo cavarcela su quella parete dove non potevamo permetterci errori. Ben presto ci trovammo cento metri sotto la vetta. Prima procedemmo dritti verso l'alto, poi deviai su una cengia di roccia a destra verso un ampio punto di sosta dove fui in grado di assicurare Günther. Assicuratomi a un dente di roccia, recuperai l'altra estremità della corda, a cui era legato mio fratello, con la stessa velocità con cui lui saliva.

L'ultimo tiro fu ripido, ma il problema non era tanto la difficoltà della salita quanto l'esposizione. L'abisso sottostante, profondo 500 metri, sembrava un vuoto infinito; è difficile immaginare qualcosa di tanto impressionante. Chiunque non avesse fatto esperienza di scalate a una tale altitudine sotto la propria responsabilità sarebbe stato colto dalla paura. Respirai profondamente e salii sforzandomi di guardare sopra di me, concentrato solo su prese e appoggi. Quando d'un tratto guardai fuori dall'ombra nell'abbagliante luce del sole, ero ormai in alto. Günther mi raggiunse e salimmo fino in vetta su un terreno pietroso, non difficile. Era una splendida giornata e si distinguevano nettamente le vette delle Dolomiti intorno a noi, dal Sassolungo all'Antelao. Avemmo la vaga impressione che ci aspettassero grandi avventure. E mai più paura. La via di discesa la conoscevamo.

Chi volesse capirmi, avrebbe dovuto vederci scalare allora la Piccola Fermeda. Per potersi immaginare quanto eravamo soddisfatti di quel che avevamo fatto una volta giunti in cima, bastava guardarsi intorno a volo d'uccello: e questa soddisfazione non la sentivamo come un difetto, ma come autostima, il coraggio non come orgoglio ma come umiltà. Oggi so che la fiducia in se stessi è l'elemento dominante del coraggio. La gestione del rischio comune e la fiducia nell'altro hanno un effetto amplificante. Anche i modelli positivi? Non necessariamente. Poiché solo facendo da sé, si può imparare a essere coraggiosi. Forse il coraggio è contagioso, ma può crescere fino a diventare temerarietà in situazioni senza via di uscita o nei rapporti interpersonali non equilibrati. Solo quando è frutto di esperienza acquisita fronteggiando situazioni di pericolo e della fiducia guadagnata nelle proprie capacità, il coraggio diventa una condizione di sicurezza per osare e, si spera, superare ogni ostacolo possibile.

13. Paura

Il 20 luglio del 1961, dopo sei ore di arrampicata, io e Günther raggiungemmo la vetta del Sass Rigais. Nonostante avessi scalato quella montagna una ventina di volte, quell'attimo fu davvero speciale. Eravamo saliti lungo la parete nord, che scendeva a picco per 800 metri sotto di noi! Per settimane avevamo dormito in tenda a casa, anche se male, e avevamo passato il tempo a parlare dei pericoli della parete: difficile individuazione della via, ghiaccio e soprattutto caduta di pietre.

Era come se la lunga ombra della parete influenzasse il nostro temperamento. Non che da casa avessimo guardato «la nostra parete» con timore, no, ma la preoccupazione cresceva mentre maturavamo la decisione di azzardare l'impresa. Io e Günther, allora io sedicenne e lui quindicenne, non eravamo né estroversi né spericolati. Al contrario, avevamo una tendenza innata all'apprensione, come tutti. La paura è l'altra faccia del coraggio. Entrambi sensibili per natura ai pericoli ignoti, reagivamo rimanendo in silenzio. Non dovevamo parlare delle nostre paure. Dopo tutto, l'uno era in grado di condividere i sentimenti dell'altro. Senza la paura, non ci sarebbe stato alcun coraggio. In famiglia siamo sempre stati molto partecipi dei nostri reciproci sentimenti: abbiamo sempre condiviso paure e messo insieme il coraggio. Quando la si condivide, la paura si dimezza, e quando lo si mette insieme, il coraggio raddoppia.

Ciò che ci spingeva a compiere un altro passo decisivo nell'avventura verso l'alto era la curiosità, non il sogno di diventare alpinisti estremi. No, non andavamo a caccia di pericoli a cuor leggero, piuttosto sapevamo che l'alpinismo classico non è possibile senza il pericolo. Tutto dipendeva dal fatto che fossimo in grado o no di controllare le nostre paure e di sfruttare al meglio il nostro potenziale. Può suonare banale: solo osando potevamo accumulare esperienza e quindi coraggio. Era necessario affrontare le nostre paure con le nostre capacità, mettere in campo il nostro coraggio e in gioco la nostra esperienza. Dunque, con la nostra paura potevamo raggiungere un risultato positivo, trovare una nicchia per la nostra passione. Non si trattava tanto di classificare i pericoli in soggettivi e obiettivi quanto di mettere a fuoco le paure che si agitavano nella testa.

Trascorremmo la notte in tenda su un prato della malga direttamente sotto la parete nord. Dormimmo poco perché faceva freddo e sobbalzavamo per qualunque rumore che animava la parete alta sopra di noi. La paura cresceva; era come se dentro di noi il nostro bagaglio di esperienze ci permettesse di catalogare e confrontare rapidamente la grandezza dei massi che cadevano, l'altezza da cui cadevano, e il numero dei loro frammenti che precipitavano. Come se già avessimo imparato a muoverci in una situazione di pericolo, una situazione in cui avevamo avuto paura e avessimo agito al contempo.

La parete, che attaccammo la mattina successiva, era davvero irta di pericoli: sentivamo lo sgocciolio dell'acqua di disgelo che poteva causare il distacco di massi; la roccia era friabile e attraversavamo canaletti di ghiaccio alla continua di ricerca di cenge e fessure che ci avrebbero consentito un'ascensione lineare. Avevamo memorizzato bene la struttura della parete e ora, vista dal basso, ci sembrava più piana che dalla valle. La possibilità di attingere a una vasta gamma di esempi, che sembravano svilupparsi sulla roccia come una rete e che si erano accumulati nella nostra mente, rappresentava la chiave del successo ed era cruciale per scegliere rapidamente la migliore via di salita.

Da solo non sarei salito su una parete così alta. Io e mio fratello però condividevamo la paura e il nostro comune coraggio ci permise di salire in modo prudente. Ciononostante reagivamo a ogni rumore, ci incitavamo e ci chiamavamo a vicenda; d'un tratto scorgemmo una sequenza di risalti che avremmo potuto seguire in direzione obliqua verso l'alto fino a metà della parete. Ogni passo ulteriore aveva un senso che diventava sempre più grande, proprio come l'abisso sotto di noi. C'era solo una regola: sopravvivere! Salivamo col viso rivolto alla roccia, mai di spalle, anche quando eravamo l'uno accanto all'altro per consultarci sul percorso. Se cadeva qualche masso, guardavamo da dove veniva. Che cadesse nella nostra direzione? Se capitava, lo seguivamo con gli occhi finché non ne sentivamo il fischio man mano che si avvicinava e poi lo schivavamo. Solo chi chiude gli occhi davanti al pericolo muore. Vita o morte? No, era un'opzione non contemplata, a differenza di prima quando l'alpinismo era ancora una questione « da eroi ». Noi eravamo salvi, il pericolo dei massi passato, e potevamo continuare nella nostra impresa.

Adesso eravamo al centro della parete, molto esposti. Quella sensazione di incertezza – a cui apparteneva la preoccupazione e ancora un po' di paura – persisteva. Di tanto in tanto sopraggiungeva il *flow*, una condizione in cui il tempo è rallentato: l'attenzione, la salita e il paesaggio si confondono nella sensazione di essere un tutt'uno con la roccia, e la salita diventa più facile. La percepivamo nei passaggi difficili in tutto il corpo che allora sembrava muoversi leggero. Nella mente era come se lo spirito e i muscoli collaborassero in perfetta armonia, tuttavia il nostro subconscio reagiva molto più velocemente ai pericoli del nostro intelletto. Come se l'uomo in situazioni di massima esposizione avesse accumulato esperienze che non aveva ancora neanche fatto. Le reazioni a quelle esperienze venivano da sé, senza che volessi.

Giungemmo in cima senza inconvenienti, annotammo i nostri nomi nel libro di vetta e aggiungemmo la frase: « lungo la parete nord ». E non avevamo nemmeno avuto tanta paura!

Sotto di noi, si allungava un precipizio di 1000 metri che terminava con il prato della malga Pradel, dove avevamo trascorso la notte. Era come se stessimo scrutando le fauci di gigantesche rovine, uno spettacolo da mozzare il fiato, tanto potente era l'effetto provocato da uno sguardo lanciato alla storia stessa della Terra.

Rischia grosso solo chi ha paura? A quanto pare sì. La prudenza è insita in noi, influenza tutta la nostra vita. In alcune situazioni essa è persino determinante per la sopravvivenza.

Viceversa gli alpinisti che non conoscono la paura non vivono a lungo. Quando è folle, la paura ci paralizza. Ci rende impotenti. Tuttavia il pericolo affrontato a piccoli passi acuisce la paura e allena al contempo i sensi. In caso di grandi pericoli è di cruciale importanza reagire più velocemente di quanto possa la ragione.

La paura è una caratteristica fondamentale dell'uomo in azione, non solo dell'alpinista. Dobbiamo ammetterlo. Essa ha salvato più vite di tutti gli uomini del soccorso alpino di tutti i tempi messi insieme. Se non avesse avuto paura, l'umanità si sarebbe estinta già da tempo, molto prima che l'alpinismo potesse diventare una moda come manifestazione di decadenza in un mondo completamente basato sulla sicurezza. La paura avrebbe dovuto essere bandita dall'evoluzione del genere umano? No. Al contrario: deve essere sempre possibile sperimentare il pericolo, affinché gli uomini timorosi, che hanno trovato la loro strada, possano compiere grandi imprese. La nostra personalità si sviluppa anzitutto tra paura e creatività, mai su un terreno sicuro. Chi ha imparato a risolvere problemi è in grado di valutare quando una cosa va bene. E niente ostacola più una persona di successo del pensare che una meta sia facilmente raggiungibile.

Ci sono tante situazioni di emergenza e ci sono comunità nate in situazioni di emergenza che possono insegnarci a fare i conti con la paura. Dopo tutto, l'emergenza insegna ad affrontare con prontezza le difficoltà. Ed esporsi volontariamente a situazioni di emergenza può persino regalarci la felicità, quella di aver superato delle difficoltà. Nonostante la paura. O grazie alla paura. La paura ha un'ottima reputazione tra i migliori alpinisti classici. E meno male! Non dobbiamo più nasconderla. È la combinazione fra paura e azzardo che ci accompagna lungo la nostra strada fino all'ultimo passo.

Sono stati proprio il coraggio di affrontare la paura e la scelta di non vivere come una bandiera esposta al vento che mi hanno spianato la strada. Non ho raggiunto le mie mete personali perché sono particolarmente coraggioso. Quelle mete, spesso messe in dubbio da altri prima ancora che le raggiungessi, le ho raggiunte perché mi ci sono totalmente identificato. Non per una questione di coraggio. Finché io stesso ci avessi creduto, nulla avrebbe potuto distogliermi dal proposito di conquistarle.

Quando sono diventato adulto, ho potuto sfruttare le mie esperienze di bambino per realizzare progetti sempre nuovi. Non potevo scalare montagne per tutta la vita. Ho dedicato energia e coraggio alle relazioni culturali, all'arte, alla politica, all'intesa tra i popoli, all'aiuto ai paesi in via di sviluppo come allevatore, autore, ideatore e curatore museale. Alla fine ho unito il mio egoismo al mio coraggio e li ho messi al servizio degli altri, creando forse persino un valore aggiunto per un gruppo non ristretto di «uomini di montagna»!

Naturalmente anche a me ha fatto piacere l'apprezzamento per il mio operato. Non per il coraggio, non per il successo, per il comportamento, anche se non ho mai agito per apparire come un modello, ma solo per poter esprimere me stesso.

È sempre più difficile trasmettere agli adolescenti il significato dei valori. Al contrario, non è difficile crearli. Per me, vivere in modo da realizzare i miei obiettivi non è mai stato un obbligo. Ma se i bambini vogliono imparare come il successo, la soddisfazione e la realizzazione di nuovi progetti si intreccino con la bellezza delle forme, l'altezza e la profondità, devono sperimentare la vita. L'autocommiserazione tormenta solo coloro che non conoscono le mezze misure, che non sanno ammettere le proprie paure, che non sono in grado di accettare di fallire. È necessario allenarsi a sopravvivere. La vita passa presto, e le vacanze in un maneggio sono meglio di niente, perché anche in sella a un cavallo si può credere in se stessi. Ma la nostra autostima non è un voto che ci viene dato in pagella, non è un'eredità, cresce man mano che affrontiamo il pericolo, viene messa in pratica man mano che osiamo nella vita.

Allora, più di cinquant'anni fa, di nuovo in tenda dopo essere scesi dalla vetta del Sass Rigais, «la nostra parete» sembrava guardarci in tralice al chiarore della sera con le ombre che ne avvolgevano gli spigoli. Che momento straordinario! L'immagine del nostro stato d'animo! Noi due, con un lavoro di squadra, avevamo conquistato una parete importante! Per noi e per tutti quelli dopo di noi! Da qualche parte cadde una pietra: il rumore durò un attimo che sembrò lungo un giorno interno. Tra la paura e il coraggio si cela la felicità.

14. Istinto

Quando Toni Hiebeler, famoso alpinista – aveva realizzato con tre compagni la prima invernale alla nord dell'Eiger – e giornalista di montagna – lavorava alla moderna e rivoluzionaria rivista *Alpinismus* – invitò me e Günther in Svizzera per tentare un'« impresa grandiosa » nell'Oberland bernese, ci sentimmo onorati e spaventati a un tempo. Eravamo pronti per quel che Hiebeler proponeva? Cosa ne sapevamo di alpinismo? Toni Hiebeler aveva pubblicato molti libri, partecipato a diverse discussioni sui temi storici dell'alpinismo e tenuto conferenze in tutta Europa.

Toni ce ne aveva parlato per la prima volta a Grindelwald, dove giunse insieme al suo compagno e coetaneo Fritz Maschke: si trattava della cresta che delimita il lato sinistro della parete nord dell'Eiger! Lui stesso lo aveva battezzato « il pilastro nord »: 1500 metri di dislivello su terreno misto.

Formammo una cordata di quattro e di conseguenza procedemmo lentamente. Per giunta il tempo peggiorò e dovemmo bivaccare due volte sulla parete. Fin dall'attacco, Toni fece andare me e Günther da primi e non contestò la nostra scelta del percorso. Pernottò con Fritz in una tenda a cupola che doveva testare per un produttore, mentre io e Günther avevamo invece i nostri sacchi da bivacco. Nonostante il freddo della notte, oltre alla nebbia e alla neve caduta durante il giorno, non avemmo problemi. Io mi comportai secondo la mia esperienza e seguendo i miei istinti, e poiché il famoso Toni Hiebeler mi affidò la conduzione fino alla vetta, sentii crescere dentro di me la fiducia in me stesso, la sensazione che io e Günther potessimo trarre insegnamenti dagli altri. Come se potessimo attingere anche dalle esperienze dei due uomini più anziani.

Molto di quel che viene controllato dai nostri istinti lo abbiamo «ereditato» o lo abbiamo preso dagli altri. E tutte quelle informazioni – accumulate come esperienze o come istinto – prendono consistenza fino a diventare una sorta di conoscenza che ci consente di credere in ciò che siamo. Noi abbiamo poca influenza su questi processi, che sono pressoché automatici. Anche lo sviluppo soggettivo che porta un uomo a diventare un alpinista non avviene separatamente dal mondo. È con la continua interazione con gli altri che diamo origine alle storie che poi si legano tra di loro. Come se intrecciassimo costantemente le nostre esperienze con quelle degli altri esseri umani.

Da questo punto di vista, la prima ascensione sul pilastro nord dell'Eiger fu una sorta di rito di iniziazione per me. E fu un'illuminazione: solo quando giunsi sulla vetta mi resi conto di avere più esperienza di quanto non avessi pensato in partenza. Mentre si arrampica i pensieri non vanno di pari passo con gli istinti. Ma siccome in questi casi agire arricchisce più che pensare, sulla montagna nei giorni difficili la sicurezza in noi stessi cresce parecchio. Ci accade qualcosa di curioso: senza rendercene conto il più forte trae la fiducia in se stesso dal più debole.

Durante la discesa, sempre avvolti dalla nebbia, Toni si perse fin dai primi passi. Nonostante avesse già scalato più volte l'Eiger. Di nuovo mi fece andare da primo e, insieme a Günther, riportai indietro il gruppo alla via normale. Con prudenza e la massima sicurezza, immersi nel whiteout, ritrovammo la via di discesa. Ci sentivamo rinvigoriti mentre scendevamo a valle e affrontammo i nostri compiti con allegria e con maggiore fiducia per il futuro.

E pensare che io e Günther non eravamo di indole allegra! Non eravamo neanche particolarmente ottimisti. Nemmeno da bambini avevamo conosciuto la leggerezza, che d'altronde, non appartiene di certo all'alpinismo. Ma là fuori, nella natura selvaggia, dove la vita viene messa a repentaglio, eravamo a nostro agio. I giorni trascorsi sull'Eiger e i nostri stessi compagni ci spronavano a osare sempre di più. Non a sottovalutare! Di ritorno alla Kleine Scheidegg, Toni Hiebeler ci urlò: «Perfetto!», un complimento che mi mise di buon umore.

Nei giorni seguenti, aiutai Toni Hiebeler a scrivere le didascalie per un nuovo libro. Fu un'altra iniezione di fiducia per me. Non avevo mai pensato di poter scrivere dei libri, neanche in sogno. Ora sapevo che potevo farlo. Ma quando due anni dopo uscì il mio primo libro, il mio compagno di scalate Toni Hiebeler non lo volle recensire su *Alpinismus*. Perché? La sua risposta fu che non voleva scrivere una stroncatura sulla mia opera prima *Ritorno ai monti*.

Invece il libro fu un successo e io mi ritrovai arricchito di un'altra esperienza. Mi aiutò a prepararmi a un futuro fatto di resistenze. Fu una fortuna aver conosciuto i due aspetti della vita di un uomo: il suo potere e la sua aura! Così, in seguito la mia timidezza ha ceduto il posto a un ottimismo curioso col risultato che ho preso in mano la mia vita. Da bambino avevo sempre guardato con ammirazione le persone più grandi e più esperte. Da Sepp Mayerl e Peter Habeler, in particolare, avevo potuto trarre molti insegnamenti. Ma quando ho capito quanto era sicuro di sé il mio prossimo, sono diventato selettivo nella scelta dei miei compagni. Prima di correre un pericolo con qualcuno, sarei stato più attento in futuro.

L'ignoto, allo stesso modo delle grandi personalità, ci spaventa e ci stimola. Se però ci troviamo ad agire in una situazione di pericolo con una di queste persone, allora vediamo cadere ogni maschera, ogni ostentazione. Perché ci dedichiamo anima e corpo alle cose, e i nostri punti di forza e le nostre debolezze emergono con chiarezza. A questo riguardo, sono grato ai miei maestri tanto quanto lo sono a tutti i millantatori che mi hanno insegnato a conoscere l'uomo e mi hanno aiutato a sviluppare gli istinti per stare con gli altri. Dopo tutto, valutare i tanti caratteri diversi dell'uomo non è un gioco da ragazzi.

L'istinto non nasce solo dal bagaglio dell'esperienza. Come

per gli animali, molti dei nostri istinti sono innati, e irrompono come reazione in caso di pericolo, proprio come un'intuizione rompe tutte le barriere del pensiero, e ci spingono, non costringono, ad agire – spesso senza il controllo della mente. Il nostro istinto non solo è più veloce della ragione, è anche più tenace. Forse perché appartiene all'uomo da più tempo.

15. Rischio

Noi uomini da sempre ci confrontiamo col pericolo – diverso a seconda del tipo di società e del luogo in cui viviamo – e ci impegniamo per evitarlo. Da circa diecimila anni ci riesce abbastanza bene grazie al processo di civilizzazione. La paura di terremoti, cicloni o tsunami è tuttavia sempre viva. Una paura completamente diversa – quella della siccità, dei leoni e dei coccodrilli – l'abbiamo confinata al Terzo Mondo. Le società moderne hanno adottato provvedimenti per ridurre al minimo i pericoli generati dall'uomo stesso, fra cui il terrorismo, al quale oggi si attribuisce la massima attenzione. Molti altri pericoli, soprattutto le minacce globali, vengono invece ignorati.

Noi alpinisti corriamo volontariamente un'ampia serie di pericoli. I pericoli conosciuti, quelli che ci sembrano sottostare alla nostra influenza, alle nostre capacità – per esempio la caduta – crediamo di poterli ridurre al minimo prendendo delle precauzioni. Anche se talvolta anche questi ci portano alla morte.

Quando ero un giovane arrampicatore estremo mi sosteneva l'ingannevole sensazione di avere tutto sotto controllo. Sapevo che altri alpinisti erano morti a causa di piccolissimi errori, ma credevo che la cosa non mi riguardasse. Forse perché mi ritenevo particolarmente prudente e ben allenato? Ma non tutti i pericoli sono controllabili.

All'età di vent'anni, sentendomi pronto a fronteggiare ogni genere di rischio, osai affrontare le pareti più difficili delle Alpi: l'odore dello zolfo dopo una scarica di pietre, il fragore degli scrosci d'acqua durante i temporali con lampi e tuoni, la neve in piena estate mi facevano pensare a come doveva essere l'antro dell'inferno: tutto poteva capitare su una nera parete di pietra coperta di ghiaccio!

Quando cessò il nubifragio che si era abbattuto sulle Dolomiti occidentali, ci ritrovammo davanti la parete ovest del Sass de Putia completamente innevata. Io e Heini Holzer eravamo rannicchiati come due scolaretti avviliti in una nicchia duecento metri sotto la vetta. Ogni fibra del nostro corpo tremava. C'era neve su ogni appiglio, ghiaccio in ogni fessura. Il vento freddo che soffiava da ovest frustava la parete di pietra ricoperta di neve che si perdeva nel cielo nero sopra di noi. Nero nel nero. Nella tempesta, l'acqua che colava dagli strapiombi ci colpiva come una scudisciata, per poi ghiacciare all'istante sulla roccia. Ghiaccio vetrato! La nostra speranza di uscire dalla via Schliesser, che avevamo attaccato in mattinata, prima che calasse la notte era sepolta sotto quella coltre di ghiaccio. E di notte non potevamo arrampicare. In ballo c'era la nostra sopravvivenza, questo mi era chiaro: se non riuscivamo a salire, saremmo morti assiderati!

«Torniamo indietro?»

«Impossibile!»

Bagnato fradicio raggiunsi una ripida cengia, e feci sicurezza, mentre Heini tentava di avanzare con movimenti impacciati. Quando arrampicò in verticale sopra di me – ero terrorizzato, poteva volare da un momento all'altro – rimasi senza fiato davanti al modo in cui affrontava il rischio. Già il modo in cui si teneva ben saldo a un appiglio minimo! Nonostante il ghiaccio, l'acqua e le difficoltà. Alla fine quando raggiunse una sosta mi urlò: «Dobbiamo bivaccare!». Io lo raggiunsi, tremando per il freddo e la paura, e quando mi ritrovai davanti al mio compagno di cordata nel frattempo completamente congelato – nell'attesa la disperazione aveva preso il sopravvento – anche lui aveva un solo pensiero: «Se ci fermiamo, moriremo assiderati!».

Il tiro chiave, una parete nera esposta, non era visibile nella sua interezza. Superai Heini tremante di freddo, volevo salire velocemente per sfuggire a quell'inferno. Ma procedevo molto lentamente. Eppure dovevamo muoverci. Lo sapevo, lo sentivo, lo vedevo: la neve aveva invaso ogni appiglio. Non era solo paura quella che mi spingeva ad andare avanti, era la speranza di lasciarci alle spalle tutti i possibili pericoli. Era come una legge della natura: potevamo salvarci solo se salivamo perché sarebbe stato troppo rischioso tornare indietro. Solo la speranza ci teneva aggrappati alla roccia, alla vita.

La neve si scioglieva sotto le dita intirizzite. Solo quando sentivo la roccia ruvida sotto le mani, potevo fare il movimento successivo. Era terribile. L'acqua ci colava addosso e traboccava dagli scarponi. Se fossimo riusciti a muoverci liberamente, ad arrampicare rapidamente, ci saremmo subito riscaldati. Ma le difficoltà estreme di quella scalata non ce lo consentivano.

Avevo raggiunto un'altra cengia rocciosa. Con tre chiodi, preparai la sosta. Heini poteva salire e io ero contento di poter finalmente arrampicare. Anche per lui lo sforzo e la salita erano una liberazione. Il vero tormento è stare fermo mentre il compagno ti assicura.

Nelle situazioni brutte, gli alpinisti si fanno coraggio l'un l'altro: chiunque faccia un lavoro manuale è portato a infondere speranza e a minimizzare i rischi. Facemmo lo stesso anche noi. Potevamo sopportare il terrore solo perché potevamo condividere la paura. Ci giocavamo tutto: che attese lunghissime! Avevamo i piedi bagnati fradici e che freddo! Si era insinuato dalle gambe ed era risalito lungo il corpo che ora era scosso da brividi violenti.

In lontananza si sentivano altri forti tuoni. Minacciava ancora tempesta. Come una condanna a morte, nuovi nuvoloni neri, ammassati nel cielo, incombevano sopra di noi. Non era ancora finita!

Fu solo puro istinto quello che ci spinse a proseguire. E la speranza di rimanere in vita. Quante volte malediciamo il rischio, nonostante abbiamo scelto di correrlo volontariamente? Adesso contava solo la velocità! Ce la mettemmo tutta per arrivare in vetta prima che calasse la notte.

Quando scendemmo era buio. Una volta ai piedi della nostra

parete rivolgemmo lo sguardo verso l'alto per un attimo. «Se fossimo stati ancora lassù, non avremmo resistito molto» osservò Heini mentre ce ne stavamo andando. Avevamo sventato i rischi e lasciato i pericoli sulla montagna.

Il successivo fine settimana eravamo di nuovo in viaggio. Come se l'arrampicata estrema fosse un disperato tentativo di nutrire la speranza di rimanere vivi. Come se dovessimo cercare il pericolo per superarlo, sentire il brivido e celebrare il fatto di essere sopravvissuti.

Oggi, a posteriori, non è importante quante pareti difficili sono riuscito a conquistare allora. Sono rimaste le esperienze: le mie e della vita in generale. Un errore di valutazione di un percorso di arrampicata può essere madornale, compromettere il futuro di una vita è uno spreco. Il confronto con il rischio si accompagna tuttavia a un processo di apprendimento, che rimane indelebilmente e profondamente impresso nella memoria. Sono questi i valori che non voglio perdere.

Si sbaglia a valutare il rischio innanzitutto perché attingiamo spesso da esperienze di seconda mano che provengono dalla televisione, da racconti, dai media. La mia fortuna è stata invece quella di imparare fin da bambino a valutare i pericoli e i rischi relativi che correvo. E ho tratto questo insegnamento sia dalle mie azioni sia dalle esperienze di altri alpinisti. Non ho imparato ad affrontare realisticamente i pericoli perché sono andato alle superiori o perché ho dato ascolto al prete, ma perché mi sono allenato alla sopravvivenza superando rischi sempre maggiori. Per tutta la vita.

Oggi, i pericoli in montagna sono aumentati: il pericolo di scariche di pietre è cresciuto a causa della scomparsa dei permafrost, il clima è sempre più imprevedibile, i ghiacciai si stanno ritirando sempre di più. Al contrario, i rischi che corriamo sono sempre meno: previsioni del tempo sempre più precise, migliore attrezzatura, comunicazione satellitare e un maggiore know-how ci consentono una pianificazione più accurata rispetto a cento o persino dieci anni fa.

16. Sapere

Quando ero giovane, noi alpinisti ci ritrovavamo spesso intorno a un fuoco e trascorrevamo il tempo a narrare aneddoti su pericoli che avevamo incontrato, e avventure che avevamo superato. All'epoca non era vietato prendere delle scorciatoie, accamparsi in tenda in alta montagna o accendere un fuoco. D'altro canto non avevamo telefoni cellulari nello zaino e nessun televisore nel rifugio. Non ci raccontavamo le storie per darci arie o per divertimento, era un modo per scambiarci esperienze. Per ragazzi come noi queste storie avevano un valore educativo. Mettendo il nostro sapere in relazione con quello degli altri alpinisti, immaginavamo nuovi scenari, sperimentavamo esperienze di prima mano. Quei racconti mi affascinavano anche se parlavano di fallimenti o di incidenti mortali. Imparavo molto. Meno eravamo, migliori erano le storie che ci venivano trasmesse. Era il tesoro che soprattutto gli uomini più vecchi ci regalavano: preziose lezioni sui pericoli e sul comportamento da assumere per salvare la vita. Quando uno raccontava qualcosa che era capitata anche a me, mi sembrava un'indiscrezione perché riguardava me stesso e la mia sopravvivenza. Quanto a noi giovani, nessuno voleva che tacessimo le nostre paure, al contrario: la cosa più importante era conoscere quanti più pericoli possibili per evitare rischi inutili. «Ne sono già morti troppi in montagna» era il nostro pensiero. Ma non avremmo mai rinunciato ad arrampicare.

Allora mi affidavo ai ricordi dei più grandi. Le loro storie suonavano come antichi miti, e al tempo stesso erano delle enciclopedie: gli alpinisti più anziani sapevano chi aveva fatto cosa, dove e con chi. Avevano la soluzione a centinaia di problemi: dove bisognava fermarsi per il bivacco in situazioni di emergenza, quando era il periodo migliore per quella determinata spedizione o dove si trovava l'acqua. Senza il loro sapere, la mia sopravvivenza sarebbe stata improbabile. Uno dei consigli ricorrenti era di non farsi mai prendere dal panico.

Ricordo che durante la mia solitaria su una via fra le più difficili di allora – la Soldà al Piz de Ciavazes – quando raggiunsi la parete di vetta cominciai a sentirmi incerto. Da quale parte dovevo andare? Dritto verso la vetta o sulla destra? Ero in grado di controllare i miei movimenti – reprimendo un intimo fremito –, di dominarmi e dunque di rimanere piuttosto calmo. Anche se l'immenso strapiombo che avevo scalato mi distraeva. Per non volare cercavo di indirizzare lo sguardo e la fantasia alla scura parete di roccia. Ma nel frattempo, mentre io mi sforzavo di scacciare i pensieri, lo strapiombo sotto di me era aumentato. Solo l'idea di cadere – ne immaginai la sensazione – mi terrorizzò. Mi concentrai sull'arrampicata e così non feci più caso ai voli della mia fantasia. La realtà della scalata era fatta solo di prese e appoggi. Tutte le paure che avevo immaginato erano scomparse. I miei piedi non tremavano più, le mie mani afferravano gli appigli e se guardavo di sotto per valutare la tenuta degli appoggi, vedevo solo quelli, niente più abisso. I miei occhi vedevano la presa successiva prima ancora che le dita vi si aggrappassero. Il mio corpo era pervaso da un impulso di energia, i miei polmoni e i miei muscoli traboccavano di forza. Ancora pochi respiri profondi ed ero in grado di vedere la conclusione, poi avvertii la presenza del terreno solido sotto i piedi: io ero sopra, lieve come un'ombra.

La storia dell'evoluzione dell'alpinismo è la somma di tutte le esperienze vissute in montagna. Ho cominciato presto a impadronirmene: il moderno confronto uomo-montagna, inizialmente plasmato dalla paura e dal terrore, è assurto in realtà a dimensione romantica con l'Illuminismo nel periodo della rivoluzione francese: «ritorno alla natura». Fino ad allora nelle Alpi salire sulle montagne era stato visto come inutile e persino come un peccato, mentre alla fine del XVIII secolo cominciò la corsa a chi scalava per primo la vetta più alta: era nato « l'alpinismo ». E siccome le montagne erano state considerate come il regno di streghe e demoni – un'idea ancora non del tutto scomparsa nelle montagne extraeuropee – d'un tratto, le vette più alte diventarono la meta anche di studiosi curiosi e impavidi conquistatori, che arrivavano soprattutto dalle grandi città industriali in via di sviluppo.

La prima ascensione del Monte Bianco realizzata nel 1786 da Jacques Balmat e Michel Paccard viene considerata oggi come l'inizio del primo periodo dell'attività alpinistica, dell'alpinismo esplorativo, che sarebbe durato un secolo, e che si rinnovò ancora una volta un secolo più tardi nell'Himalaya. Un anno più tardi, lo scienziato svizzero Horace de Saussure, che sembra avesse proposto a Goethe un'ascensione del Bianco, fu il secondo a compiere la stessa salita della vetta più alta delle Alpi. Oltre all'interesse scientifico, connesso alla prima spedizione sulla vetta delle Alpi, ciò che si impose fu soprattutto il desiderio di arrivare in cima per primi! Grazie all'ambizione di superare gli altri, gli alpinisti riuscirono a sopportare la stanchezza, il pericolo, le privazioni.

La maggior parte dei primi conquistatori era costituita da cittadini benestanti, che perseguivano i loro obiettivi con entusiasmo, pianificavano le scalate in anticipo, studiavano la zona dal punto di vista geografico e geologico e assoldavano servitori locali, i cosiddetti portatori, che garantivano la conoscenza del luogo e le capacità tecniche necessarie alle conquista della vetta. All'inizio i più abili fra questi frequentatori delle Alpi – cacciatori, piccoli contadini, braccianti – si accostarono alla montagna con scetticismo e solo perché era una fonte di guadagno. In seguito – quando diventarono guide alpine – spettò loro un posto speciale nella storia dell'alpinismo: non solo, infatti, si assumevano il ruolo di guida pratica in una spedizione, ma cominciarono a prendere anche delle decisioni. Sebbene la scelta della montagna fosse di pertinenza del « signore », nella salita quest'ultimo sottostava alla sua « guida », la cui esperienza era il frutto di secoli di sopravvivenza nelle Alpi in alta quota. Tutti gli attrezzi di allora – ramponi, racchette da neve, piccozza, ghette – provenivano dalla caccia e dal lavoro nei boschi e sono stati in seguito modificati per adattarsi all'alpinismo.

Dunque in questo primo periodo l'alpinismo era appannaggio dei ceti benestanti e degli aristocratici. Successivamente, quando vennero istituite associazioni alpinistiche come AC, CAI, OEAV, DAV, SAC, CAF,* l'alpinismo diventò meno esclusivo, finché dopo la prima guerra mondiale assunse la connotazione di « sport popolare » che ogni uomo poteva praticare. E cinquant'anni più tardi anche ogni donna.

La conquista del Cervino nel 1865 da parte dell'inglese Edward Whymper completò il trionfo sulle vette più alte delle Alpi e dette inizio – inizialmente in sordina – a una seconda ondata di « alpinismo esplorativo » relativo alle vette più alte fuori dall'Europa. Nelle Alpi, invece, si continuò a salire montagne già scalate ma lungo vie più difficili. Qualcuno cercò persino di muoversi senza guida. Quel che contava non era più la vetta, ma piuttosto il grado di difficoltà. L'obiettivo era la via difficile, la vetta era di secondaria importanza.

Questo secondo periodo, che io chiamo « alpinismo di difficoltà » – comunque ispirato da idealismo e romanticismo – ebbe molti sostenitori in Inghilterra e in tutti i paesi alpini. L'individualismo e l'obiettività dovevano essere le caratteristiche fondamentali di quella tipologia di alpinisti. Molti degli alpinisti « senza guida » – come Mummery, Zsigmondy e Purtscheller – misero al centro delle loro gestá il superamento di se stessi, non più l'ideale romantico della sfida contro il pericolo. L'ideale di eroe romantico, alla Lammer e Winkler, che sembravano voler accarezzare il pericolo per amore del pericolo, fu confutato da Mummery, che

* AC = Club alpino (britannico); CAI = Club alpino italiano; OEAV = Club alpino austriaco; DAV = Club alpino tedesco; SAC = Club alpino svizzero; CAF = Club alpino francese.

con freddezza e consapevolezza postulò il suo «by fair means». In tal modo l'inglese preannunciò l'alpinismo di difficoltà, che in seguito sarebbe stato sostenuto da Paul Preuß.

Per poter superare pareti sempre più difficili dovevano essere sviluppate attrezzature sempre più nuove e più evolute. Nel 1911 Preuß tentò di arginare la corsa all'innovazione sempre più spinta degli strumenti, ma la tecnicizzazione dell'alpinismo andò avanti e l'«alpinismo di rinuncia» viene ricordato solo come una parentesi.

Negli anni fra le due guerre l'alpinismo divenne uno sport popolare, almeno nei paesi di lingua tedesca. I migliori alpinisti cominciarono a provenire dai ceti operai. Molti si fecero paladini del «più alto, più difficile, più pericoloso». Il loro motto era «sfidare la montagna». Cominciò una sorta di corsa nazionalistica per superare gli ultimi problemi delle Alpi, che toccò il punto massimo e contemporaneamente terminò con la prima spedizione alle Grandes Jorasses e alla parete nord dell'Eiger nel 1938. Nei paesi retti da regimi totalitari l'alpinismo fu soggetto alle leggi della competizione e della propaganda.

Negli anni del dopoguerra l'alpinismo si concentrò – in mancanza di nuovi e più difficili obiettivi nelle Alpi – su spedizioni solitarie e invernali e sulle grandi montagne extraeuropee. L'alpinismo esplorativo in quei paesi raggiunse il suo culmine con la prima spedizione all'Annapurna nel 1950, all'Everest, al Nanga Parbat nel 1953 e al K2 nel 1954. Ancora una volta furono gli alpinisti dei paesi industrializzati occidentali e del Giappone i protagonisti della sfida per la conquista delle vette più alte del pianeta.

Oggi lo sport dell'alpinismo è diventato un fenomeno globale. Ovunque nel mondo – non solo nelle grandi palestre di roccia in Nord America, Giappone e Sudafrica – si riconosce una tendenza a praticare l'arrampicata sportiva. E contemporaneamente l'escursionismo ha raggiunto le vette degli ottomila. Come nei paesi dell'ex blocco orientale, l'arrampicata agonistica si è imposta in tutto il mondo. L'arrampicata come sport misurabile, confrontabile e con delle regole si è definitivamente staccata dalle montagne con l'avvento dell'arrampicata nelle palestre che è sinonimo di divertimento, allenamento e gara. Così l'avventura dell'arrampicata è diventata uno sport a tutti gli effetti, e l'alpinismo tradizionale è diventato turismo. Queste nuove forme di occupazione del tempo libero in Himalaya, nelle Ande e nell'Hindukush le definisco «alpinismo di pista». Sempre più spesso, sulle montagne più alte vengono preparate vie semplici per salite di massa.

Nel 1965, con la sua prima solitaria invernale lungo una via diretta sulla nord del Cervino, Walter Bonatti ha segnato la fine dell'alpinismo classico. Dopo il suo esempio, la montagna ha rappresentato la possibilità di fare innumerevoli prime esperienze. E quelle esperienze hanno plasmato anche il mio sapere. Sono state il presupposto perché rimanessi in vita. Oggi le trasmetto agli altri. Non ho nulla contro l'arrampicata come occupazione del tempo libero. È vero che nemmeno il 50 percento degli alpinisti più famosi dei miei tempi ha raggiunto i cinquant'anni. Troppi non sono sopravvissuti alle loro avventure. Ma quelli che hanno saputo coniugare il sapere e la tecnica dei loro predecessori con la propria esperienza, hanno avuto buone possibilità di sopravvivere.

Ciononostante bisogna tenere presente anche la fortuna. Nei nostri geni non c'è scritto che avremo una vita di successo. Il successo è piuttosto il frutto dell'entusiasmo con cui facciamo le cose e del talento che abbiamo di osare.

17. Fare esperienza

Ero stato bocciato all'esame di maturità ma, grazie a mio fratello maggiore Helmut, trovai un posto come supplente in una scuola media superiore e andavo ad arrampicare nel mio giorno libero. Infastidito dal senso di colpa per il fatto di non essere riuscito negli studi, e mosso dalla curiosità e dall'ambizione, nel 1966 cercai nuove vie di salita alle grandi pareti delle Dolomiti. Il mio futuro poteva attendere.

Per anni – anche dopo essere riuscito alla fine a passare la maturità – mi perseguitò l'incubo di non averla superata. Le paure per un'arrampicata invece mi venivano prima di partire ma poi svanivano mentre arrampicavo. Anche in prospettiva di un fallimento. Quando di notte sognavo di fare la spedizione programmata e studiata nei minimi particolari attingendo anche dalle esperienze di altri, mi prendeva una paura completamente diversa da quella che avevo avuto per gli esami scolastici, e che però si dissolveva nel momento stesso in cui mi mettevo all'opera. Sempre. A differenza della paura per gli esami che mi sono rimaste impresse come una sorta di macchia indelebile. D'altra parte non ero ancora morto per assideramento o soffocamento di notte a causa di un brusco calo delle temperature, come era capitato a Leo Maduschka nel 1931 sul monte Civetta. E non ero neanche rimasto appeso alla corda come Toni Kurz nel 1936 sulla nord dell'Eiger, dopo che i suoi tre compagni erano morti: notte e morte si susseguono in rapida dissolvenza come le immagini in un film ma senza tagli. Ho sempre saputo che per quanto la situazione potesse essere difficile le cose sarebbero andate avanti. E così cercavo sicurezza nelle montagne. Anche quando si trattava della vita civile.

Le preoccupazioni di natura esistenziale sono diverse dal carico dei problemi quotidiani come lo stress per un esame, la pressione per raggiungere il successo o la realizzazione di un progetto. Quelle possono levarci il sonno, ma non la vita!

Heini Holzer, mio assiduo compagno di allora – spazzacamino di professione e arrampicatore libero e senza riserve come me – venne a Madonna di Campiglio con me, con il motorino che avevo comprato da mio padre. Quell'acquisto mi aveva dato la possibilità di compiere arrampicate anche fuori dall'Alto Adige.

Io e Heini salimmo il sentiero che portava al rifugio Brentei dove volevamo pernottare. Come accade spesso nelle Dolomiti di Brenta, tutte le vette erano avvolte dalla nebbia da cui qua e là spuntavano le pareti giallo ocra della Cima Brenta, Crozzon di Brenta, Cima Tosa, Cima Margherita. Anche se non riuscivo a scorgere né l'inizio né la fine delle pareti, a ciascuno di quegli spezzoni riuscivo ad associare una montagna e le storie delle relative prime ascensioni. La montagna e la sua storia riaffioravano contemporaneamente nella mia mente.

D'un tratto la nebbia si diradò liberando le montagne. A destra si levò un pilastro possente: 800 metri di roccia. A sinistra sopra di noi imponenti strapiombi. Le strette torri e le creste si stagliavano nel tenue azzurro del cielo della sera. Se io e Heini non avessimo già avuto le idee chiare su dove andare, sarebbe stato difficile capirlo in quel momento. Avevamo l'imbarazzo della scelta.

Il nostro obiettivo era la parete sud del Campanile Caigo, una via di arrampicata moderna, aperta da poco. Arrivammo al rifugio prima che calasse il buio. Non era la prima volta che ci fermavamo lì. Bruno Detassis, il titolare del rifugio e uno dei migliori rocciatori degli anni trenta che aveva compiuto numerose salite nelle Dolomiti di Brenta, ci mostrò il Campanile Caigo, una torre di roccia, difficilmente distinguibile dal rifugio perché sembra un tutt'uno con la parete che vi si erge maestosa dietro. Una montagna nella montagna. Più tardi, Bruno posò la cartina della via accanto alla mia scodella di minestrone e, nonostante il rifugio fosse più che affollato, ci comunicò che ci aveva riservato un posto per dormire.

Aveva a cuore noi arrampicatori estremi, e aveva sempre un letto per noi, anche perché lo era stato anche lui, e lo era ancora.

Partimmo l'indomani mattina presto con le stelle ancora ben visibili in cielo. Salimmo su per il «sentiero delle Bocchette» e dopo un esteso ghiaione arrivammo sotto la parete sud giallo ocra del Campanile Caigo. Levammo gli occhi al cielo piegando la testa all'indietro tanto era lo strapiombo davanti a noi. Con decisione attaccai la parete lungo una stretta fessura e traversai sulla destra verso una lama sporgente, dove trovai un primo chiodo. Eravamo sulla via giusta. Cercai poi invano un altro chiodo. Che gli strapiombi che mi sovrastavano dovessero essere affrontati in libera, cioè ricorrendo a prese e appoggi naturali? Volevo provarci. Che le danze sulla parete verticale avessero inizio. Le mani si posavano sulle prese, le punte degli scarponi si appoggiavano a cenge sottili, ero già cinque metri più in alto... dieci, venti metri: che grandiosa arrampicata libera!

Alternandoci – prima Heini per un tiro, poi io per i successivi quaranta metri – superammo uno strapiombo dopo l'altro. Senza esitazioni. Spesso salivamo di venti metri senza protezioni intermedie che avrebbero potuto frenare un volo del primo di cordata. Che fantastica scalata! La corda filava nell'aria; dovevamo fare appello a tutta la nostra forza, abilità e concentrazione. Vivere ed essere erano un tutt'uno. Una nuova dimensione: eravamo sospesi tra il cielo e la terra.

In tarda mattinata, Heini salì l'ultimo tiro. Io lo seguii con lo sguardo, dal lato sotto di lui: i suoi movimenti erano fluidi, la sua spigolosa silhouette risaltava contro il cielo blu scuro. Era come se stesse salendo una scala nel nulla. Mai come in quel momento fui consapevole di quanto l'arrampicata fosse una vera forma d'arte. Era una danza, la gioia del movimento che trionfava sulla soddisfazione per un'avventura superata. Fin dall'inizio avevo scelto di essere un arrampicatore estremo perché ero alla ricerca di esperienze di vita, non di divertimento. Tuttavia ogni salita avrebbe potuto farmi schiantare contro la realtà. Ma proprio per questo motivo ogni nuova sfida aveva un suo significato.

18. Pericolo

Nel momento in cui iniziai ad arrampicare in solitaria compresi con chiarezza che l'aiuto non viene dal cielo. A quei tempi se ci si fratturava un osso sulla nord dell'Eiger, non si poteva chiamare un elicottero per essere portati in ospedale ed essere curati. Proprio per questo, tutti i pericoli in montagna possono trasformarsi in rischi potenziali. E proprio per questo mettersi in cammino in quell'ambiente arcaico richiedeva una forma mentis completamente diversa da quella adatta al mondo civilizzato.

Ho sempre vissuto il trauma di aver rischiato di morire con la consapevolezza di aver commesso un errore. A causa di un errore, mi ritrovai in una situazione senza via d'uscita durante la mia prima ascensione del Pilastro di Mezzo del Sasso di Santa Croce. Non potevo più tornare indietro! O quando, sotto la parete nord del Piz Palù, nonostante la neve fresca caduta durante la notte, decidemmo di avanzare lentamente verso lo sperone Bumiller. La mattina stessa, noi quattro fummo sfiorati da una slavina che si era staccata tra i due pilastri sul ghiacciaio pensile della parete nord, anche se eravamo molto lontani dall'attacco. Un'altra cordata più prudente era rimasta in rifugio da dove poté vedere ciò che avevamo rischiato. Quando il polverone della neve si diradò, pensai che ero stato fortunato. Interrompemmo la salita.

Valutare in modo giusto o sbagliato i pericoli era spesso sinonimo di vita o di morte. Anche per questo motivo, ho sviluppato nel tempo una certa attenzione per i dettagli, anche il più piccolo, perché può fare la differenza. E questo vale sia quando ci si trova nella natura sia quando ci si trova nel mondo civilizzato. Certo, nessuno può dire sempre e con sicurezza se un pericolo potenziale è innocuo o mortale. Tuttavia, chi lo percepisce non può fare altro che schivarlo. Dunque l'unica soluzione è verificare sempre il terreno e la propria condizione, anticipare quel che può accadere, fare appello alle proprie conoscenze, e reagire istintivamente.

«12/08/1966 – tentativo di ripetizione della parete nord della Torre d'Alleghe: partenza ore 6» scrissi su un foglietto e lo misi sul mio sacco a pelo, mentre fuori Heini preparava la colazione. «Cosa vuol dire tentativo? Ce la faremo» esclamò irritato, perché con quella frase ammettevo di avere dei dubbi. Mi corressi: «seconda ascensione della parete nord della Torre d'Alleghe». Heini sembrò soddisfatto. Ma poi, poco prima di partire, senza farmi notare lasciai nella tenda il testo originale.

Heini era un giocatore. Doveva dimostrare sempre qualcosa, voleva sempre avere ragione. Spesso anche contro ogni buonsenso. La sua fama di persona piena di sé precedeva i suoi successi. Ma quel che piaceva di lui era proprio la sua caparbietà.

Il giorno prima avevamo provato a farci una chiara idea della parete, cercando di mettere ordine nel caos di tutte quelle fessure, cenge orizzontali, placche e strapiombi: volevamo scalare lo zoccolo della parete senza corda. E poi, subito sopra lo zoccolo avevamo visto una fessura che ci sembrava fattibile; l'intaglio giallo soprastante era a strapiombo, forse al limite del distacco. Dunque quegli strapiombi giallastri rappresentavano un mistero. Pensammo che se lì avessimo trovato una soluzione, una via, il nostro successo sarebbe stato garantito. E sulla grigia parete della vetta ci saremmo divertiti a salire sulle placche. Parlammo delle possibilità che avevamo e ci persuademmo che l'impresa non fosse molto pericolosa. Ciascuno dentro di sé notava le contraddizioni, ma nel complesso, almeno all'apparenza, eravamo piuttosto ottimisti. Pur lasciando aperto l'esito della nostra avventura, eravamo fiduciosi nella buona riuscita dei nostri piani.

Presto giungemmo all'attacco della rampa inclinata. Non era difficile. Con passo svelto cominciammo a salire. Anche la prima fessura fu inaspettatamente facile per me. Su uno spuntone allestii una buona sosta e mi legai in modo che se pure il mio compagno di cordata fosse caduto non mi avrebbe strappato dalla parete.

Heini saliva. Assicurato a un cuneo di legno, traversò a destra e salì lungo il diedro giallo, che da giù ci era sembrato molto liscio. A quel punto si trattava di resistere al bisogno di sicurezza e di certezze, e di formulare, appoggio dopo appoggio, ipotesi su come procedere nonostante il pericolo di volare. Secondo il principio «sbagliando si impara». È questo quello che costituisce l'arrampicata estrema: una serie quasi infinita di atti per «rendere possibile l'impossibile». Heini raggiunse una sosta aerea. Io riuscii a salire alla sua sinistra e, attaccato a uno strapiombo nero con la punta delle dita e la punta di un piede, feci mente locale. Come proseguire? Nessuna traccia di passaggi precedenti, nessun chiodo in vista. Lentamente, centimetro dopo centimetro, mi spostai sulla convessa parete giallastra finché non mi fu più possibile salire più in alto in libera. Sotto di me, più a destra, scorsi due chiodi arrugginiti, due chiodi da roccia! Con un breve pendolo, caricando tutto il peso del corpo sulle braccia, mi ritrovai su una cengia sottile, cercando, senza riuscirci, di piantare un altro chiodo per fare sicurezza. Non c'erano fessure, la parete era dura come il ferro. Quando alla fine riuscii ad assicurare il mio compagno si era fatto pomeriggio.

Heini si avventurò sulle grigie placche di roccia che si levavano sopra di noi. Senza esitazione. Ma si rivelarono più difficili di quanto pensassimo. Impossibili forse? Non sarebbe servito a nulla ormai prendercela con noi stessi adesso, rimproverarci per aver sottovalutato il pericolo e trascurato le possibilità di assicurarci. Arrampicammo in aderenza piantando i chiodi più piccoli in fori naturali mentre la roccia si sbrecciava. Neanche l'ombra di una vera fessura su tutta la parete. Come potevamo assicurarci? Heini, che adesso andava da primo, rischiava di tanto in tanto qualche metro in arrampicata libera, poi si interrompeva con sguardo attonito perché arrampicare senza assicurarsi era troppo rischioso. Picchiettava ogni forellino finché riusciva a piantarci un chiodo sicuro. Ci volle molto tempo. Non avevamo un perforatore e rifiutavamo i chiodi a espansione come ausilii per l'arrampicata e la sicurezza.

Ora dopo ora il tempo passò. Ma quel pomeriggio durò un'eternità e i pericoli – stanchezza, paura, perdita del controllo – aumentarono. Se avessimo avuto la possibilità di calarci, avremmo rinunciato. Ma sotto di noi c'era solo il vuoto, uno strapiombo di più di 200 metri. Era come se, non noi due, ma i nostri cervelli fossero in conflitto fra loro. Come se l'uno avesse un punto di vista diverso dall'altro. Le soluzioni razionali si opponevano alle decisioni dettate dall'emozione: controllo e azzardo, buonsenso e sfogo. Mi ritrovai di fianco a Heini su una stretta cengia. Andai io da primo nell'ultimo tiro. Raggiunsi una rampa in arrampicata libera e da quella raggiungemmo la vetta, una piatta dorsale di roccia. Il tentativo era riuscito e Heini si era comportato ancora una volta nel modo giusto. In definitiva quel che ci aveva aiutato erano stati la pazienza e il coraggio di entrambi. Eravamo usciti da una situazione di pericolo perché avevamo accettato il pericolo e condiviso la paura: era stato un esercizio di sopravvivenza di tipo estremo.

Ciascuno di noi custodisce sempre un'altra personalità capace di discernere tra ponderazione e aggressività per sopravvivere. La riuscita non dipende dal destino. Tuttavia, io rispetto anche le misteriose forze esterne che qualche volta ci fanno pensare alla fortuna come un dono che spetta agli audaci. A volte basta un solo secondo di autocontrollo per evitare una disgrazia. Al contrario l'agitazione non aiuta mai.

Le esperienze che ho acquisito al limite tra possibile e impossibile, fanno parte dei miei più importanti esercizi di sopravvivenza. Quando quel giorno ritornammo al campo, con sommo stupore levai gli occhi al cielo punteggiato di stelle e alla parete, dove, durante le ore in cui avevamo affrontato il pericolo, le molte emozioni si erano condensate fino a diventare un urlo muto cui avevo dato sfogo una volta giunto in cima: che liberazione! Quella sera avevo raggiunto una diversa percezione di me stesso rispetto a quando eravamo partiti al mattino. Scampato il pericolo, quel che era stato un pesante carico era diventato umiltà. Non contava tanto l'essere stati lassù, ma il fatto di aver superato il pericolo e di essere tornati sani e salvi. Questo fatto destava in me un grande stupore: come se il pericolo fosse il maestro più importante nella vita di un uomo.

19. Tempo

Il tempo è solo una scoperta dell'uomo? Esiste solo perché noi gli abbiamo dato una dimensione? In ogni caso, ci sono periodi della mia vita per cui non vale alcuna unità di misura del tempo. Anche se lo calcoliamo in minuti, ore o giorni, lo percepiamo e poi lo ricordiamo come un istante o come un'eternità. Soprattutto se siamo molto impegnati, il tempo percepito non è uguale a quello misurato. Durante le mie avventure ho vissuto spesso così tante cose e quel che ho imparato si è impresso così profondamente nella mia memoria che i relativi ricordi sembrano essere fuori da una dimensione temporale. Quando agiamo intensamente, è come se non avessimo alcuna percezione del tempo. Solo a posteriori, quando ogni evento è concatenato a un altro, si compone il mosaico della sequenza temporale.

Una slavina ci mette molto più tempo di quel che si pensa per travolgere tutto quel che incontra, eppure non si riesce a sfuggirle; una caduta da una parete sembra durare un'eternità; una notte di bivacco su una sottile cengia di roccia sembra non avere fine. Tutti noi siamo consapevoli che il tempo è soggettivo. Quel che mi colpisce maggiormente è la percezione del tempo rispetto ai ricordi. A posteriori so sempre quanto è durata un'arrampicata, una spedizione o una tempesta di neve che ho superato. A posteriori, l'ora e il giorno hanno un ritmo preciso e strutturato che corrisponde al quotidiano. Tuttavia, mentre viviamo il tempo, non lo percepiamo mai. Su una parete rocciosa tutte le altre percezioni di senso – gusto, odorato, vista e persino tatto – non sono meno importanti che a casa; il tempo, invece, sembra spesso essersi fermato. E il ricordo congela quelle esperienze in una dimensione atemporale.

Oggi saprei tracciare ogni metro quadrato della parete sud della Marmolada – con le sue asperità, tutte le ombreggiature color ocra, grigio fino al nero, le più sottili irregolarità che ho utilizzato come prese e appoggi – proprio come quella mattina presto del settembre 1968. Eravamo al secondo tiro della via Vinatzer ed era autunno. Günther mi assicurava. Eravamo partiti presto dal bivacco al passo Ombretta e attraversando ghiaioni eravamo giunti all'attacco, un camino a strapiombo. La parete era fredda e avevo le dita intirizzite. Quando mi trovai sotto il primo passaggio chiave, esitai per un attimo. Era giusto o mi ero allontanato dalla via originale? Non c'era alcun dubbio, l'unica possibilità di salire era la parete dritta sopra di me. Memorizzai la struttura del passaggio, ripetei più volte mentalmente la progressione – prima un pendolo a sinistra e poi a destra verso l'alto – e mi lanciai. Quando ebbi il passaggio alle spalle, era come se il tempo si fosse fermato. Come se il tutto si fosse consumato in un attimo. Come un lampo. Davvero, ancora oggi non saprei dire quanto tempo ci è voluto per quelle manovre.

In montagna non volevo né che il tempo si fermasse né che assumesse la dimensione dell'eternità. Ero alla ricerca di avventura, emozioni forti, esperienze che appartenevano soprattutto alla sfera del pericolo: difficoltà, natura selvaggia, abisso – tutte realtà che potevo toccare con mano, sentirne i suoni, vederne la forma e i colori. Il tempo invece non aveva dimensione. Forse il tempo non esiste davvero. Il fatto che possiamo misurarlo, non aiuta. Non è che una convenzione adattata al movimento della terra e della luna. Eppure la scansione del tempo ci aiuta a rimanere in vita. In particolare durante un'arrampicata.

La percezione della realtà e del tempo dipende tuttavia più dall'intensità di ciascuna esperienza che dalla sua durata. Le emozioni dilatano il tempo. Finora sono state uno dei motivi che mi ha spinto a scalare le montagne. Il tempo si ferma sia quando siamo colti dallo stupore sia quando siamo assaliti dal terrore. Ma continuiamo a vivere. Anche se noi uomini d'avventura rinnegassimo l'avventura, il rischio di ricaduta rimarrebbe alto. Siccome solo il ricordo può restituirci l'avventura, ci lasciamo manipolare da ciò che è senza tempo: in definitiva quel che siamo dipende dalla nostra percezione del tempo e da quel che ha plasmato in seguito la nostra memoria. Gli uomini d'avventura usano il proprio tempo per avventure senza tempo. E anche quando non hanno più tempo da dedicarvi, non possono sfuggire al tempo. Arrampicare non è sinonimo di dipendenza. Non escluderei comunque una coazione a ripetere.

Non so dire se un mio coetaneo percepisca la vita come più lunga o più corta della mia. Non ho nessun parametro di confronto. In ogni modo, la percezione del tempo della vita è tutt'altro che la somma degli anni che ci siamo lasciati alle spalle. All'incontro con i miei coscritti della valle di Funes nel maggio 2014 nel castello di Brunico, mi sono chiesto come le mie coetanee settantenni percepissero i loro anni: forse in modo diverso anche se abbiamo tutti la stessa età... Ma forse meglio non approfondire...

20. Segreto

Ogni volta che intraprendevo una prima, cresceva dentro di me il desiderio che la mia arrampicata non lasciasse traccia. Anche se ogni volta mi lasciavo dietro una via. Tracciare una linea su una parete di roccia che nessun altro prima di te ha scoperto come possibilità per salire fino alla vetta, era l'obiettivo massimo di tutti gli arrampicatori della mia generazione: la via per raggiungere la vetta rappresentava l'obiettivo e il mistero allo stesso tempo, fintantoché i tratti da scalare rimanevano ignoti e mai battuti. Da qui il proposito di lasciare meno tracce possibili in modo che chiunque avesse fatto in seguito le mie stesse esperienze le avrebbe potute fare da pioniere come me, assaporando la ricerca della via, il modo di assicurarsi, il respiro profondo di soddisfazione per l'impresa riuscita.

Allora mi piaceva moltissimo ipotizzare le prime più azzardate insieme a mio fratello. Tenevo un quadernetto su cui annotavo tutte le nostre scoperte e tutto quel che volevamo realizzare. Le vie di salita che avevamo immaginato le avevo tracciate sulle foto delle pareti, con tanto di difficoltà ipotizzata, altezza della parete e tempo stimato di ascensione. Ne avevo cinquanta solo delle Dolomiti. E finché non mettevamo in atto quei progetti, li custodivamo come fossero un segreto. Ne parlavamo solo quando una di quelle prime ascensioni ci riusciva – spesso dopo molti tentativi – in modo da condividere le nostre esperienze e le nostre vie con gli altri alpinisti.

Quando nel 1968 venni a sapere che qualcuno ipotizzava di salire la parete nord della Seconda Torre del Sella con i chiodi a espansione, riuscii a convincere Günther di provarci prima noi. Era pronto ad accompagnarmi, ma dubitava del fatto che potessimo salire la parete in libera. Era un sabato pomeriggio: guardando da sotto, nessuno dei due pensava di usare né chiodi né tantomeno chiodi a espansione. Ma Günther mi canzonò: « È troppo liscia! » Quando all'attacco sostenni che avremmo scalato quella parete alta 250 metri in un paio d'ore, mi dette dello sbruffone. « Tutto in libera » protestai caparbio. In ogni caso saremmo stati in vetta prima che calasse la notte. Ci avrei scommesso: Günther si comportava in quel modo solo perché non gli piaceva il mio entusiasmo incondizionato. Aveva solo bisogno di un altro po' di tempo per metabolizzare la mia idea.

Günther rientrò presto dal lavoro quella mattina. Fra preparare gli zaini, andare in auto al Passo Sella e proseguire a piedi fin sotto le pareti nord delle Torri del Sella, si erano fatte le tre del pomeriggio. Lo scetticismo di Günther era ancora più palpabile. Anche perché aveva bisogno di tempo per rendersi conto che non era più in banca, dove lavorava, ma stava per affrontare una nuova avventura.

« È tardi, troppo tardi » brontolava mentre preparavo la corda.

« Non ci vorrà molto », risposi, sperando di convincerlo.

« Non è comunque il caso. »

« Almeno un tentativo » lo pregai.

« Per questa parete ci vuole un giorno intero! »

« No. »

« E se viene buio? Come torniamo indietro? »

« Ci caliamo prima. »

« E poi non ho voglia di bivaccare! »

Mi vantavo di avere naso per le nuove vie. Che Günther restasse coi suoi dubbi: io ero convinto che salendo le placche avremmo raggiunto la cima, con una dozzina di chiodi al massimo. In collera per la mia « stupidità », Günther quasi non mi dava corda, mentre io salivo i primi trenta metri. Era sicuro che avremmo fallito. Ancora.

Feci il primo tiro senza rinvii, prima sulla parete liscia, poi su un diedro poco pronunciato. Solo quando Günther mi raggiunse mi accorsi che avevamo poco tempo. Il sole stava tramontando e i suoi raggi obliqui non colpivano più la parete che quindi si faceva sempre più umida.

Quando giungemmo alla sosta, Günther mi chiese se volevo davvero salire ancora un tiro. Non risposi, gli mollai in mano le due corde per scomparire dietro uno spigolo arrotondato. Piantai un chiodo in un foro della roccia. Risuonava – peng, peng, peng. « Tiene! » gridai soddisfatto e salii la parete verticale bagnata.

« Come va? » chiese Günther. Non risposi. In quel momento ero assolutamente concentrato sull'unica sequenza possibile, oltre a considerare con molta attenzione la parete scivolosa, la via da prendere, la posizione del sole. Arrampicavo un tratto, tornavo indietro, con movimenti lenti.

« Occhio! » gridai.

Andai avanti poco in modo che Günther pensasse che sarei tornato. Non aveva senso piantare chiodi, e tra l'altro non c'erano fessure. Mi fermai per qualche attimo, tentai a sinistra e poi verso l'alto, un paio di passi a destra e poi di nuovo verso l'alto. Alla fine superai il passaggio chiave, a quel punto sarei andato più spedito.

« Ok? » la voce di Günther giungeva da molto più in basso. Non riuscivo a vederlo.

Era la nostra « sperimentazione dell'agibilità di una parete ». Era come svelare un segreto. Cinque tentativi, dieci tentativi, senza mai mollare, e sempre senza chiodi. Un passaggio « chiodato », superato grazie all'impiego dei chiodi, è un passaggio troppo impegnativo per un primo salitore, questa era la nostra filosofia, e perciò facevamo in modo di salire in libera. « Se non siamo all'altezza di una parete, rinunceremo a salirla per primi, ci caleremo o meglio ancora, resteremo addirittura giù. Domani, dopodomani o forse ancora più tardi, chissà forse tra dieci anni, ci arriverà qualcun altro, all'altezza della parete, e avrà la sua chance di cimentarsi »: era questa la nostra ferma convinzione, naturalmente solo riguardo a noi stessi.

All'epoca l'uso dei chiodi a espansione era addirittura sfrenato. Su moltissime pareti i primi salitori avevano piantato chiodi là dove altri sarebbero saliti in libera! E così, senza alcun ritegno, negli anni tra il 1958 e il 1968, furono risolti in quel modo i problemi di arrampicata e svelati i tanti segreti delle Dolomiti alle successive generazioni.

Dal basso il terzo tiro era sembrato il più ripido. «Voglio tentare ancora qualche metro» dissi io, e poi ci caliamo, pensò intanto Günther. Ci avremmo riprovato il giorno dopo.

Dopo qualche metro superai il secondo passaggio chiave. A quel punto progredimmo più rapidi fermandoci solo alle soste. Günther colse solo qualche mia parola di commento mentre salivo.

«Bel passaggio.»

«Presa rovescia.»

«Favoloso.»

Dopo aver superato lo strapiombo, tiro dopo tiro salii ancora più alto. Senza protezione intermedia salii passando una colata d'acqua: la roccia era solida, trovai inaspettatamente grandi appigli, la corda filava libera nell'aria. Salivo verso il cielo della sera. La rabbia di Günther aveva ceduto il posto alla gioia pura per aver conquistato una parete misteriosa e aver portato alla luce un tesoro. Quel che all'attacco era ancora un'incertezza, un enigma, adesso apparteneva al bagaglio della nostra esperienza.

All'inizio ci spaventa tutto quel che è misterioso, ignoto. Ma poi quando vi siamo dentro, non ne abbiamo più paura. E dopo, quegli eventi rimangono impressi nella nostra memoria, se pure avvolti ancora dal mistero, perché fanno parte delle nostre emozioni. Come se le nostre esperienze non rimanessero solo nella nostra mente, ma vivessero in un tutt'uno con il nostro corpo, inglobando anche tutto ciò che è enigmatico.

21. Passione

In ogni arrampicata, e ancora di più in ogni avventura, si nasconde qualcosa di inaspettato. Io non vivo le mie esperienze limite con agonismo sportivo: le imprese che compio mi infondono felicità, in relazione all'esperienza e alla capacità che dimostro. Soprattutto a posteriori. Quel che prima è avvolto dalla preoccupazione e dai dubbi, dopo si trasforma in un esperimento riuscito. Forse perché quel che avevamo programmato di fare è andato meglio del previsto? Forse perché il successo ci ha resi più forti e perché così a posteriori possiamo sorprenderci di noi stessi?

Molti alpinisti mi hanno confidato che un'arrampicata riuscita all'inizio è paura, mentre si sale si trasforma in fatica e quando si scende dalla vetta diventa felicità. Il profondo respiro una volta raggiunta la vetta non ha tanto a che fare con il successo quanto con la meraviglia per essere riusciti a fugare i dubbi, a vincere le debolezze, e superare quel che sembra inaccessibile. Non è un modo per esprimere il nostro rifiuto alla condizione di esseri limitati, no, piuttosto il contrario; ci riconciliamo con la nostra limitatezza. Ed è questo che alimenta la nostra gioia di vivere e stimola la nostra sete di azione che, esplicandosi, esplora tutta la gamma dei sentimenti, siano essi di natura elevata o bassa. E questo è anche quel che ci fa venire voglia di intraprendere l'avventura successiva. La motivazione cresce dentro di noi grazie a questo tipo di entusiasmo: una passione, una felicità che scaturiscono dalla sofferenza.

Da bambino mi bastavano scalate facili per sentirmi appagato; da adolescente mi entusiasmava soprattutto la scalata sotto la mia responsabilità. A venticinque anni dovevo trovare vie estreme per sentirmi soddisfatto. Oggi sono contento già se riesco in un'arrampicata di media difficoltà. Non sento più alcun bisogno di salire meglio, più in alto e da capocordata. Mi lascio condurre dalle mie capacità e dalla mia età.

Era autunno. Günther e io sapevamo che il pilastro Livanos al Sasso di Santa Croce era fra le vie più difficili delle Dolomiti. I primi salitori avevano impiegato quattro giorni, ed era da presuntuosi pensare di potervi riuscire in giornata. Le notti di bivacco in autunno sono fredde. Presto sarebbe cominciato il semestre invernale all'università di Padova: volevo diventare ingegnere. E poi proprio quando ero sul punto di cominciare, ebbi paura della prima metà della parete, estremamente friabile. Ma sapevo che una rinuncia mi avrebbe lasciato amareggiato, insoddisfatto e che mi sarei sentito meglio lassù sulla parete del Sasso di Santa Croce. Ogni volta che rinunciavo a un'avventura per codardia, infatti, mi sentivo male.

Nei primi tiri roccia friabile come non mai. Ma continuammo a salire. Potevamo sempre tornare indietro. Non ero sicuro che quei pochi chiodi che avevo piantato nel tiro chiave, un diedro bianco, potessero bloccare un'eventuale caduta. Forse uno dei cinque chiodi, a cui assicurai Günther. Non ero neanche molto sicuro se avesse senso continuare a salire. Ogni volta che piantavo un chiodo nella parete concava, dai fori e dalle fessure mi cadeva addosso del pietrisco. Con pazienza e fortuna raggiungemmo la «conca», una rientranza sul primo risalto di roccia della parete alta 600 metri, chiamata così da Livanos, il primo salitore di quella via. Da lì, la parete non sembrava più così friabile come ci era apparsa dal diedro, in compenso adesso era strapiombante. Ma ormai eravamo troppo in alto per tornare indietro.

Da che parte erano saliti i francesi Gabriel e Livanos? Riflettemmo a lungo. Sull'ampio strapiombo del bordo superiore sinistro della «Conca» era stato piantato un cuneo di legno: da lì allora!

Nel primo pomeriggio salimmo in libera sulla «spalla», un'ampia cengia che girava intorno alla parete. Quaranta metri più su si sviluppavano i tre ampi gradoni di roccia, uno sull'altro: i passaggi chiave della parete. Sembrava una gigantesca scala rovesciata. In preda alla paura comprendemmo che quel pomeriggio non saremmo arrivati su e allora preferimmo allestire il bivacco sulla cengia, perché almeno lì potevamo accucciarci. La semplice idea di passare la notte tra gli strapiombi, assicurati con la corda alla parete, ci era insopportabile.

A destra del pilastro giallo ocra trovammo una bassa caverna. Neanche dieci metri più in là, dallo strapiombo gocciolava un sottile rivolo di acqua. Riempimmo le borracce, rendendoci conto solo in quel momento di quanta sete avessimo. Il sole era ancora alto, ci appoggiammo alla roccia, mettendo zaini e corda sotto la testa a mo' di cuscino – e rivolgemmo lo sguardo verso gli strapiombi sopra di noi, che rappresentavano il mondo misterioso in cui ci eravamo arrischiati: un deserto di roccia verticale, 600 metri sopra il limite del bosco, accessibile solo a noi e agli uccelli che, come tanti puntini neri, volavano in tondo sopra di noi. Mentre il sole tramontava, raddrizzammo i chiodi piegati, e contammo i restanti. Ne avevamo ancora trentuno.

Non aspettammo che calasse il buio. Ci infilammo nella caverna e cercammo di sonnecchiare. Di dormire non se ne parlava: la pietra dura, la sete, la preoccupazione per il da farsi non ce lo consentivano. Quel tipo di sofferenza lo sopportavamo senza lamentarci. Faceva parte del gioco.

A intervalli regolari, gocciolava dell'acqua sul sacco di bivacco. Individuai la sorgente sul tetto della caverna e seguii le gocce, come si formavano, si scioglievano e cadevano: era il modo per far passare il tempo finché non calò la notte. La sequenza era sempre la stessa: la goccia nasceva dal nulla e finiva nel nulla.

Col buio crebbe la sensazione di incertezza, e nella mente si affollarono tutti i possibili scenari all'uscita: il tempo sarebbe stato ancora clemente? E le forze ci sarebbero bastate? La resistenza? Per abbandonare non avevamo bisogno di scuse, per proseguire ci serviva invece tanta fiducia in noi stessi.

Dormii pochissimo. Riaprivo gli occhi in continuazione sulle stelle nel cielo. Era la fine di settembre, stavo congelando. Al mattino c'era ancora qualche stella. Non so per quanto tempo siamo rimasti svegli ad aspettare che giungesse l'alba. Strisciammo fuori dalla caverna, ci sgranchimmo un po' e ci legammo. Alla fine riponemmo il sacco da bivacco e le borracce piene d'acqua negli zaini. Il tempo era buono: il cielo terso e neanche un alito di vento. Alle otto del mattino eravamo sotto i grandi tetti di roccia. Dopo i primi quaranta metri la temperatura ci sembrò più calda. La roccia era solida e compatta. Una fessura, che si allargava verso l'alto gradualmente, ci consentì di salire. A passo di lumaca. Sotto il secondo strapiombo, mi assicurai con corda e cordini, dondolando nell'aria, mentre Günther recuperava i chiodi che avevamo già usato perché ci sarebbero serviti ancora salendo. Il vento giocava con le corde che dondolavano oltre il primo spigolo e accanto a lui nel vuoto. Adesso il secondo tetto mi bloccava la visuale verso l'alto. Saremmo riusciti a superare anche quell'ostacolo? La nostra passione per l'arrampicata, che ci aveva portato su quella parete, si era trasformata in mestiere. Come proseguire?

Di tanto in tanto guardavo giù nella valle, dove le ombre si allungavano lentamente, e cinque camosci brucavano. Quando, alla sosta successiva – una cengia sottile al di sopra del terzo tetto – cercai di nuovo i camosci, li vidi su una lingua di neve all'attacco, dritta sotto di me, 500 metri più in basso. E quando i raggi del sole finalmente raggiunsero lo spigolo non vedevo più i camosci, ma potevo godermi il sole! Ormai contava solo la via davanti a me.

Ora lo spigolo era più appoggiato, l'abisso non si vedeva più. Non era più necessario assicurarci, potevamo progredire in libera.

Il sole era ancora alto quando, giunti in vetta, asciugammo le nostre camicie impregnate di sudore. Lo sentivamo bruciare forte sulle spalle, mentre Günther contava i chiodi rimasti. Ancora diciannove.

Quando, durante la discesa, ci avvicinammo al rifugio Santa Croce da cui eravamo partiti il giorno prima, sentii la voce del nostro fratello maggiore che mi chiamava. Cosa voleva? Se ne stava lì in piedi, fissava la parete e urlava il mio nome. Fu molto sollevato di vederci arrivare. Era ora di andare a Padova, disse, se volevo iscrivermi all'università. «Sì» risposi. «Lo so. Ma da lassù non potevamo sentirti.»

Allora il mio entusiasmo per l'arrampicata estrema era tanto grande quanto erano grandi le preoccupazioni dei miei genitori per il mio futuro. Il pilastro Livanos era stato meglio di quanto mi aspettassi, ma all'epoca non sapevo se l'università sarebbe stata importante per me. Tuttavia se avessi studiato con lo stesso entusiasmo che mettevo nell'arrampicata, avrei dovuto abbandonare quest'ultima. L'idea di un lavoro però ancora non mi appassionava molto. Andare all'università mi sembrava una sorta di continuazione della scuola media superiore, un dovere civile, un compito per il dopo.

È dall'arrampicata estrema che ho imparato. Senza studiare. Nel mio rapporto con la natura, con i compagni, con me stesso ho sempre scoperto qualcosa di nuovo. Così sono cresciute la sicurezza in me stesso, la mia autenticità e la mia curiosità, che a loro volta mi riempivano di motivazione. Io vivevo da uomo d'avventura. Trovavo emozionante tutto quel che non conoscevo ancora, il passo successivo che trasmetteva passione e dava un senso alla mia vita. La scuola in sé – come accumulo di sapere – non mi ha mai stimolato; la mia curiosità era piuttosto rivolta al rapporto dell'uomo con la natura. Sono vincolato all'istinto, la sopravvivenza ha determinato la mia vita, è stata la mia motivazione.

Gli altri chiamavano «fanatismo» il mio entusiasmo, la mia eccitazione. Allora mio padre diceva che la mia passione per l'arrampicata si era trasformata in una malattia. Ma io non mi sentivo un fanatico. Mi dedicavo piuttosto all'esplorazione della mia natura. E nessuno poteva distogliermi. O era diventata una droga? No, tra la natura e l'uomo non si creerà mai una dipendenza perché quel che accade tra di loro causa troppo dolore; tuttavia, a lungo termine, il dolore si trasforma in solida conoscenza.

22. Felicità

Più facevo esperienza, più mi sentivo forte. Pian piano, quel che in un primo momento mi era sembrato impossibile, diventava possibile. Così, arrampicata dopo arrampicata, le mie capacità e la fiducia in me stesso aumentarono. Non senza battute d'arresto.

30 metri sotto l'uscita sul «grande muro» del Sasso di Santa Croce mi bloccai. Non avevo con me neanche un cuneo di legno e poiché, oltre a essere liscia e strapiombante, la fessura d'uscita larga circa cinque centimetri non poteva essere assicurata con chiodi da roccia, senza un'assicurazione intermedia mi assalì la paura di proseguire. Per fortuna non ero solo, bensì con Hans Frisch di Brunico, un alpinista più anziano, uno di quelli che trasmettono tranquillità e sicurezza.

Quell'estate avevo scalato con successo la Marmolada, il Sassolungo, il Civetta, Les Droites e il Pilone del Frêney. Ma in autunno entrai in crisi. Non riuscivo ad accettare il fatto di non poter continuare. Di quel senso di superiorità, che era cresciuto dentro di me in più di centinaia di arrampicate, rimaneva ben poco. Guardando nell'abisso, fui assalito da dubbi che mi fecero indietreggiare davanti a quell'ultimo ostacolo. Calarmi avrebbe significato ricominciare daccapo. E non volevo fare neanche quello. Per più di un'ora, incerto sul da farsi, rimasi sotto la fessura d'uscita sul versante destro della parete del Sasso di Santa Croce, finché alla fine decisi di tornare indietro.

Hans Frisch, eccellente rocciatore, una volta compagno di cordata di Toni Egger e solitario su pareti più difficili, era d'accordo. Avremmo fatto un altro tentativo nei giorni successivi.

Quella prima ascensione mi era sembrata possibile osservandola da una parete di fronte, e così ne avevo parlato a Hans che ne era rimasto entusiasta. Al chiarore della sera, la linea che avevo individuato mi era sembrata logica e fattibile. A destra di tre notevoli pilastri – il più alto era il famoso pilastro Livanos – si sviluppava una barriera di roccia larga un chilometro. Come un muro compatto. A metà altezza era attraversato da una cengia e si stringeva sulla destra. Una serie di fessure sottili indicava la nostra via, che noi ribattezzammo «grande muro».

Avevo fallito. A un tiro dalla vetta. Piantai due chiodi alla sosta, li collegai con un cordino e vi passai la corda. Così cominciammo la discesa. Ci calammo in doppia, passammo punti che avevamo superato ore prima pieni di speranza. Spesso oscillavamo nell'aria, dondolando, e chiudendo gli occhi per evitare che ci girasse la testa.

Ritornammo al Sasso di Santa Croce in Val Badia qualche giorno dopo, senza che nel frattempo fossi riuscito a prepararmi meglio per il secondo tentativo. Avevo dormito male, e non avevo comunque avuto tempo per raggiungere una forma ottimale. Tuttavia, oltre all'attrezzatura che avevamo con noi la prima volta, adesso avevamo con noi cunei di legno della giusta misura. E soprattutto l'intelligenza di lasciare aperta la conclusione. Sebbene sapessimo che le difficoltà sulla via che non avevamo portato a termine erano le stesse, arrampicammo comunque. Per coraggio, caparbietà? Forse entrambi...

Riacquistai la mia sicurezza con la stessa velocità con cui l'avevo perduta. Adesso ero completamente sicuro di me stesso. Superando ripidi gradini e risalti di roccia raggiungemmo la cengia appena al di sotto del tratto che presentava le maggiori difficoltà. La parete si inarcava strapiombante sopra di noi. Forza! Salii per lo più in libera, e con meno chiodi intermedi del primo tentativo. La mia concentrazione aumentava a ogni tiro. Era quella la mia felicità? La grande lama di roccia nella parte centrale superiore della parete, pesante molte tonnellate, aveva risuonato in modo inquietante già al primo tentativo. La caricavo con la massima prudenza possibile: trentasei metri di lunghezza per un braccio di larghezza, sembrava che potesse staccarsi dalla parete da un momento all'altro. Ebbi la sensazione di danzarci sopra, era come se non avessi più la percezione della paura e del tempo.

A destra della lama e di una serie di diedri poco pronunciati raggiungemmo l'uscita. Mi trovavo di nuovo sotto la stretta fessura che attraversa la parete di vetta. E, guarda un po'! era possibile affrontarla in libera. Riuscii ad assicurarmi perfettamente piantando qualche chiodo in alcuni fori a sinistra e a destra della fenditura per l'incastro della mano. Progredii per lo più in libera e non utilizzai i cunei di legno che avevo portato con me nell'imbragatura. La vergogna per aver fallito al primo tentativo cedette il posto alla felicità che provai mentre salivo, ormai certo di farcela. E insieme alla felicità crebbero anche la fiducia in me stesso e la consapevolezza che la fiducia in se stessi è più forte di tutti gli ausili tecnici del mondo.

Non siamo felici finché cerchiamo e desideriamo ardentemente la felicità. Forse la felicità è qualcosa che ci sembra tale a posteriori. La proviamo solo quando non ci pensiamo. Talvolta siamo felici quando siamo noi stessi.

Quarant'anni dopo, quando mio figlio Simon ripeté il «grande muro», anche lui fece un respiro profondo mentre attraversava come un equilibrista la famosa lama di roccia. Era ancora miracolosamente attaccata alla parete del Sasso di Santa Croce. La fessura d'uscita richiese tutta la sua concentrazione, mantenendolo in equilibrio tra il cielo e la terra. Sono certo che si sia sentito come me; anche questa è la felicità.

23. Ambizione

Nell'estate del 1969 mi trovavo ancora in bilico tra università e avventura, e tra possibile e impossibile. In montagna avevo imparato sull'essere umano più di quanto avessi appreso a scuola, e ciononostante continuavo a frequentare le lezioni. Perché senza un lavoro non avrei potuto finanziare le mie avventure. Le mie esperienze – a scuola e nella natura – erano contrapposte. Quando mi ponevo nuovi obiettivi in montagna, l'istinto dava il massimo, quando invece si trattava dello studio, mi faceva passare la voglia. Dopo vent'anni di apprendistato era giunto il momento di osare.

Non so più dire quando successe, ma ricordo che il sole era basso sull'orizzonte quando mi ritrovai non assicurato in un diedro friabile senza sapere come proseguire. Avevo provato a piantare un chiodo ma il manico del martello era saltato e così diventava difficile sia andare avanti sia tornare indietro. Per fortuna ero vicino a una zona meno ripida. Non so più perché avessi deciso, dopo molta esitazione, di fare quell'arrampicata solitaria; forse ero alla ricerca di un'altra ascensione. Sta di fatto che in quel momento la mia vita dipendeva da piccole prese e piccoli appoggi.

Ero 1000 metri sopra l'Alpe di Siusi, sulla via Soldà nella parete nord del Sassolungo. Niente panico! Mi avrebbe fatto solo cadere. Concentrato su presa e appoggio – molto lentamente, senza pensare più a nient'altro – tastai la roccia sopra di me. Ora non era il momento di pensare a quello che in una circostanza simile avrei dato per la mia vita – non ero assicurato, ero stanco ed era tardo pomeriggio. Avrei dato tutto quel che avevo, ma era impossibile che qualcuno potesse venire a salvarmi.

Quanti anni della mia vita ero pronto a dare! Dovevo mettermi in salvo. Così, feci appello a tutta la mia abilità e vinsi ancora una volta. Ricordo camini friabili e gole pietrose nel tratto finale, una discesa che feci come in trance, e in lontananza, cirri che annunciavano l'inverno. Era abbastanza. Una volta è abbastanza.

Dopo quella «folle solitaria», Toni Hiebeler mi scrisse una lettera mettendomi in guardia contro la mia «stupida ambizione». Scrisse che doveva importarmi della cosa in sé, non del prestigio e della gloria. Aveva dannatamente ragione, e ciononostante suonò ipocrita. Mi fu più chiaro due anni più tardi, dopo che con aria di sufficienza dichiarò che la mia «carriera di alpinista aveva preso una cantonata». Dovevo dimostrare quel che valevo, giacché non potevo più arrampicare bene come prima a causa delle dita del piede amputate dopo la tragedia sulla parete Rupal del Nanga Parbat.

Fino a oggi nessuno mi ha mai spiegato la differenza tra ambizione giusta e sbagliata. Finora ho sempre deciso autonomamente quello per cui ero pronto a osare. Ma poiché ho sempre saputo intuitivamente che non ero protetto nelle mie avventure, la mia paura ha sempre provveduto in anticipo a fare in modo che io non chiedessi troppo a me stesso. Ciononostante mi sono trovato in un paio di situazioni di emergenza, in cui sono comunque sempre riuscito a mettermi in salvo. Spesso facendo appello a tutte le mie forze, alla mia concentrazione e alla mia abilità. Senza volare certo, ma resistendo di più che in una situazione normale. In quei momenti ho imparato due cose: confidare nei miei istinti di sopravvivenza e ridimensionare i miei obiettivi quando la forza e l'abilità calano.

In quel periodo, l'uomo era in cammino verso lo spazio e aveva già conquistato la luna. Sembrava solo l'inizio. Anche il singolo, pensavo, è sempre in cammino verso se stesso. Se vuole essere all'altezza delle sue aspettative lungimiranza e prudenza devono andare di pari passo. Non volevo conquistare né il cielo né la terra, ma solo scoprire di più sulla natura dell'uomo. Anche se sapevo che non riusciremo mai a comprenderla appieno, non volevo rinunciare. Né, tantomeno, volevo mollare l'arrampicata.

Come sempre, nell'ambito di esperienze estreme, comunicavo con i miei compagni con urla, cenni, gesti. Per questo i critici affermano che i rocciatori si comportano come scimmie. Quando cresce il pericolo, cresce anche la capacità di vedere le cose dal punto di vista degli altri. Spesso non mi serviva parlare. Anche senza parlare, tra noi compagni era possibile una comunicazione concreta. Può darsi che dentro noi alpinisti ci sia qualcosa della scimmia e dell'uomo di Neanderthal, ma la nostra capacità di immedesimarsi è la base dello stare insieme durante un'avventura. Fiducia, ottimismo e speranza possono superare anche grandi distanze, senza bisogno di parlare.

24. Rispecchiarsi

Volenti o nolenti, ci specchiamo sempre nel nostro prossimo. Anche quando è molto distante da noi.

Alla fine dell'autunno del 1969, quando realizzai in solitaria la prima ripetizione della mia via sulla parete nord della Seconda Torre del Sella, diversi escursionisti rimasero nella conca a guardarmi. Presto si manifestò una discreta agitazione sul sentiero sotto la parete nord: stavo riprendendo fiato su una sottile cengia al termine del terzo tiro, quando udii un grido: « Adesso lo vedo anch'io! E se cade? » Suonò come se volesse accompagnarmi e arrampicare con me. Senza rendersene conto cominciò a salire anche lui facendo i miei stessi movimenti. Ma aveva capito che poteva cadere? Anche se mentalmente arrampicava con facilità, la paura di volare rimaneva. L'uomo è fatto così: uno vede un puntino molto in alto su una parete di roccia – un uomo che non conosce – e istintivamente comincia ad arrampicare. Forse non ha lasciato il suo nome al rifugio, né tantomeno uno zaino. Solo perché quel puntino si muove e può cadere in ogni momento, rispecchia dei sentimenti. La persona sotto si identifica emotivamente con quella in alto.

Il sole era basso sulla Punta Grohmann, sembrava una palla di fuoco. Avrebbe nevicato. Io riuscivo a vedere gli escursionisti ai piedi della montagna, così come loro riuscivano a vedere me. E poiché loro avevano capito quanto fossi esposto – da solo su una parete di roccia verticale – si sentivano loro stessi in pericolo. Non potevano evitarlo. Mentre salivo, gesticolavano e parlavano tra di loro. Come se i miei movimenti si intrecciassero ai loro sentimenti e ai loro gesti. Qualcuno imitava persino la mia ricerca di prese e appoggi.

Anch'io durante le gare di arrampicata in palestra o nel *boul-*

dering ho potuto vedere più volte da spettatore come i fans imitano le contorsioni e i salti dei loro idoli. Sono talmente legati agli atleti che vi si possono confrontare: nella concentrazione, nei movimenti, nello sforzo. Come se in azione non vi fosse un singolo individuo, ma due, tre, una palestra piena di uomini che agiscono in parallelo.

L'idea che noi solitari siamo degli individui persi in un mondo arcaico è vera solo in parte. Mi è successo spesso di vedermi accanto a me durante la salita e di osservarmi da fuori. Come se nelle mie azioni non si rispecchiasse solo qualcun altro ma io stesso. Qualche volta, il fatto di vedermi «spettatore» mi ha persino aiutato a prevedere il fallimento del passo successivo, e mi ha fatto decidere per la presa giusta, risparmiandomi un errore.

Non so se, oltre alle nostre azioni, riflettiamo anche sentimenti, dolore, gioia. Non sono in grado di dimostrarlo. Una volta, nelle piccole comunità l'uomo imparava la sopravvivenza – tra molti pericoli e difficoltà – e l'esperienza veniva di riflesso. L'empatia, la comprensione tra gli uomini – i gesti come prima forma di comunicazione – lo hanno aiutato a sviluppare il linguaggio, e con esso l'intelligenza. L'ordine sociale e giuridico della nostra società è radicato nell'immagine che abbiamo di noi stessi, in una consapevolezza considerata la massima capacità culturale dell'evoluzione dell'uomo. L'intelligenza ha a che fare con la lingua, e la lingua è preceduta dalla mimica e dalla gestualità, che a loro volta presuppongono la nostra capacità di immedesimarci nel prossimo.

L'esperienza al limite che ci siamo scelti da soli ci riporta a una condizione arcaica. Come se vivessimo prima dell'età dell'uomo. Quante volte ho osservato i miei compagni di arrampicata, il modo in cui superavano passaggi difficili, momenti pericolosi. Mi identificavo totalmente in loro. Le mie mani, la mia mente, i miei sentimenti non dovevo orientarli verso di loro, facevano automaticamente le stesse cose che gli altri avrebbero fatto. Come se la salvezza della situazione, del gruppo, dipendesse solo dal fatto di esserci l'uno per l'altro.

Ero all'altezza della cengia della terza torre – al tramonto il Sassolungo era in ombra e il gruppo delle Odle era accarezzato dai raggi obliqui del sole – quando una pietra risuonò nella conca. Uno degli escursionisti, pensando che il sasso giungesse dal puntino nero sulla parete, tirò fuori il binocolo, se lo mise davanti agli occhi e, lo sguardo alzato, fece agli altri la cronaca di quel che vedeva. Io ero fermo. Che il tipo lassù fosse in pericolo? Presto concordarono tutti sul fatto che io non potessi andare né avanti né indietro. Sembrava che i miei spettatori avessero il diritto di salvarmi. Come se la loro partecipazione fosse il fondamento della capacità dell'uomo di stare insieme. Meno mi muovevo – lo facevo di proposito – più si agitavano. Doveva pur succedere qualcosa! I più apprensivi volevano chiamare il soccorso alpino.

Con prudenza tastai la parete sopra di me e salii, mentre gli escursionisti continuavano a guardare. Poi scesero in fila indiana parlottando tra loro. Si erano dimenticati dello sconosciuto perché avevano pensato che se la sarebbe cavata? Si era fatta sera. Senza fretta, lasciai che calasse la notte. Con facilità e agilità, le gambe divaricate, con me come unico spettatore di me stesso, arrampicai nel cielo della sera.

Dunque come le persone estranee sono in grado di condividere fra loro paure, felicità, rabbia e immagine di sé, allo stesso modo noi riusciamo a rispecchiare le nostre azioni anche in noi stessi. Che l'istinto diventi coscienza? Giusto o sbagliato che sia, ci parlano non solo gli altri sentimenti, ma anche i nostri sentimenti più volte riflessi. Ad esempio l'altruismo e l'egoismo si sovrappongono perché noi non possiamo fare altro che aiutare quando ci confrontiamo direttamente con la sfortuna di altri uomini, verso i quali proviamo un sentimento di simpatia.

Solo molto più tardi, in Himalaya e in Tibet, ho vissuto la cultura della partecipazione come una cosa ovvia. Lì l'etica degli uomini è comandata dai sentimenti, il Dalai Lama la chiama *compassion*.

25. Morte

Come sempre, prima della mia prima spedizione in Himalaya fui colto da un delirio di paura ed entusiasmo. Paura per i pericoli e per la grandezza dell'impresa, entusiasmo per la meta: il versante Rupal nel Nanga Parbat, 4500 metri di altezza, il muro di roccia e ghiaccio più alto del pianeta. L'idea che mio fratello sarebbe venuto con me mi faceva da stimolo, ma le preoccupazioni rimanevano. Come se dentro di me ci fossero due entità contrapposte che rappresentavano la vita e la morte.

Si è speculato molto su quella spedizione. Ma oggi non ho più alcun motivo per smentire le tante dicerie che sono circolate nel mondo intero sulla morte di mio fratello. Con il ritrovamento del suo corpo, la storia è stata chiarita definitivamente. Tuttavia, la teoria del complotto rimane perché un pubblico che non sa nulla trova più appassionanti dei fatti stessi le storie inventate o false. Se allora fossi morto anch'io – per sfinimento – nessuno avrebbe scoperto quel che è successo davvero durante la discesa dalla vetta. E non ci sarebbero mai state tutte quelle malevole insinuazioni. Se solo ci penso da questo punto di vista, mi considero fortunato di essere ancora vivo.

A posteriori, dopo quasi cinquant'anni, non sono più tormentato dalla domanda del perché una schiera di avversari – capi spedizione e partecipanti, giornalisti di montagna, i vertici del Club alpino tedesco – abbiano utilizzato la tragedia della morte di mio fratello come un modo per farmi la morale e per screditarmi. A posteriori la cosa più importante è che in quell'occasione ho vissuto l'esperienza della morte. È stata la morte quel che ha reso quel viaggio il peggiore e contemporaneamente il più importante della mia vita. È stata la consapevolezza della morte che mi ha fatto vivere più intensamente la vita. Come se la vita e la morte alla fine fossero una sola cosa, come se alla fine ci perdessimo nel nulla.

Tutto era cominciato al bivacco sulla Forcella Merkl a 7800 metri. Nonostante ci fosse poco vento, la notte era insopportabilmente fredda. Avevamo tentato di resistere alla morte per assideramento e al dolore dei crampi cambiando spesso posizione e muovendo le dita dei piedi. Impossibile! Quella notte non riuscimmo a chiudere occhio. Per non pensare al fatto che ci eravamo persi, ci rifugiammo nella speranza dei sogni a occhi aperti. Ma non riuscimmo a sentirci meglio. Solo l'incoscienza o la morte ci avrebbero liberato. Forse l'arrivo del mattino.

A intervalli irregolari, Günther si toccava il viso con una mano guantata, si appoggiava di nuovo alla parete di roccia, su cui eravamo entrambi rannicchiati, e mormorava numeri. Come fossero cose sensate. O contava l'assurdità, i secondi? Ogni volta, quando il suo sfinimento minacciava di diventare apatia si scuoteva come spaventato. Gli sfuggì un sospiro che fece tremare i suoi indumenti ghiacciati e mi accorsi che mi stava vicino. Per lo spazio di un respiro sembrò che fosse di nuovo vivo. Poi un colpo di vento scosse la tenda e rimise a nudo la nostra paura: la paura di non appartenere più a questo mondo!

Il giorno seguente andò un po' meglio. Non perché la situazione durante la discesa lungo la parete Diamir fosse migliore – in realtà le condizioni si rivelarono peggiori – ma perché quando cerchi di sopravvivere non hai più paura della fine. Giunse la seconda notte. Di nuovo senza protezione: io avevo troppa sete e freddo per poter pensare alla morte. Günther soffriva a tal punto che lo confortava solo l'idea che la morte si portasse via il dolore.

Tutti parlano dell'eroismo della morte, ma nessuno sa com'è. È più facile morire sotto una slavina, in un crepaccio, che congelare di notte a trenta gradi sotto zero, senza protezione. Il sonno eterno è come una liberazione. Tuttavia, il fatto di essere sopravvissuto a quelle notti ha fatto nascere dentro di me il dovere istintivo di andare avanti. Nonostante tutto.

Nella conca glaciale ai piedi della parete – sotto di noi c'erano cascate di ghiaccio e sopra di noi incombevano seracchi – andai di nuovo io da primo. Per cercare una via in quel caos. Sempre più spesso mi fermavo per aspettare Günther. Ma lui non c'era. Il tempo passava. Bevevo l'acqua del ghiacciaio, lo aspettavo, lo chiamavo. Ma lui non c'era. Allora tornai un pezzo indietro, lo chiamai più forte, ma non lo vedevo da nessuna parte. Nel silenzio sperai – ero stanco morto, allo stremo delle mie forze – che fosse dall'altro lato della seraccata, che io avevo aggirato sulla sinistra, e che fosse già sceso: ci saremmo incontrati nella valle. Non smettendo mai di cercarlo con gli occhi, percorsi un tratto talmente lungo che potevo scorgere le due possibili vie di discesa. Ma nessuna traccia di lui. Spaventato e disorientato, mi sforzai di tornare indietro e vidi che nel punto in cui ci eravamo separati per l'ultima volta, si era abbattuta una slavina. A quell'ora, tra le 9 e le 11 del mattino, nella valle del Diamir si staccavano sempre slavine. Da tutte le parti: slavine piccole e grandi. Non immaginavo ancora che mio fratello fosse morto, ma ero convinto che ci trovassimo sul punto più pericoloso della montagna.

Dopo ore di ricerche e un'altra notte senza protezione, mi trascinai più morto che vivo nella valle. Come in trance: mio fratello era morto, sepolto da una slavina, aveva trovato la sua liberazione. Ma io non dovevo morire, non dovevo. Dovevo tornare a casa. Fui colto dalle allucinazioni. Credevo di vedere persone che mi venivano incontro a piedi, a cavallo. Vedevo pastori con i loro greggi. Tutte quelle immagini che mi sembravano reali si rivelavano dei miraggi. Sempre. E ciononostante continuavano a ingannarmi. Avevo bisogno che qualcuno mi aiutasse, che mi ingannasse, che mi indicasse la strada.

Quelle allucinazioni mi attiravano, mi costringevano ad andare avanti, mi aiutavano a rimanere in piedi. Sempre. Come se con l'aiuto di miraggi che sembravano reali potessi essere riportato in vita, come se il fatto di essere più vicino alla morte mi avvicinasse di più anche alla salvezza.

All'inizio mi trascinai carponi come un animale attraverso una valle glaciale. C'erano capanne in pietra – mura ad altezza uomo, stipate l'una contro l'altra – ma tutte deserte! Fui assalito dalla disperazione, prima una sorta di pazzia, poi senso di colpa e perdita di coscienza! In seguito – sempre nella speranza di salvarmi – strisciai verso la valle, lungo il fianco della montagna. Sotto di me come una tomba nera – l'eterna liberazione? – si estendeva una valle di ghiaccio. L'istinto e il dovere di tornare a casa mi costringevano a continuare. Il mondo alle mie spalle appariva deserto, immobile. Il Nanga Parbat si ergeva in un cielo ancora nero. In accordo con i morti, la morte mi veniva incontro come una cosa naturale. Come se avessi lasciato tutto il mio terrore su quella montagna. Mentre strisciavo sul ghiacciaio fossile – sprofondato nell'apatia – non mi sentivo più abbandonato. Nessuno può immaginare quanto un uomo in lotta contro la morte si senta solo perché è l'ultimo a giocare ancora a quel terribile gioco chiamato alpinismo. Sopravvivere è spaventoso e doveroso a un tempo. Quindi avanti! Incapace persino di formulare un semplice pensiero, incontrai i primi uomini. Nella loro empatia – poiché la vita può essere più difficile da sopportare della morte – i contadini che mi trovarono rimasero senza parole, incapaci del minimo gesto di conforto. Diedero del pane al morituro che non mangiava da cinque giorni. E così fu alimentata la mia possibilità di sopravvivere.

Da allora spesso mi sveglio agitato durante la notte: ci siamo tutti? Poi ritorno ai miei miraggi. Quando vivi la morte come una realtà, sai cosa vuol dire rinascita. Il dolore non si può misurare. Ma per chi è sfuggito alla pazzia o alla morte, la vita è un dono e non più una possibilità per giocare. Non liberazione: la mia risposta fu impegno, determinazione personale.

Parte 2
LA VITA CONTINUA

« L'autorealizzazione si ottiene solo al prezzo dell'autotrascendenza che consente all'uomo di 'dimenticare se stesso' »

Viktor Frankl

Avventure in verticale e orizzontale. La sopravvivenza era assicurata soprattutto dall'armonia.

Seduto amichevolmente intorno a un tavolo con Peter Habeler, Manfred Gabrielli e Wolfgang Nairz.

La sopravvivenza era la mia arte che mi trovassi con Friedl Mutschlechner sul Kangchenjunga, con mio fratello Hubert in Groenlandia, con Peter Habeler sulla parete nord dell'Eiger, con Hanspeter Eisendle sul Nanga Parbat, con Arved Fuchs in Antartide o da solo nel Gobi.

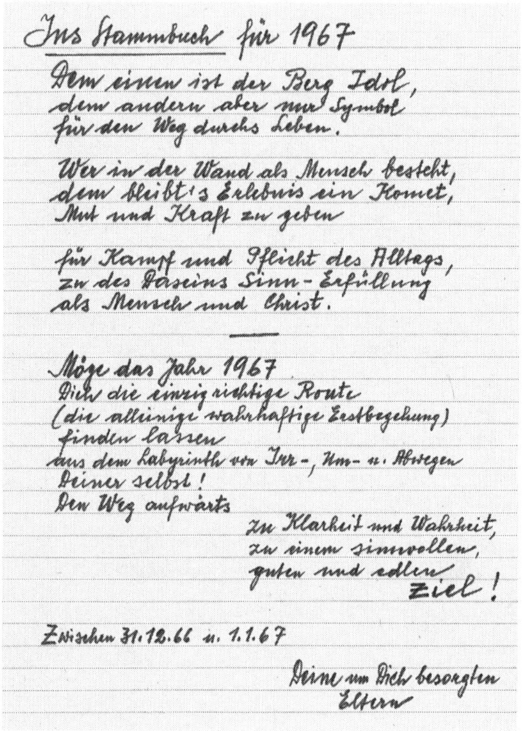

Ins Stammbuch für 1967

Dem einen ist der Berg Idol,
dem andern aber nur Symbol
für den Weg durchs Leben.

Wer in der Wand als Mensch besteht,
dem bleibt's Erlebnis ein Komet,
Mut und Kraft zu geben

für Kampf und Pflicht des Alltags,
zu des Daseins Sinn-Erfüllung
als Mensch und Christ.

Möge das Jahr 1967
Dich die einzig richtige Route
(die alleinige wahrhaftige Erstbegehung)
finden lassen
aus dem Labyrinth von Irr-, Um- u. Abwegen
Deiner selbst!
Den Weg aufwärts
zu Klarheit und Wahrheit,
zu einem sinnvollen,
guten und edlen
Ziel!

Zwischen 31.12.66 u. 1.1.67

Deine um Dich besorgten
Eltern

Diario di famiglia anno 1967

Da un lato la montagna è un ideale, dall'altro solo il simbolo per la via da seguire nella vita.

Chi affronta la parete da uomo, segue la cometa dell'esperienza per offrire il coraggio e la forza

per la lotta e i doveri quotidiani, per realizzare il senso di ogni giorno come uomo e secondo gli insegnamenti di Cristo.

Che l'anno 1967 possa indicarti la strada giusta (l'unica vera prima ascensione) per uscire dal labirinto di errori, deviazioni e percorsi sbagliati che tu stesso ti sei creato.

La via verso l'alto, per raggiungere in chiarezza e verità una buona e nobile meta piena di senso!

Tra il 31.12.66 e 1.1.67

I tuoi genitori preoccupati per te

26. Dolore

La tragedia sul Nanga Parbat ha portato a una svolta nella mia vita. Da allora non sono stato più lo stesso. La disperata discesa lungo la parete Diamir, la morte di mio fratello, l'incontro con gli indigeni – sono attimi imposti dal destino, profondamente impressi nella mia memoria più di tutte le esperienze del passato. E ho dovuto imparare a vivere con quel ricordo, che gli altri hanno usato contro di me. E anche a trovare una strada per il futuro.

I miei genitori, i miei fratelli e i miei amici volevano che io abbandonassi l'alpinismo; il capo spedizione aveva profetizzato già in Pakistan che a causa dell'assideramento non avrei più potuto arrampicare di nuovo; qualche «amico» si allontanò da me. Quel periodo di crisi mi ha insegnato che il carattere di un uomo viene fuori più chiaramente quando chi ti sta di fronte è al tappeto.

L'anno dopo la morte di Günther ho viaggiato molto: sono stato al Damavand in Iran, all'Annapurna in Nepal, alla Piramide Carstensz in Nuova Guinea. Ho persino realizzato alcune difficili prime in Dolomiti. E tuttavia mi era chiaro che nell'arrampicata non sarei mai più arrivato al livello che avevo raggiunto prima della tragedia.

Solo nel novembre nel 1971, quando tornai sul Nanga Parbat per cercare mio fratello, divenni consapevole che avrei cominciato una nuova vita. Con una donna forte al mio fianco – Uschi Demeter – e la volontà di ricominciare lì dove avevo lasciato: con l'alpinismo d'alta quota in Himalaya cominciò la seconda fase della mia vita. Così riuscii a vivere senza rimuovere la responsabilità di avere perso mio fratello e concedendomi di provare dolore quando mi ritrovavo lì dove avevamo condiviso le nostre grandi avventure.

Quando io e Uschi Demeter ci ritrovammo a passeggiare tra i banchetti malridotti del Rajah Bazaar di Gilgit, quella piccola città nel nord del Pakistan mi incantò con la stessa magia che aveva incantato me e Günther quando l'avevamo visitata prima dell'ascensione del Nanga Parbat. Nel primo pomeriggio fu annunciato il polo, come nel 1970, e tutta Gilgit accorse per vedere il «gioco del re». Una folla frenetica si precipitò tra le strade polverose per raggiungere l'ingresso del campo di polo Shahi. E noi due ci unimmo a loro. Il campo, circondato da un muro in pietra su cui si erano accovacciate centinaia di spettatori, era stipato fino all'ultimo posto. Noi rimediammo due posti sulla tribuna coperta di fronte alla banda musicale. Nell'aria risuonavano sordi rulli dei tamburi e gracchianti flauti e zampogne. Le due squadre a cavallo furono salutate con urla, applausi e fischi. L'entusiasmo era tangibile. La musica crebbe fino al parossismo. I giocatori presero posizione nel mormorio generale e poi calò il silenzio.

Il campo di gioco era più lungo e più stretto dei campi europei, e tutto sembrava lecito, non riuscivo a capire le regole. Solo una cosa avevo capito: la squadra che aveva fatto nove gol si credeva vincitrice anche se la partita non era ancora finita. Se un giocatore di una squadra usciva a causa di un infortunio, anche dalla squadra avversaria usciva uno dei giocatori. In entrambe le squadre doveva rimanere solo un cavallo. Si doveva combattere uomo contro uomo.

Il polo si giocava con piccoli pony, sei giocatori per squadra e molta polvere nell'anarchia più totale. Alla battuta d'inizio, il pubblico si infiammò. Le squadre si precipitarono sulla palla come un branco di lupi, i pony raggiunsero una velocità incredibile; presto il campo fu avvolto da una sola nuvola di polvere.

A Gilgit il polo era considerato uno sport popolare. Ogni azione veniva commentata dagli spettatori con urla e gesti frenetici. Un giocatore rimase ferito ma continuò tutto sanguinante finché uno spettatore si strappò un lembo della sua camicia, lo bruciacchiò e poi fermò l'emorragia dell'uomo, che prontamente si ributtò nella mischia. La musica faceva da sottofondo alla partita – nei momenti di calma suonava melodie lente, quasi lamentose; nelle azioni di attacco cresceva di intensità. Era una vera festa: i pony sbuffavano, sfrecciavano davanti alla tribuna. Urtavano l'uno contro l'altro, volavano cappellini, le mazze si rompevano. Durante l'intera partita i pony non vennero mai sostituiti e, con brevi intervalli, rimasero in campo per un'ora intera.

Costeggiando il fiume Gilgit, Uschi e io tornammo al palazzo comunale. Sull'altra sponda si ergevano aride montagne, e in lontananza brillavano le vette innevate dell'Himalaya. Avevo l'impressione che Günther fosse con me.

Quei giocatori di polo, pensai, credono molto in quel che fanno: sono concentrati nel loro gioco. E ciò li rendeva affascinanti ai miei occhi. Giusti o sbagliati che fossero i loro criteri, tutti seguivano solo i loro istinti. Il resto non contava. Io invece dovevo sempre attenermi al cosiddetto «bene»! La mia causa non doveva mai essere veramente la mia causa! Perché no? A questa domanda risposi nel tempo con i fatti. Cominciai con la ricerca del corpo di mio fratello e con la salita di altri ottomila. Entrambe le cose sollevarono un mare di critiche, perché a molti sedicenti idealisti non piacque che una persona gravata dalla responsabilità del proprio fratello continuasse a dedicarsi alle sue passioni.

Ebbene – poco prima dello scoppio della guerra indo-pakistana – intraprendemmo in due una spedizione nella valle del Diamir. Non volevo solo trovare il corpo di Günther sepolto sotto la neve, ma volevo anche rivedere le persone che un anno prima mi avevano aiutato durante il ritorno alla civiltà. Con una Jeep scendemmo lungo il fiume da Gilgit attraverso la valle dell'Indo fino a Gonar. Da lì proseguimmo a piedi. Durante il pomeriggio, con quattro giovani indigeni attraversammo la deserta valle Bunar. A sera, dopo aver guadato l'impetuoso e gelido fiume Bunar, giungemmo in un piccolo villaggio all'inizio della valle del Diamir: con i suoi alberi di albicocco ricoperti delle autunnali foglie ingiallite e i campi di grano maturi appariva come un'oasi dorata in quel deserto di pietra color ruggine.

Dormimmo in un ovile. L'indomani ci incamminammo per il sentiero ripido nella valle del Diamir, attraverso una stretta gola. Sotto di noi, gorgogliava un fiume glaciale. Sul versante destro della gola, roccioso, un ripido sentiero saliva con regolarità superando lastroni di roccia e costeggiando precipizi. Era un incubo per me pensare che lì, nel luglio nel 1970, mi fossi completamente abbandonato ai miei salvatori. Nel tardo pomeriggio giungemmo a Djel, un villaggio a sbalzo in mezzo alla valle del Diamir, fatto di casupole in pietra tenute insieme da argilla e letame, i tetti piatti fatti di rami, assi e terra compattati. Era tutto molto povero. Ogni casa era costituita da una sola stanza senza finestre con un focolare. Le donne del villaggio ci portarono latte acido, chapati e uova. Per colazione tè con latte e pane roti. Vivevamo del cibo che compravamo dagli indigeni con rupie o vestiti: granoturco, uova, polli, latte di capra, qualche pezzo di carne di montone e una strana verdura verde che a guardarla sembrava un porro ma aveva il sapore degli spinaci. Nei giorni seguenti raggiungemmo l'alpe Nagaton dove ci sistemammo per la notte in casupole che cadevano a pezzi sotto alte betulle.

Allestimmo il nostro minuscolo campo base a un giorno di marcia da lì, al margine del ghiacciaio fossile. Ci trovavamo accanto a una grossa roccia, subito sotto il Nanga Parbat. Sopra di noi, si ergeva enorme la montagna con le sue cascate di ghiaccio e in sottofondo si udiva il rombo delle slavine: la fine del mondo. Nei giorni seguenti il tempo si mantenne buono, e io potei cercare mio fratello, senza però trovarne la minima traccia. Dai piedi della parete, dal passo Mazeno che mi aiutava a orientarmi, partivo all'alba e tornavo a notte inoltrata, al chiarore della luna. All'inizio ero stanco e depresso, in seguito compresi che il ghiacciaio su cui si erano abbattute altre slavine avrebbe restituito i suoi morti solo dopo molti anni.

Alla prima neve lasciammo il campo base. Qualche giorno dopo, con un camioncino attraversammo la valle dell'Indo e giungemmo a Rawalpindi, percorrendo la Karakorum Highway non ancora completata. Durante il giorno digiunavamo – era cominciato il Ramadan, il digiuno dei musulmani – e di notte dormivamo in piccoli alberghetti che incontravamo sulla strada. Nell'albergo di Rawalpindi il portiere non ci riconobbe, tanto eravamo trasandati.

Adesso sapevo che avrei potuto ricominciare a vivere la mia vita selvaggia. Forse avrei persino dovuto. Se fosse sopravvissuto insieme a me, Günther sarebbe stato d'accordo. Rinunciare alle mie avventure non avrebbe riportato in vita mio fratello: il dolore per la sua perdita sarebbe stato solo un rimprovero a me stesso che mi avrebbe accompagnato per tutta la vita. Se invece io avessi realizzato i nostri sogni comuni, avrei potuto essere di nuovo felice e condividere con lui la mia responsabilità. Io e Günther rimarremo per sempre una cordata indivisibile. Lui mi ha dato la forza per affrontare gli altri pericoli in cui mi sono imbattuto. E mi sosterrebbe, se fosse necessario difendere il nostro entusiasmo per l'avventura in montagna contro qualunque idealista che specula sulla nostra tragedia sul Nanga Parbat. Da allora non credo più a chi proclama i valori tanto abusati di «morale», «cameratismo» e «verità»: per me e Günther la responsabilità l'uno verso l'altro era naturale.

27. Idealisti

La tragedia del Nanga Parbat ha lasciato un vuoto nella mia vita e non perché, alla fine, mi mancano ancora un paio di tessere del puzzle dell'incidente e della morte di mio fratello. E neanche perché il sentimento del giovane Siegfried che aveva spinto noi due a salire le montagne si fosse rilevato ingannevole; bensì perché, subito dopo la spedizione, mi dovetti confrontare con una tipologia di uomo che non avevo ancora conosciuto. L'esperienza di risvegliarmi in un mondo fatto di macchinazioni e giudizi mi gettò d'un tratto nel mondo degli adulti. Fu una sorta di rito di iniziazione, che mi spaventò e paralizzò al contempo.

Era troppo tardi per cambiare le cose. Noi membri della spedizione eravamo stati manipolati senza essercene accorti. Il nostro capo spedizione Herrligkoffer parlò sempre di cameratismo, ma rifiutò ogni tipo di solidarietà tra le cordate di vetta e pretese di essere l'unico in grado di dare un'interpretazione di come si erano svolti i fatti. Per recitare la parte del «capo» perfetto non esitò a mettere i compagni l'uno contro l'altro, a mentire e a gettare discredito. La sua parola magica, a cui subordinava tutto il resto – sempre e comunque – era «cameratismo», di cui però abusava senza ritegno. L'opinione pubblica doveva vederlo come egli stesso amava vedersi: il buon compagno, il «leader» trionfante, la personificazione del successo. Solo per quel motivo – lo capii subito – prima di partire aveva fatto sottoscrivere a noi alpinisti un contratto che proibiva di raccontare quel che sarebbe accaduto durante la spedizione. E così ebbe il monopolio dei media, di cui riuscì a controllare i giudizi manipolando a suo piacimento la storia della sua spedizione agli occhi dell'opinione pubblica. Proprio come aveva diviso in montagna tutte le cordate affiatate – Saler/Schloz, Kuen/Haim, aizzò in seguito un gruppo contro l'altro. La sua arma nel gioco delle parti erano la rivalità e le antipatie fra i partecipanti alla spedizione. Si insinuò tra i componenti di precedenti spedizioni raccontando un mare di bugie: quelli che gli tenevano il gioco erano i migliori compagni di sempre, tutti gli altri, invece, non conoscevano la minima solidarietà.

Quando fui dimesso dall'ospedale di Innsbruck dopo l'amputazione delle dita dei piedi e dell'ultima falange delle dita delle mani, non mi ritrovai in un branco di lupi, ma in una bolgia di idealisti. Allora non avevo esperienza per affrontare una tale situazione. Per mia scelta non avrei mai bivaccato sotto la traiettoria di una slavina o dormito sotto un albero marcio, ma dicendolo avevo osato contraddire il capo spedizione. A quanto pare quello era stato un errore imperdonabile. Dopo che Herrligkoffer rilasciò una versione completamente falsa, campata per aria, del mio rapporto sulla discesa mia e di Günther lungo la parete Diamir, credetti di poter confutare le sue chiacchiere con i fatti. Invano.

Nei giorni in cui noi eravamo dispersi – i compagni di spedizione ci davano già per morti durante la discesa lungo il versante opposto della montagna! – Herrligkoffer si era preoccupato di confezionare una storiella della nostra fine: a suo dire eravamo morti al primo bivacco. Quando ricomparvi, lui rimase di stucco. « Günther è morto lì »: per lui lo scenario della morte di Günther nel Canalone Merkl a 7800 metri sul livello del mare rimase un fatto incontrovertibile e si aggrappò per sempre a quella « verità » inventata. Che fosse logico, o perché dovesse avere l'ultima parola o per pura cattiveria, almeno mio fratello doveva essere morto lassù. E l'ha sostenuto fino alla fine dei suoi giorni.

La ricerca di un'unica verità su come si era sviluppata la tragedia, del perché non era stato possibile trovare una via di uscita, la nostra paura e la nostra disperazione durante la discesa, non gli interessavano. Né lo toccava il modo in cui, dopo la morte di mio fratello, avevo ritrovato la strada per sopravvivere, né tantomeno come avevo ritrovato il senso della vita dopo aver guardato in faccia la morte. Gli importava solo di giustificare il suo comportamento, solo dei suoi principi da capo: comando e obbedienza, cameratismo, colpa. La sua «leadership» contro la mia mancanza di responsabilità. Herrligkoffer non voleva che si chiarisse la realtà dei fatti, no, lui voleva soltanto che si dimostrasse la correttezza delle sue azioni, e che tutti riconoscessero che aveva condotto la sua battaglia alla «vittoria sul Nanga Parbat». Si trattava sempre di lui. Mai della squadra o di come si erano realmente svolti i fatti. Mai si preoccupò dei sentimenti feriti o di come, insieme, si potesse trovare una risposta comune alla tragedia.

Non voleva capire, voleva avere l'ultima parola: con dichiarazioni sotto giuramento in tribunale – oggi possibili false testimonianze – che davano conferme fittizie alla sua teoria, e con dozzine di lettere è riuscito a scatenarmi tutti contro e ha vinto.

Mi ha rimproverato proprio quel che di lui stesso non poteva cambiare: ero diventato il capro espiatorio della sua ambizione. Non sopportando di essere in parte responsabile, incolpava me di essere smodatamente ambizioso e irresponsabile. E mi incolpava della sua mediocrità come capo spedizione, della sua incapacità di ammettere gli errori, del suo non sapere cosa fosse l'alpinismo estremo. Nel suo dissidio tra forma e sostanza, nella recita della sua superiorità morale, trovava sempre nuovi motivi di rimprovero. Come se avesse sempre qualcosa da correggermi. Ed esigeva attenzione. Da romantico qual era, si era votato ad alti ideali e a quel che gli aveva insegnato suo fratello Willy Merkl, e voleva servire solo la «verità», voleva «salvare il mondo». Sempre teso al bene. E in quel modo, riuscì sempre a stare dalla parte della ragione. Fino alla fine.

Quel teatrino durò finché non lo smascherai: i suoi messaggi erano sempre rivolti agli altri, mai a se stesso. Lasciai che il clamore intorno alla tragedia del Nanga Parbat si spegnesse e andai avanti a salire altri ottomila. È un dato di fatto che nel 1970 nessuno è venuto nella valle del Diamir, anche se avrebbero dovuto sapere che io e Günther saremmo scesi da quel versante. In che modo, mi chiedo, avevo potuto alienarmi l'aiuto e il sostegno della squadra? Sarebbe stato utile almeno in un secondo momento il loro aiuto? Perché provocare uno scandalo trent'anni anni più tardi, se non ce n'era motivo? Perché allora, quando poteva essere utile, nessuno era comparso a prestare soccorso? Il comune sentimento di superiorità morale imponeva di sostenere l'affermazione secondo cui io avevo abbandonato mio fratello al suo destino. Il loro vittimismo per il fatto di averci rimesso e la loro disponibilità di seconda mano sono comunque confermati.

Nelle mie imprese non ho mai avuto veri e propri nemici, più che altro ho avuto molti avversari, che, in tutte le fasi della mia vita, hanno sempre tentato di ridicolizzare i miei progetti. E se non ci riuscivano nella fase iniziale, una volta compiuta l'impresa la mettevano in dubbio o la ignoravano. Sempre persone che non ne sapevano niente. Spesso mi osteggiavano apertamente. Più successo ottenevo, più i miei avversari odiavano il mio stile o la mia fama. Evidentemente non lo sanno: le resistenze stimolano la forza, la creatività, l'impegno. Così alla fine ho ottenuto molto.

Perché, mi chiedo, alla fine tutto questo si è rivelato «un bene»? Perché d'un tratto gli idealisti sono aumentati? Perché dagli eventi del 1970 non si poteva trarre un beneficio almeno a posteriori?

È anche comprensibile che tutti costoro continuassero a volermi mandare all'inferno, perché solo con la mia esistenza riflettevo la loro vera immagine. Tutti gli idealisti devono dare sempre il meglio di sé... Ma, basta, non voglio più commentare le loro azioni.

28. Vicinanza

Ero sulla strada per la valle del Kali Gandaki in Nepal, ancora sotto Ghorepani, quando incontrai un ragazzino a piedi nudi, vestito di stracci, e con un fagotto a spalle che portava su un supporto. Stava scendendo a valle, percorrendo la strada verso Pokhara. Salutò timidamente con le mani giunte – « Namasdé » – e si fermò per qualche istante. Io ero diretto al lago Tilicho passando per Jomsom e volevo sapere se lì la strada era aperta. Sì, disse annuendo, e continuammo a parlare a gesti. Nonostante conoscessi solo qualche parola di nepali, cercai di seguire quel che diceva. Così appresi la storia della sua vita, da cui rimasi molto affascinato.

Dorje, che allora aveva cinque anni, veniva da Pokhara, dove vivevano i suoi genitori che provenivano da Kali Gandaki, e stava tornando dai nonni sulle montagne. Lassù poteva crescere più liberamente che nella valle sotto la sacra montagna Machapuchare, che dominava la vasta pianura. Non riuscii a capire se erano stati i suoi genitori a volere per lui quell'ambiente più limitato tra le montagne, o lui stesso.

Allora, a Jomsom i bambini avevano tutte le libertà. Facevano quel che volevano, ma ne erano anche responsabili. Insieme l'uno per l'altro. Lì il calore della famiglia era più intenso che nelle società moderne. Come nelle valli altoatesine del dopoguerra, dove noi bambini potevamo permetterci di vivere in modo « spericolato ».

Un paio di giorni più tardi, mentre attraversavo la parte più alta del Kali Gandaki, vidi altri bambini un po' più grandi con delle brutte cicatrici da scottatura. Come appresi, erano finiti nel focolare di casa giocando quando erano più piccoli. Anche quel tipo di pericolo apparteneva alla loro vita. I genitori non potevano badare a loro ininterrottamente. Ovunque trovavi bambini intorno a un fuoco, o bambini che giocavano con coltelli o con un'accetta; non c'era quindi da meravigliarsi se in giro si vedevano bambini mutilati.

La nostra società industriale occidentale – ricca, democratica, strutturata, protetta – ha un indice di mortalità infantile molto inferiore a quello di queste popolazioni di montagna. D'altro canto, ha perso quella possibilità di sopravvivenza tipica di quelle zone in cui i bambini crescono con un elevato senso di responsabilità.

Proseguendo per la mia strada verso l'alto, mi resi conto che più povero era il paesaggio, più timide erano le persone. Salendo diminuivano gli insediamenti e aumentavano il freddo, il vento e la siccità. E più difficile diventava instaurare rapporti con le persone del luogo. Prima di lasciare definitivamente il mondo abitato – e proseguire verso la regione dei ghiacciai – mi fermai all'ultimo muro di pietre. Su un pascolo, vicino a un gregge di yak c'era un ragazzino. Poteva essere il fratello di Dorje. Parlava con i vitelli? Li guardava e sì, parlava loro gesticolando, facendo degli strani versi. Non lo trovavo bizzarro, anche io da bambino parlavo spesso con gli animali. Spesso anche con il mio zaino. Due settimane più tardi, quando scalai da solo il Tilicho Peak, la piccozza divenne il mio interlocutore. Ancora oggi mi intrattengo con me stesso.

Lassù non abitava nessuno. Sui pendii, alla luce obliqua del mattino e della sera si scorgevano invece qua e là sentieri stretti e poco ripidi. Al confronto le nostre dure strade apparivano inanimate. Con quanta delicatezza quella gente trattava il suo mondo, con quanto amore le mamme i propri bambini. I neonati venivano portati ovunque: al lavoro nei campi, sugli alti pascoli attraverso i passi, a prendere la legna nei boschi vicini. In Nepal, i bambini vengono adagiati solitamente in un panno, che la madre si lega sulle spalle e intorno alla schiena; in Tibet vengono infilati in un mantello di pelliccia che la madre si stringe forte con del filo intorno alle anche; in Nuova Guinea vengono intrecciate delle reti in cui i bambini possono essere trattenuti con una sorta di briglie. Così i bambini possono essere portati ovunque, e rimangono sempre a contatto con la pelle della madre. E dormono anche con le loro mamme. Da nessuna parte, tre le alte montagne ho trovato giacigli separati per la madre e i suoi figli. Talvolta mi chiedo se nei moderni agglomerati urbani gli uomini siano meno vicini perché da bambini quella vicinanza è mancata. In ogni modo, in tutti quegli insediamenti alla fine del mondo io mi sono sentito più vicino a uomini sconosciuti, di quanto non mi senta vicino al mio vicino in città.

29. Responsabilità

Durante i miei viaggi nelle più remote regioni di montagna della terra, sono venuto in contatto con tribù che mi hanno affascinato quanto le vette. In Nuova Guinea, vicino all'Equatore, ci sono montagne innevate: direttamente sopra la giungla dei mari del sud, con le sue palme e le orchidee, di cui aveva già raccontato James Cook. Siccome sulla strada per le montagne avevo potuto contare sull'aiuto della gente del posto, pian piano avevo imparato a conoscerla. Erano persone dotate di una straordinaria capacità, quella di comunicare a livello emotivo. Noi non ci conoscevamo. Io venivo da un mondo totalmente diverso ed ero un essere incomprensibile per loro. E poiché non potevano sapere quel che pensavo, erano attentissimi a capire chi fossi e quali intenzioni avessi. Mi toccavano, mi guardavano negli occhi, registravano ogni minimo gesto. Come se volessero immedesimarsi in me. Evidentemente erano meno allenati a capire quel che pensavano gli altri, che non a cogliere chi fossero gli altri. Come se potessero sentire quel che sentivano gli stranieri.

Quando nel 1971 Sergio Bigarella e io, a fine autunno atterrammo nelle Highlands della Nuova Guinea, non sapevamo come ci avrebbero accolto i Dani, una tribù che si era appena affrancata dall'età della pietra. Eravamo in due e mentre prendevamo i nostri bagagli sulla pista di atterraggio, la gente del villaggio di Ilaga – donne, uomini e bambini – si radunò intorno a noi. Osservavano ogni nostro gesto e parlavano continuamente tra di loro. Già dopo un'ora si erano resi disponibili. Come se sentissero di chi potevano fidarsi e di chi no.

Una dozzina di Dani voleva accompagnarci come portatori da Ilaga fino a un campo d'alta quota ai piedi delle montagne calcaree, che si innalzavano sulla giungla e che volevamo scalare. I nostri accompagnatori avevano ancora abitudini di vita da uomini preistorici. Erano nudi, non conoscevano il denaro e avevano un aspetto bizzarro con quell'astuccio penico, gli ornamenti sul viso e sul naso. Noi offrimmo loro in cambio asce di acciaio, coltelli da boscaglia e sale. La nostra prima meta era la Piramide Carstensz, la montagna più alta della seconda isola della terra. Ilaga si trova nella parte occidentale della Nuova Giunea, nel cosiddetto Irian occidentale, che oggi appartiene all'Indonesia. Nella lontana valle boscosa, nelle radure, in mezzo a campi fertili si trovavano piccoli insediamenti di case rotonde in legno. Era una zona molto piovosa e senza sbalzi termici nel corso delle stagioni.

Le donne, che indossavano un perizoma di paglia, vivevano in proprie casupole, separate dagli uomini. Si nutrivano di patate dolci, canna da zucchero, banane, cavoli. Ogni tanto c'era un banchetto con carne di maiale. I maiali – una sorta di moneta per i Dani – significavano benessere e prestigio. Erano anche parte sostanziale della dote e non di rado motivo di conflitto.

Dopo aver reclutato portatori e barattato generi alimentari ci mettemmo in viaggio. Attraversando prima la calda e umida foresta pluviale – come equilibristi su tronchi scivolosi, saltando su pozzanghere, guadando fango e ruscelli – raggiungemmo un altipiano paludoso. I Dani ci precedevano e nel frattempo, con arco e frecce, andavano a caccia e dormivano in capanne costruite con assi e cortecce di alberi. Superammo un risalto dopo l'altro, le montagne innevate apparivano ancora lontane. Come un orlo dorato. Spesso camminavamo per più di otto ore al giorno.

Il massiccio Carstensz deriva il suo nome dall'omonimo navigatore olandese che per primo ne scorse l'abbagliante ghiacciaio dalla costa sud della Nuova Guinea: da lì infatti è visibile il possente massiccio calcareo che allora era ricoperto per la maggior parte da ghiaccio.

Dopo la seconda scalata della Piramide, per una nuova via che io e Sergio portammo a termine con successo, osai affrontare la ripida parete alta 1000 metri del Puncak Jaya. Una prima ascensione proprio di quelle che piacevano a me: arrampicata libera, difficile individuazione della via, massima esposizione. Con i polpastrelli feriti tornai al campo base. La maggior parte dei portatori era ancora là, ma tutte le nostre provviste erano sparite. Quando mi resi conto che i Dani non capivano la differenza tra «mio» e «tuo», l'arrabbiatura mi passò. Dovevo accettare le loro regole: spetta al proprietario il compito di proteggere le proprie cose! Gli indigeni ci offrirono patate dolci come risarcimento, e noi ne prendemmo in quantità. Ma quella forma di contropartita – naturalmente nulla in confronto al nostro cibo ben preparato – non bastava per saziarci. Non c'erano patate a sufficienza per tutti. Dovevo trovare qualcos'altro.

All'inizio del viaggio avevamo condiviso le nostre provviste – zuppe pronte, carne in scatola, tè – con quelle dei Dani – patate dolci, banane, zucchero di canna, carne di maiale. Ma ora non c'era più nulla da condividere, e il viaggio di ritorno sarebbe durato giorni. Ero circondato da una dozzina di uomini affamati, che sarebbero di certo diventati aggressivi. Invece, gli uomini che avrebbero dovuto riportare a Ilaga la nostra attrezzatura lungo ripidi sentieri non si aspettavano per niente che io facessi apparire del cibo per magia: erano preparati a un periodo di digiuno.

Anche se non avevano nulla da mangiare, ridevano e scherzavano. Se non c'era nulla da mangiare, non mangiavano nulla. Dormivano a stomaco vuoto e l'indomani ripartivano senza brontolare. Che importa! Alcuni andavano a caccia e gli altri, che non avevano nessun carico da trasportare, ci guidavano verso Ilaga. Anche io ero abituato a camminare per giorni senza mangiare. Ma Sergio, il mio compagno, un imprenditore della pianura padana, ebbe presto problemi molto seri: crampi allo stomaco, mancamenti, svenimenti. Che fare?

Io ho sviluppato la capacità di sopravvivere in situazioni estreme nonostante la fame. Avevo già superato periodi di scarsità e di abbondanza di cibo, come accadeva quotidianamente ai primitivi: durante esercizi di resistenza fisica, spedizioni con gli sci, quando arrampicavo per tutto il giorno senza provviste. Altrimenti non sarei mai sopravvissuto ai cinque giorni senza cibo e allo stremo delle forze sul Nanga Parbat.

Tuttavia, nella nostra civiltà moderna – poco movimento, cibo del supermercato, pasti molto calorici – anche se siamo mediamente in sovrappeso, non riusciamo a sopravvivere nei periodi di digiuno. Il nostro corpo non sa più farlo. Anche se il grasso viene metabolizzato, ci manca il «ricordo» dell'evoluzione. I Dani invece potevano nutrirsi per giorni metabolizzando le loro riserve di grasso, senza collassare. Anche il mio corpo aveva imparato a immagazzinare grasso e a mettere a disposizione all'occorrenza l'energia derivante in forma di zucchero. Dunque, i nostri portatori, come me, avevano sfruttato i tempi della sovrabbondanza di cibo per fare scorte. Il grasso era stato depositato. E ora ce ne nutrivamo. Eravamo in condizione di sopravvivere a periodi di digiuno più di quanto non lo sono gli uomini nella nostra civiltà sviluppata. Ebbene, adesso anche io traevo i miei vantaggi dall'altalena tra sovrabbondanza e carenza, tipica della vita dell'uomo. Quando il mio compagno, di cui ero responsabile, non riuscì più a proseguire, mi precipitai nel villaggio per prendere delle patate. Gli salvarono la vita.

30. Sentimento

Era solo il mio pensiero razionale a non andare d'accordo con i Dani in Nuova Guinea. Loro reagivano intuitivamente. Sergio, che non perdonava il «furto» del nostro cibo, li trovava imprevedibili e anche pericolosi. Invece io imparai presto a decodificare le sensazioni che volevano trasmetterci e a capire il loro comportamento. Non mi ero mai fidato molto dei nostri valori occidentali: ragione, autocontrollo, regole. Nelle situazioni difficili i processi decisivi sono istintivi. La ragione è troppo lenta per calcolare il pericolo e poterlo evitare. Come gli uomini nelle società meno evolute, anche io quando arrampicavo avevo vissuto il sentimento e la ragione come una cosa sola, intrecciati l'uno all'altra. Solo una volta avevo sentito il corpo e la mente come due entità separate: e se dopo la morte di mio fratello sul Nanga Parbat – la più grande tragedia della mia vita – avessi dato ascolto soltanto alla mia ragione, non mi sarei mai ripreso. Tutte le mie decisioni nella natura incontaminata si basavano più sulle emozioni che sul calcolo.

Non programmavo la mia vita. Il mio entusiasmo per l'avventura mi faceva andare avanti e mi spronava a lottare per vivere secondo quel che io desideravo per me stesso. Il mio stile di vita era più il risultato di intuizioni, relazioni e sentimenti che di ragionamenti. Nello scambio emozionale con gli altri uomini, e soprattutto con tribù di indigeni che un tempo venivano definiti «selvaggi», ho conosciuto l'essenza del mondo, e in definitiva anche me stesso. Quegli uomini reagivano spesso a segnali appena percepibili della natura, ai minimi gesti del prossimo, alle sue emozioni, alla sua voce. I sentimenti sono sempre rivolti anche agli altri: nei momenti di pericolo ci inducono a comportarci con il nostro prossimo in modo da garantirne la sopravvivenza, ci inducono al confronto e quindi a trovare soluzioni condivise, ad andare avanti con il gruppo, e a non porre il singolo come obiettivo.

In tutte le situazioni critiche che ho vissuto con gli indigeni – lo sciopero dei portatori in Hindukush; i nomadi scostanti con i loro yak in Tibet; i Dani affamati – ho sperimentato per lo più rabbia, simpatia o disperazione. Ogni volta ho cercato di sostenere lo spirito di gruppo, rafforzare i rapporti, garantire la comune sopravvivenza. Se nei momenti critici avessi reagito contro i miei sentimenti e con la forza, mi avrebbero ucciso. Nessuno dei miei viaggi è fallito perché non ero andato d'accordo con le popolazioni locali. Ho fallito spesso, certo, ma sempre e solo quando ero io stesso a commettere degli errori. Anche con i miei compagni di arrampicata e di spedizione sono sempre andato d'accordo. Mai litigi, altrimenti sarebbe diventato impossibile stare insieme. Se si arrivava a un confronto, accadeva sempre al ritorno alla civiltà. Quando non erano più soltanto i sentimenti a determinare il comportamento, ma anche gli interessi. Nel frattempo ho aggiunto anche questo sapere alla mia esperienza. Il bene comune si condivide presto. Ma non c'è niente da fare, gli idealisti che esigono riconoscimento, gli sfruttatori dominati dalla ragione appartengono alla nostra civiltà. Quante volte sono stato ingannato dagli estranei solo perché loro volevano garantirsi la propria fetta di successo. Che se la tengano pure!

Ciò che mi affascina è lo studio del sapere antico, derivato dalle esperienze che hanno plasmato gli uomini nelle epoche primitive. L'esperienza della natura non dipende dalla misura dell'altitudine, proprio come il modo d'agire non dipende dal quoziente d'intelligenza. Nella mia memoria tutte quelle esperienze sono classificate e disponibili come sentimenti. Tuttavia, chi vive come noi europei in una civiltà molto sviluppata, in un mondo regolato dalla legge, segue la ragione. E quanti più uomini devono convivere in uno spazio ristretto, tanto più la nostra vita deve essere regolata dalla legge.

Ho sempre trovato affascinante analizzare quel che mi è capitato quando mi sono ritrovato in situazioni in cui non avevo alcuna garanzia di sicurezza. Mi affidavo solo a me stesso. Ho verificato che sono i sentimenti che scaturiscono dalle esperienze vissute, che ci aiutano a sopravvivere. Non sono mai stato un fuoriclasse, uno sportivo da record, io sono un uomo d'avventura, che va regolarmente in luoghi in cui l'uomo, da quando crede di essersi civilizzato, non si trova più a suo agio. L'uomo moderno è pronto a sacrificare la libertà per la sicurezza. Ma le regole implicano sempre anche la perdita di affermazione personale.

In tutte le mie spedizioni, ho cercato di dare una risposta a come l'uomo abbia potuto vivere nel suo mondo primordiale, in piccoli gruppi completamente organizzati in modo indipendente. Forse non mi sono mai avvicinato davvero alla condizione dell'uomo primitivo, anche se ho comunque condiviso la mia esperienza di vita con tutti coloro che nella loro vita hanno fatto qualcosa di utile: costruito una casa, cresciuto dei figli, piantato un albero, anche perché dentro di noi c'è qualcosa dell'uomo di Neanderthal. Le mie azioni non saranno state dettate dalla ragione, ma sono state di certo istruttive.

31. Incidente

La maggior parte degli incidenti in montagna ha origine nella natura: slavine, scariche di pietre, freddo, tempeste. La caduta invece è per lo più la conseguenza di una sopravvalutazione di se stessi. Lo stesso vale per i problemi legati all'alta quota o all'esaurimento delle forze. Spesso gli effetti di tutti questi fattori sono mortali. Per questo, un alpinista esperto si comporta in modo prudente. Viceversa, quando si pianifica un'avventura, raramente viene presa in considerazione la possibilità di una malattia durante la spedizione. Forse perché non viene associata alla montagna. Gli incidenti sono concepibili, le malattie no.

Era il 1972 sul Manaslu, stagione premonsonica. Subito dopo aver raggiunto la vetta, mi ritrovai in una di quelle tempeste di neve che rendono la discesa una gara con la morte. Da questo fatto sono conseguiti due incidenti.

Io e Franz Jäger eravamo partiti diretti alla vetta da una tenda al margine inferiore del grande plateau con buone condizioni climatiche. Senza difficoltà eravamo saliti lungo dolci dorsali innevate, progredendo bene. Ciononostante Franz decise di tornare alla tenda. Poiché il terreno era facile e senza crepacci, ci separammo.

Il mio compagno scomparve subito dietro una dorsale ghiacciata, mentre io – superando pendii più inclinati – raggiunsi la vetta al termine di una cresta di ghiaccio. Credevo di avere tutti i pericoli sotto controllo. Ma appena dopo aver imboccato la via della discesa, la nebbia, che proveniva da sud sotto forma di nuvole nere, avvolse la regione della vetta. E poi cominciò la tempesta. Man mano che scendevo divenne sempre più difficile orientarsi. Prima cercai di farlo seguendo la cresta alla mia sinistra, ma sul grande plateau mi persi subito. Non mi accorgevo che giravo in tondo e quindi non riuscivo più a ritrovare la tenda. D'un tratto sentii la voce di Franz Jäger. Stava cercando di aiutarmi a orientarmi? Pensai che venisse dalla nostra tenda. Quando alla fine al calare della notte trovai il nostro ultimo campo – completamente sfinito e ben consapevole che non sarei sopravvissuto a una notte di tempesta all'aperto – mi sentii sollevato, ma allo stesso tempo subii uno shock. Franz non c'era. Ero finito nel campo di Andi Schlick e Horst Fankhauser, che quel giorno erano saliti da molto più giù. Subito si misero alla ricerca di Franz Jäger. Anche loro sentivano la sua voce. Volevano guidarlo alla tenda, aiutarlo. Ma a loro volta, anche loro persero l'orientamento; la tragedia nella tragedia.

Non riuscirono a trovare Franz Jäger. Nella ricerca Andi Schlick perse prima la testa e poi la vita. Solo Horst Fankhauser sopravvisse alla tempesta. Si accovacciò in una buca nella neve, superò quella terribile notte, tornò alla tenda e mi aiutò a scendere dalla montagna, a ritornare alla vita.

Di ritorno a Katmandu incontrai per caso Don Whillans, di cui ammiravo lo spirito ribelle. Notò il mio dolore, mi si avvicinò all'orecchio sinistro e mi disse laconico: «Sei ancora un novellino». Voleva tirarmi su il morale. Aveva ragione da vendere! Don Whillans, che nel dopoguerra insieme al suo compagno Joe Brown aveva reso noto l'alpinismo estremo in Inghilterra, in quei tempi era considerato una star. Uno dei migliori negli anni Cinquanta. Con lui, l'alpinismo si era diffuso nella classe operaia. Con il suo sarcasmo voleva dirmi che i tipi anarchici come lui devono essere in grado di fare meglio del ceto medio. Insieme a Joe Brown, a Don erano riuscite spedizioni pericolose nel Peak District nel nord dell'Inghilterra, in Galles e in Scozia. I due avevano perfezionato il loro stile anche in Patagonia e in Himalaya. Don aveva stabilito uno standard di alpinismo che la generazione dell'anteguerra non avrebbe considerato possibile.

A Whillans riuscirono le ascensioni più rischiose: la prima sul Pilone Centrale del Frêney nella catena del Bianco e poi della

Torre Mustagh in Karakorum; e il suo trionfo massimo: la difficilissima parete sud dell'Annapurna di 3000 metri che aveva salito nel 1970 con Dougal Haston. La forza psichica e fisica di Whillans erano leggendarie quanto la sua bravura. Aveva fatto esperienze pazzesche, non evitava il confronto, e la sua ironia era tagliente. Così divenne oggetto di un vero e proprio culto. Rimase attivo, anche se si era irrobustito parecchio, fatto che aumenta il rischio di morire in montagna. Aveva cinquantadue anni quando fu colpito da un infarto e morì mentre si preparava a una spedizione in Galles.

Spesso abbiamo una percezione non realistica di quel che riguarda i rischi noti e quelli ignoti. Perché i pericoli sono completamente diversi. Se per esempio dovessimo classificare i pericoli della vita quotidiana, considereremmo il terrorismo e l'energia nucleare minacce ben più grandi e, in ogni caso più pericolose delle auto. Gli interventi chirurgici sono invece relativamente innocui. In realtà, il traffico stradale è il più pericoloso. Secondo la mia esperienza, in montagna le tempeste di neve e le slavine sono più pericolose di qualunque altra cosa. Subito dopo la tragedia del Manaslu – già a Katmandu era divampata la polemica – non riuscivo a trovare giustificazioni per le nostre azioni. Mi chiedevo se avesse senso imbarcarsi comunque anche in tali avventure estreme. La prima ascensione di difficili pareti sugli ottomila implica molti rischi. Vale la pena pretendere di raggiungere il possibile quando è in gioco l'impossibile? L'alpinismo classico ha sempre cercato il possibile nell'impossibile e tutti gli attori si sono assunti alti rischi per quello scopo. La mia non vuole essere una giustificazione, solo una visione storica dell'insieme.

Ma nelle società moderne rischi così alti non vengono accettati. La differenza tra i rischi che si corrono sul Manaslu e quelli nel nostro mondo civilizzato sta nella statistica. È molto più probabile morire a 8000 metri che avere un incidente nel traffico di città. Il rischio complessivo di morire a causa di un incidente nel mondo civile è molto più basso di quello di morire in Himalaya perché sappiamo controllare meglio l'ambiente del nostro quotidiano che la natura incontaminata. Non pensiamo affatto che con la nostra civilizzazione creiamo sempre nuovi pericoli potenziali, in parte incontrollabili: l'energia atomica, i pesticidi e soprattutto le auto. Viceversa – altra differenza – nella maggior parte dei casi i danni causati dagli incidenti vengono risolti con la medicina moderna. Sul Manaslu invece non c'è una clinica, gli alpinisti possono morire in un incidente o rimanere invalidi per tutta la vita.

Nel 1995, cadendo da un muro del mio Castel Juval mi ruppi il calcagno e fui operato dal chirurgo dottor Waldner. Il piede guarì dopo sei mesi e dopo altri tre anni riacquistò piena funzionalità. Molti dei miei amici che in montagna avevano riportato fratture, rotture dei tendini o rischiato l'assideramento rimasero invalidi per il resto della vita. E molti di loro persero la vita in montagna.

Oggi, come allora, non riesco a esibire motivazioni per la mia passione, per queste mie azioni inutili, ma solo entusiasmo. Non abbiamo la responsabilità di proteggere chi ci accompagna dal pericolo della morte. Solo se ci sostengono, siamo liberi di provarci. Ma tra noi alpinisti c'è un tacito accordo: all'alpinismo classico non servono giustificazioni.

32. Linguaggio

Con le nostre difficili prime – la parete sud della Furchetta, la parete nord della Croda del Becco, la parete nord del Similaun – io e Günther eravamo diventati una cordata molto affiatata. Tutti i miei fratelli arrampicavano, e spesso partivamo insieme, in combinazioni diverse. Mai alla ricerca di grosse difficoltà. Non perché gli altri miei fratelli non fossero in grado, ma semplicemente perché non era un aspetto che interessava loro in modo particolare. Solo io e Günther condividevamo una comune passione per l'alpinismo estremo. E crescendo, ci capivamo sempre meglio. Non solo parlavamo la stessa lingua, ma nelle situazioni difficili ci capivamo senza parlare. Quando arrampicavamo – soprattutto nei momenti difficili – il nostro linguaggio era fatto di segnali, grida, gesti. Bastavano poche parole per avvisarci l'un l'altro e per darci coraggio. Ciò non toglie che la parola resti comunque il mezzo di comunicazione per eccellenza.

A metà della via Solleder sulla parete sud della Furchetta non era più possibile mantenere il contatto visivo. Per di più si era alzato un forte vento. Non riuscivo né a vedere né a sentire mio fratello, ma sapevo che senza un mio segno non sarebbe salito. Così strattonai la corda più volte: era il segnale per raggiungermi. Quella e altre forme di comunicazione che abbiamo sviluppato nel corso di dieci anni ci hanno aiutato come un settimo senso. Senza contare la partecipazione reciproca nelle situazioni di emergenza e nei momenti di gioia, il respiro di sollievo all'unisono dopo aver scampato un pericolo e i sogni condivisi. Eravamo in simbiosi. Ci guidava l'empatia.

Noi alpinisti estremi parlavamo delle nostre imprese in una lingua tutta nostra, incomprensibile per chi non lo era. Non che

Welzenbach era matematicamente sbagliata – ma la mia argomentazione non fu capita. Perché parlavo da matematico e non da alpinista. L'errore non era nella limitazione verso l'alto della scala, ma nell'associazione di vie concrete al VI grado, che non avrebbe dovuto essere considerato come limite. Per come era stato concepito il VI grado, non sarebbe stato possibile valutare nuove vie più difficili, perché per quelle non c'era un posto in una scala limitata verso l'alto. La confusione che ne derivò – quanto è difficile il difficile estremo? – fu la conseguenza di un postulato: «non c'è niente di più difficile». Poiché l'arrampicata più «difficile in assoluto» non esiste, tanto valeva estendere la scala verso l'alto. Quanto è difficile un'arrampicata che è più difficile del limite di ieri? VII, VIII, IX... L'apice della scala di difficoltà, il limite, deve essere matematicamente infinito: ∞. Se la via Solleder sulla parete nord del Civetta doveva ancora essere valutata come VI grado, come proposto da Welzenbach, la scala doveva essere aperta verso l'alto.

Le maggiori difficoltà superate andavano valutate come sempre più difficili. Per tutte le successive generazioni di alpinisti rimaneva dunque la possibilità di compiere scalate più difficili e di valutare secondo il proprio momento storico, a piccole tappe. In nessun'altra disciplina sportiva esiste un limite verso l'alto. Quando Armin Hary ha corso i 100 metri in 10,0 secondi, nessuno si sognò di dichiarare che i 10,0 secondi sono il record del mondo e il tempo massimo in cui si possono correre i 100 metri. Il limite massimo definitivo non esiste né nelle discipline sportive di velocità né nell'alpinismo. E benché tutto ciò fosse logico e anche un po' noioso, se ne è discusso per anni.

In quell'occasione il primo a prendere la parola fu Alessandro Gogna, che da poco aveva realizzato l'ascensione in solitaria dello Sperone Walker: «Un secco no». Gogna intendeva dire che la scala usata fino ad allora doveva rimanere. «Se come limite massimo rimane il VI» intervenni io, «ogni anno devono essere riviste tutte le classificazioni.» La scala doveva essere quindi corretta verso il basso. La parete nord-ovest del Civetta sarebbe stata quindi solo di grado V, forse in dieci anni sarebbe stata declassata al grado IV. «E la letteratura alpina?» disse un altro. Gogna risolse il problema: «Le classificazioni delle difficoltà delle scalate non sono sempre corrette». In sostanza si sarebbero dovute riscrivere tutte le guide!

Aldo Anghileri, un altro alpinista solitario, fece presente che non estendere la vecchia scala dimostrava una mentalità ristretta. Se necessario bisognava ampliarla fino al XII grado. Era da arroganti rivalutare continuamente le grandi imprese degli «anziani». Secondo Giampiero Motti, lo storico, l'introduzione del VII grado avrebbe reso l'alpinismo uno sport sempre più agonistico. Un giornalista napoletano concluse la discussione con la frase lapidaria: «Per me VI grado vuol dire che sulla parete suonano le campane a morto. Cosa può succedere in un VII grado?»

Solo nel 1978 la scala fu estesa verso l'alto. Superando parecchie resistenze. Allora, nessuno si sarebbe mai immaginato che quarant'anni anni più tardi si sarebbe arrivati a scalare con grado di difficoltà XII. E non è che con questo l'alpinismo sia diventato uno sport agonistico. È che «i becchini dell'alpinismo» – il DAV, il Club alpino tedesco – si sono trasformati in organizzazioni sportive e turistiche: ogni traccia di alpinismo classico è scomparsa a causa della loro ossessione per la sicurezza.

Secondo la mia esperienza, una conversazione intorno a un fuoco in Nuova Guinea e una tavola rotonda in Europa appartengono a due pianeti completamente diversi. Come le piccole società e le organizzazioni di massa. Già solo nell'uso del linguaggio. Ma le differenze maggiori sono a livello emozionale. Gli uomini dell'età della pietra erano più empatici dei circoli di alpinisti tradizionali. Nei dibattiti internazionali, anche se tenuti in più lingue, i singoli rappresentanti spesso non si capiscono. Mancano un'esperienza e una lingua condivise. L'intesa di base più solida l'ho trovata tra quelli come me, che hanno acquisito esperienze di montagna fin dall'infanzia. Il nostro speciale linguaggio per immagini si basa quindi più sulle emozioni che sulla ragione.

Quando i miei compagni rimanevano per ore in silenzio – alle soste, nel bivacco – utilizzavano questo silenzio come modo di comunicare. Due alpinisti da soli in una grande parete si capiscono meglio senza parlare, se sono una squadra. Con il solo linguaggio del corpo: gesti, versi, sguardi. Tanti alpinisti insieme funzionano invece come la società civile. Poiché perseguire lo stesso scopo non significa avere uno scopo comune. Raggiungere insieme uno scopo presume sempre anche una comunicazione emozionale. E l'assenza di questo tipo di comunicazione implica il pericolo dell'esclusione di chi non si trova d'accordo con il gruppo maggioritario.

Insieme all'abilità, alla velocità e alla concentrazione, la capacità di comunicare perfettamente a gesti la paura fa parte delle qualità fondamentali dell'uomo d'avventura. Io e Günther non conoscevamo trucchi tecnici o particolari strategie di comportamento, ma senza un linguaggio comune non saremmo mai stati in grado di coordinare le nostre azioni, e quindi di sopravvivere, nei momenti critici. Non è importante come siamo giunti a quella consapevolezza. Il nostro modo di arrampicare era il risultato di ricordi comuni, della nostra interpretazione soggettiva, e di quell'esperienza fatta insieme, che ci ha reso simili.

Se l'essere uomo ha radici sociali e culturali, l'alpinista estremo sviluppa il suo spirito comune nel pericolo, perché noi possiamo sopravvivere solo insieme e il singolo ha sempre bisogno di aiuto. Non è mai stato un dovere aiutare i miei compagni di arrampicata, ci aiutavamo per natura. Anche se siamo nati egoisti, nel bisogno colui che aiuta capisce che l'altro, al suo posto, farebbe lo stesso. Sono questi i sentimenti, che da ogni punto di vista, portano alla *compassion*, senza la quale non sarebbe esistito neanche il linguaggio. E senza la parola l'umanità sarebbe scomparsa già da tempo. Oggi l'empatia diminuisce, l'arroganza e la boria aumentano solo perché gli uomini comunicano sempre meno di persona. E il risultato finale è una società illiberale e antidemocratica. Il web ha creato nuove forme di relazione. Gli uomini sono diventati più narcisisti. Internet offre la possibilità di mettesi al centro dell'attenzione e di partecipare attivamente persino a campagne denigratorie contro altri. Questo tipo di narcisismo, una volta appannaggio solo di nobili e potenti, con Internet si è diffuso in modo velocissimo e a livello mondiale. Con la tracotanza del singolo, che si sente unico e potente grazie alla rete, la società collegata in rete è diventata disumana.

Noi altoatesini, come minoranza linguistica in Italia, conoscendo più lingue abbiamo una possibilità in più di capire rispetto alle società che parlano una lingua sola. Per questo, per me l'appartenenza etnica e l'autonomia politica sono meno importanti dell'essere in grado di parlare più lingue. Sono grato del fatto di essere cresciuto in un ambiente poliglotta: tedesco, italiano e inglese. Oggi vivo in Val Venosta, ma so che è soprattutto la capacità di parlare più lingue quella che rende libera ogni minoranza.

33. Genio

Mentre io e Peter Habeler nell'estate del 1974 ce ne andavamo a spasso per la parete nord dell'Eiger – sì, fu una passeggiata anche se le fessure nel tratto superiore erano completamente ghiacciate – Clint Eastwood fece interrompere le riprese del film *Assassinio sull'Eiger*. La sua troupe voleva avere l'occasione di vedere i primi salitori della stagione della parete nord.

Eravamo tornati dalla signora Heidi von Allmen alla Kleine Scheidegg già nel primo pomeriggio, e a sera eravamo seduti nel salone, intorno al grande camino insieme agli attori, ai cameramen e al regista. Con un paio di drink in mano conversavamo sul film e sull'alpinismo. C'era anche Dougal Haston, che io all'epoca ammiravo più di qualunque altro alpinista contemporaneo. Persino più dello stesso Clint Eastwood, l'attore protagonista, che conoscevo per i suoi film western all'italiana; un personaggio veramente notevole.

Haston sedeva vicino al camino, con le gambe ben allungate, e per tutta la sera non proferì parola. Come se fosse altrove con la mente. All'epoca, Haston era l'alpinista che aveva avuto più successo a livello mondiale, e io gli avrei fatto volentieri qualche domanda: sulla caduta di John Harlin durante l'invernale sull'Eiger – aveva ceduto una corda fissa –, sul suo tentativo sulla parete SO dell'Everest, sulla parete sud dell'Annapurna. Cosa pensava? Nulla sembrava interessargli. Eppure, il suo entusiasmo per l'alpinismo estremo – nonostante perdite, morte e invidie – sembrava immutato. Proprio come il mio rapporto con la montagna, che non avevo mai considerato un « lavoro ». Sopravvivere al pericolo era diventato una cosa naturale. Completamente dedito alla vita che avevo scelto, ero guidato da un sentimento che sembrava alimentato da una profonda ragionevolezza. Quando osavo un'avventura, il successo o il fallimento non lo decideva la tecnica, o l'attrezzatura di cui disponevo – all'epoca si usavano chiodi a espansione, bombole di ossigeno, elicotteri – ma il sapere, l'impegno, l'esperienza.

Così ho trovato il mio stile nell'alpinismo di rinuncia. Volevo vincere le mie sfide senza ricorrere ai mezzi ausiliari disponibili sul mercato; mi sarei ingannato da solo se avessi impiegato tutta la tecnologia possibile per scalare le pareti degli ottomila. E questo mio stile è diventato l'espressione dell'alpinismo classico. Dunque la rinuncia alla tecnologia. Cercare il possibile nell'impossibile significava sempre anche penetrare il mistero. Così ogni nuova sfida ha conservato il suo fascino.

Anche Duncan Curdy McSporran «Dougal» Haston era un alpinista classico. E per di più un «duro»: freddo, taciturno. Proprio come me e Peter. Era un mio concorrente, e ciononostante lo ammiravo come nessun altro. Era fonte di ispirazione. Aveva molti sostenitori soprattutto in Inghilterra. Scampato più volte alla morte, era diventato un eroe popolare. Aveva compiuto alcune delle più grandi imprese alpinistiche dei suoi tempi. Prima il Ben Nevis, poi l'invernale di una via diretta nella parete nord dell'Eiger, e infine l'Himalaya. Era cresciuto a suon di «impossibile». L'insegnamento che ci ha lasciato è: fatti non parole.

Haston rimase un alpinista solitario, un personaggio impenetrabile. Che anche lui trovasse sollievo nella natura? Non lo sapevano neanche i suoi pochi amici. Era stato in prigione, e aveva avuto esperienze di morte, stando a quel che si dice senza farsi prendere dal panico. Come alpinista Haston era un genio. E siccome ero in grado di capire i sentimenti di paura ed euforia che aveva provato, imparai dalla sua esperienza, mi lasciai ispirare da lui. A quell'epoca, la parete SO dell'Everest era anche un mio progetto. Lui ce l'avrebbe fatta. Da giovane ero cresciuto imparando da coloro che fallivano, ora mi orientavo verso i più forti.

Un anno dopo il nostro incontro, nell'autunno del 1975, Haston realizzò la salita della parete SO dell'Everest insieme a Doug Scott. E così diventarono i primi britannici ad aver scalato la più famosa di tutte le montagne. Mi congratulai.

La svolta del destino giunse due anni dopo. Nel romanzo *Calculated Risk* di Haston, l'eroe scampa a una slavina e alla morte sui famosi pendii sopra Leysin in Svizzera. È stata solo una coincidenza il fatto che Haston poco dopo, a trentasei anni, morisse sotto una slavina mentre stava sciando? Da solo, proprio come aveva descritto nel suo libro!

Dougal era stato detenuto nella famosa prigione di Barlinnie a Glasgow perché, ubriaco, aveva causato un incidente stradale mortale. Che avesse dei sensi di colpa? A ogni modo, ripeto, lo ammiravo, gli sono molto grato. Potevo capire molto bene la sua fredda brama di libertà, ma non potevo imitarlo.

Dougal Haston non ha mai descritto il suo ritorno alla libertà dopo la prigione. Più tardi ha trovato il suo stile di alpinismo: « al contrario dell'estate, quando centinaia di persone invadono le montagne, è l'inverno che dà la possibilità di compiere vere avventure. Tutto è più duro, persino le vie normali diventano più difficili, le marce più lunghe. L'assideramento, le tempeste, la perdita dell'orientamento sono delle minacce. Gli alpinisti mediocri non hanno alcuna possibilità di barare come in estate. Contano solo la capacità, l'esperienza e il talento di osare. Come sulle pareti degli ottomila. Credo che la nuova dimensione dell'alpinismo sia l'alpinismo invernale e d'alta quota. Perché le Alpi sono diventate troppo affollate. Ripenso ai primi anni del millenovecento, quando la maggior parte delle Alpi non era ancora stata scalata ».

Dougal fu meno geniale di Walter Bonatti o di Hermann Buhl prima di lui. Ma tutti e tre erano convinti sostenitori dell'alpinismo estremo. Nonostante le critiche e le molte batoste ricevute. L'alpinismo estremo li appagava. Completamente. Ma oggi dove si può andare, se anche le montagne più alte vengono attrezzate per le ascensioni turistiche di massa? Io dovrei dire che mi sento «fortunato di essere nato prima»: i pendii inviolati delle montagne senza alcun appiglio visivo per l'orientamento offrirono a me e Dougal Haston possibilità di espressione inesauribili. Il nostro modo di sperimentare guardava al passato per puntare al futuro: sopravvivere alla paura e al terrore, che è quel che noi chiamiamo avventura.

34. Terrore

Il confronto con la paura e il terrore appartiene all'avventura così come le serate davanti alla televisione appartengono alla vita trascorsa nel soggiorno di casa. Le immagini di terrore e morti in TV non devono istigare al terrore e alla morte, proprio come noi uomini d'avventura non cerchiamo il pericolo. Tuttavia, quando corriamo un rischio, reagiamo come dei fulmini al pericolo. Comportarsi «bene» in situazioni estreme significa comportarsi in modo istintivo. Spesso è come se il nostro cervello richiamasse esperienze simili del passato per salvare la situazione e salvarsi la pelle. Ciascuna di quelle reazioni insieme all'istinto vigile rafforza inoltre la nostra identità – come le risorse depositate nella memoria.

Sono cose che ho capito all'età di venticinque anni: nella natura, al di là di ogni civiltà, vedevo un potenziale di esperienze unico; quelle vaste superfici vuote – sia orizzontali sia verticali – erano il mio mondo. Solo la possibilità di poterle penetrare mi rendeva felice. Avevo definitivamente scoperto il mio campo di esperienze. Spesso correvo senza preoccuparmi di come gli altri potessero starmi dietro. Animato da quella determinazione in apparenza senza scrupoli – in realtà una conseguenza degli istinti che si erano svegliati dentro di me durante l'infanzia – andai velocemente molto avanti. All'inizio forse un po' troppo.

Nel 1975, quando Junko Tabei fu la prima donna a salire sulla vetta più alta del pianeta partecipando alla decima ascensione all'Everest, quell'evento non rafforzò soltanto la consapevolezza del sesso femminile. L'impresa, avvenuta proprio nell'anno delle donne, diventò il simbolo dell'emancipazione; l'Everest era la maggiore conquista anche per le donne! Per me era la prova che le donne nei momenti di pericolo si comportano come gli uomini!

Junko Tabei, allora trentacinquenne, aveva già salito l'Annapurna e aveva assunto la guida della spedizione all'Everest fin dal campo base. Per la maggior parte del tempo, lei stessa andò da prima, e motivò le altre donne. Mi resi conto della sua resistenza e determinazione appena la conobbi a Pheriche. Junko non è una donna, è tenace come un uomo e lavora come una bestia, mi dissero le sue compagne di spedizione, quando ci incontrammo per caso durante l'avvicinamento. Magra e allenata com'era, ce l'avrebbe sicuramente fatta.

Qualche giorno prima di arrivare in vetta, una violenta slavina che si era staccata dalla parete nord del Nuptse distrusse il secondo campo alto. Per miracolo Junko non rimase ferita. Non ci furono morti. La massa di ghiaccio e neve si era abbattuta sull'intera larghezza del Western Cwm – la famosa valle del silenzio. Per fortuna, le tende delle giapponesi furono solo sfiorate. Nessuna delle tredici occupanti riportò ferite gravi, ma il campo andò distrutto: otto tende ridotte a brandelli, i pali piegati o rotti, gli effetti personali volati via.

Ma loro non si dettero per vinte. Scesero di nuovo al campo base, si fermarono lì un paio di giorni, raccolsero il materiale, allestirono un secondo campo e proseguirono la loro ascensione. «Lo shock durò solo qualche secondo» mi raccontò Junko in seguito. «Rimasi calma e risoluta, e dopo la catastrofe, a sangue freddo, feci tutto quel che c'era da fare. Come se qualcuno mi desse degli ordini. Bisognava fare la cosa giusta, bisognava salvarci la pelle.» Junko Tabei si impegnò molto fino alla fine. Per due mesi rimase tra ghiaccio, roccia e terreni pericolosi, e per quattro lontana da casa.

Per quattro anni si era preparata alla spedizione. Con una determinazione ammirevole. Mai un lamento nonostante si sentisse stanca, stanca del duro lavoro, di sperare e anche del pericolo. Il 16 maggio del 1975 a mezzogiorno, con Ang Tsering, il sirdar degli Sherpa, raggiunse la vetta. Era la prima donna mai giunta sul tetto del mondo: visibilità buona, poco vento, tempo sufficiente per la discesa. Quel successo non si deve alla «clemenza» dell'Everest, ma prima di tutto alla capacità di una donna di affrontare la paura e il terrore.

Nello stesso periodo delle alpiniste giapponesi mi trovavo anch'io nella regione del Solo-Khumbu, nell'ambito di una spedizione italiana alla parete sud del Lhotse. Di ritorno stanco dalla zona centrale della parete, credetti di essere in assoluta sicurezza. Stavo dormendo profondamente al campo base, quando all'improvviso, nel cuore della notte, sentii un rumore tremendo. Mi drizzai seduto nel sacco a pelo; intorno a me c'era il caos. Forti raffiche di vento; faticavo a respirare; visibilità zero. Istintivamente sapevo quel che stava accadendo, muovevo le braccia come se nuotassi e cercavo di respirare in modo regolare. La tenda era stata strappata via dalla pressione dell'aria di una slavina. Con un boato. Adesso sembrava di stare in un'assordante galleria del vento. Mi volavano intorno pezzi di neve e di attrezzatura, neve polverosa finissima mi penetrava nel berretto, nel pullover, anche attraverso i pantaloni. Nel giro di qualche secondo la neve mi ricoprì barba e capelli penetrando fino sotto al mento e al cuoio capelluto.

Dopo un paio di minuti cessò tutto: come avevo sperato la slavina di ghiaccio non ci aveva toccato. Il mero spostamento d'aria provocato dalla slavina aveva causato danni ingenti. Evidentemente il campo base, che si trovava su un'altura, non era al sicuro come pensavo. Era notte fonda. Mi alzai, a piedi nudi e in mutande, liberai il sacco a pelo dai cumuli di neve compatti e mi misi alla ricerca dei miei compagni. Tutta la stanchezza era svanita. Dovevo sistemarmi in un'altra tenda. Così camminai a fatica nella neve, inciampando su blocchi di ghiaccio, e dopo cinque minuti, mi accorsi che stavo salendo. Avevo perso l'orientamento. Vagavo. Nel campo base c'erano solo pochi alpinisti, tutti gli altri erano sulla parete. Solo quando molto in basso si accese una luce, riuscii a orientarmi: gli altri erano in basso! Anche le loro tende erano sfondate e in parte strappate. Solo la mia, che era sul punto più alto, era letteralmente volata via, non c'era più.

Mi rifugiai da Mario Conti. Dormii profondamente, sognai, nonostante lo spavento rimasi calmo. Fu come se nel sogno imparassi a nuotare. Alle sei del mattino – eravamo svegli entrambi – sentii un breve scoppio stridente. Molto in alto sulla parete, come un'esplosione. Poco dopo un colpo sordo, che scosse tutta la valle. «Un'altra!» dissi a Mario per scherzo. Quando aprì l'ingresso della tenda, ebbe appena il tempo per voltarsi verso di me ma non per trovare le parole per dirmi quel che stava accadendo. Sul suo volto era dipinta una paura mai vista prima. Vi si leggeva tutta la mostruosità della slavina incombente.

Un attimo dopo, i pali della tenda ci volavano in testa. Ci rannicchiammo in balia della tempesta ululante. La neve turbinava con una tale pressione e in tale quantità che il cielo si era oscurato. Erano scomparse anche quelle poche cose che avevamo nella tenda: attrezzature fotografiche, casse, piumini, libri... Di nuovo mi drizzai seduto nel sacco a pelo, e cercai di respirare. Mario fece lo stesso. Entrambi cominciammo a nuotare. Dovevamo sembrare due mimi. La seconda slavina era molto più violenta della prima che pure mi aveva fatto svegliare di soprassalto. Ma ora ero più preparato. Quando la pressione dell'aria calò, e il turbinio della neve lentamente rallentò, io e Mario ci pulimmo il viso ricoperto di neve ghiacciata e ci guardammo. Sulle prime inorriditi, attoniti, poi grati. Come se ci trovassimo di fronte a un miracolo. Intorno a noi il caos più totale: niente più tenda, le attrezzature erano come scomparse dalla faccia della terra, e la tenda da cucina era ridotta a un grande cumulo. Quando i primi raggi del sole lambirono il campo base, ci alzammo, e scavammo alla ricerca dei pantaloni e delle giacche, degli scarponi e delle calze e di qualunque altra cosa indossabile. Anche se eravamo in stato di ipotermia, e tremavamo per il freddo, ci mettemmo alla ricerca degli altri. Come se obbedissimo a un ordine. Come sopravvissuti, ci sentivamo responsabili anche per i morti.

Si muoveva quel cumulo di neve? Sì, sotto vi trovammo la tenda di Riccardo Cassin, il nostro capo spedizione. Scavammo, e subito il sessantaseienne spuntò fuori da una palla di neve: come un fantasma, ma prontamente. C'erano indumenti a sufficienza, così anche io e Mario potemmo coprirci di più. Adesso bisognava cercare gli Sherpa. Nel frattempo qualcuno si era liberato da solo, e ci mettemmo a scavare per cercare gli altri. Sei li trovammo sotto le casse, due nella ex tenda cucina, quattro erano stati scaraventati e seppelliti quaranta metri più giù verso valle, l'ufficiale di accompagnamento lo trovammo proprio un attimo prima che morisse soffocato. Tutto si svolse senza panico, ciascuno di noi fece quel che doveva fare.

Subito dopo eravamo tutti di nuovo in superficie, i Sahib e gli Sherpa ancora in buone condizioni. Il cuoco preparò del tè, Riccardo diede via radio l'ordine a tutti i campi alti di scendere al campo base. Senza commenti. Come se il fatto di essere sopravvissuti fosse la cosa più ovvia al mondo.

Nelle slavine avevamo perso dieci tende e la metà delle attrezzature. Ci vollero dieci giorni per spostare il campo principale e trasportare le casse che erano state sparse nel raggio di tre chilometri. I massi di ghiaccio che si erano staccati da un'altezza di 6500 metri dovevano essere grandi qualche milione di metri cubi. Lo spostamento dell'aria provocato dalla slavina era stato sufficiente a distruggere completamente il nostro campo base. Mi chiedevo cosa sarebbe successo se si fosse staccato il triplo della massa e avesse colpito il campo base.

Non conta quel che può o potrebbe accadere, è il terrore puro che ci aiuta a valutare i rischi e che ci rende più saggi e più sicuri istintivamente. In seguito, ho tenuto in considerazione anche il più remoto pericolo potenziale nella scelta del luogo del campo base. Ciononostante, ancora oggi sono certo che il nostro campo base del 1970 ai piedi della parete Rupal fosse sicuro. Ma quarant'anni più tardi posso dire che una slavina staccata dalla parte superiore dell'enorme parete avrebbe potuto ucciderci tutti. Quella slavina di ghiaccio sterminò una mandria intera: pecore, capre, mucche. Solo i due pastori sopravvissero alla catastrofe, perché si ripararono in una grotta nei cui paraggi erano rimasti per precauzione. Mi hanno raccontato la paura che avevano provato.

Non temo più degli altri la morte. E non sono neanche immune dalla paura di morire. Forse non lo sarò mai. Ma non bisogna neanche sfuggirle. L'ho capito nella seconda fase della mia vita, preparandomi a vivere come un uomo primitivo; come un bambino che vuole fare sempre nuove esperienze per farle proprie. In effetti, essere sopravvissuti è come essere rinati. Così la mia esperienza si è accresciuta. Ho capito subito quel che era possibile e impossibile per me. Nelle situazioni critiche ho fatto ricorso al mio sapere, e sono diventato più prudente. Questo tipo di filtro ha funzionato sempre meglio, come il fiuto dei pericoli. Sopravvivere è diventata la mia arte. Ancora oggi posso farvi affidamento, perché di continuo metto alla prova i miei istinti.

35. Sicurezza

In quel periodo il mio arrampicare – un costante tentativo di accrescere la fiducia in me stesso – veniva frainteso come ricerca del record. Così con il mio alpinismo di rinuncia volli prendere posizione contro l'alpinismo consumistico privo di prospettive. Certo, l'uomo vuole sempre superare se stesso, e l'alpinista osare quel che prima gli sembrava impossibile. In quest'ottica il mio obiettivo non era mai stato arrampicare più velocemente e in situazioni sempre più difficili degli altri, ma con sempre meno mezzi. Così, passo dopo passo, ho imparato a sopravvivere in condizioni sempre più precarie.

Nel 1975 osai affrontare per la prima volta uno dei quattordici ottomila – il Gasherbrum I – in una cordata di due: senza allestire prima un campo intermedio, corde fisse o depositi; senza portatori e lungo una nuova e difficile via. Con il geniale compagno Peter Habeler riuscii a realizzare la mia idea a lungo tenuta segreta. Fu la mia impresa più ardita fino a quel momento: l'alpinismo classico conquistava gli ottomila. E vi riuscimmo con un bagaglio di 200 chili, la decima parte di quello che era stato usato da Schmuck nella spedizione sempre del 1975 durante la sua prima ascensione del Broad Peak in stile alpino occidentale. In seguito il nostro metodo di salita fu definito stile alpino.

Quell'esperimento non voleva spodestare il tradizionale alpinismo di spedizione: quel che interessava a me erano piuttosto un'esposizione maggiore e costi ridotti nell'alpinismo d'alta quota: giacché viaggiavo con un piccolo bagaglio, anche il budget era ridotto, l'avvicinamento a piedi più facile, ma la salita sempre impegnativa. Nel complesso, si trattava di una questione di praticità. Nelle mie azioni gli altri videro idealismo o moralismo, ingredienti apparentemente irrinunciabili dell'alpinismo eroico. Per me si trattava sempre di sopravvivere in situazioni difficili. Di mettermi alla prova. Il mio risentimento nei confronti di coloro che associavano il loro arrampicare parassitario allo stile alpino ha nel frattempo ceduto il posto al sorriso che si sfodera quando si sente una sciocchezza.

Quando, nove anni più tardi, osai insieme a Hans Kammerlander il mio ultimo passo sugli ottomila con il doppio concatenamento dei Gasherbrum, facemmo tutti i preparativi velocemente, ma dovemmo attendere l'autorizzazione che tardava ad arrivare. Come in Europa, in Pakistan la burocrazia era diventata nel frattempo il primo e il più grosso ostacolo per ogni impresa. In Himalaya, i burocrati avevano imparato dagli inglesi che copiavano pedissequamente. Il concatenamento non era previsto nelle «regole dell'alpinismo», e quindi neanche pensabile. Dovetti usare tutta la mia ostinazione per spuntarla.

Le prime resistenze, ma di tutt'altro genere, le incontrammo solo a 7500 metri sul Gasherbrum. Nel campo faceva molto freddo ed era buio. Molto sopra di noi, sulla cresta di vetta frastagliata infuriava la tempesta. La nostra piccola tenda era schiacciata sotto la pressione del vento. La neve polverosa penetrò fin nelle cuciture dei sacchi a pelo. Hans Kammerlander cercò di accendere il fornellino. Ma la fiamma blu illuminò lo spazio angusto solo per poco. Si spense subito. Secondo tentativo: il bruciatore emise un forte sibilo. Ma nessuna fiamma. Respirando a fatica io e Hans restammo nel sacco a pelo, senza parlare. Ciascuno ascoltava solo la tempesta e i colpi di tosse secca dell'altro. Dovevamo bere.

Ne avevamo fatta di strada! Molta! Avevamo superato il Gasherbrum II, ci era riuscita la salita dal Gasherbrum I. Ora eravamo al bivacco sotto la vetta del Gasherbrum I, la discesa dalla cresta ovest, calandoci, doveva essere possibile anche nella tempesta. Ci mancavano solo 500 metri di dislivello per raggiungere il «clou». E l'acqua da bere.

Non uscivamo dalla piccola tenda dalla sera prima. Ciascuno

era chiuso nel proprio mondo. Come se nell'esposizione non ci fosse altro modo per salvarsi che dimenticare e sognare il dopo. Tutto il resto non esisteva. La minaccia della caduta di massi, della tempesta, delle slavine era lontana. Nel dormiveglia non poteva succederci nulla. Come se rimanere in silenzio fosse l'unica reazione possibile in una situazione così precaria.

Chiedevo a Hans se stesse bene. In continuazione. Forse solo per assicurarmi che io stesso stessi bene. Da solo non sarei salito nemmeno di un centimetro. Ma con Hans, l'indomani avrei voluto osare l'ultimo tratto. Bisognava raccogliere una nuova sfida.

« Che succederà quando avremo raggiunto questo traguardo estremo? » mi chiedevo. Niente di particolare. E se non ce la facessimo? Allora più niente del tutto. Ciononostante partimmo. Per ore arrampicammo nella tempesta, e raggiungemmo la vetta del nostro secondo ottomila. In effetti, se avessimo ceduto alla paura e ci fossimo ritirati non mi sarei mai più avvicinato alla meta di una doppia ascensione. Mancava ancora un piccolo dettaglio per realizzare il mio sogno. A un certo punto durante la discesa dalla vetta verso il campo base mi dissi: « Se sopravviviamo a questo, in futuro mi darò una regolata. Perlomeno non mi farò più tentare da mete che sembrano più difficili della sopravvivenza stessa ». Il pensiero logico non può essere la conseguenza di tali azioni. Nel nostro mondo empirico, le riflessioni logiche contano sempre meno delle emozioni.

Sei anni prima avevo vissuto una situazione simile con Peter Habeler, e ciononostante non avevo lasciato l'alpinismo. La nostra tenda si trovava in una sorta di gola, sovrastata da due pareti di roccia che si ergevano verticali, che aprivano un enorme squarcio nel cielo. Da duemila metri. Peter sia era inarcato all'indietro per vedere le creste dove infuriava la tempesta di neve. Ci girava la testa. Le pareti di roccia erano coperte di neve e ghiaccio.

Ci eravamo chiusi in una prima tenda al campo I sull'Everest, dove avevamo acceso il fornelletto a gas. In silenzio. Perché mai? Avevamo lo stesso obiettivo, una strategia che avevamo deciso insieme e avevamo la massima fiducia l'uno nell'altro. Con nessun altro avrei azzardato l'impresa «Everest by fair means». Non saremmo arrivati lontano se avessimo dovuto incoraggiarci e rassicurarci di continuo. La fiducia reciproca è la base per quel tipo di obiettivo. Come in qualunque altro tipo di rapporto stretto, anche in montagna l'uno sente la forza e la debolezza dell'altro. E quanto ai secondi fini? In montagna non ce ne sono.

Scienziati, membri delle associazioni alpinistiche e alpinisti vari avevano mosso critiche e obiezioni prima della nostra partenza: «Solo gli idioti osano ignorare le leggi della natura». E poiché non avevo la minima voglia di subordinare le mie azioni ai pregiudizi o ai tassativi regolamenti altrui, alla fine sono stato bollato come un pazzo egoista che «passa sui cadaveri» degli altri. Peter godette dello status di eroe, certo, e il suo *ghostwriter* dette così tanta ragione ai miei critici da fugare ogni possibile dubbio. Perciò non ho mai dovuto accertarmi di chi, come e quando avesse brillato di più. Che noi «terrible twins», come ci definirono alcuni alpinisti americani, fossimo pronti per un'altra «pazzia»? No, se si trattava più di valori positivi che dell'«impossibile».

Come sbeffeggiatore «conquistatore dell'inutile» ridicolizzai l'alpinismo eroico e me stesso a tal punto da non dovermi più preoccupare del dileggio degli altri. Alla fine persi popolarità. Le mie critiche me le ero più che meritate. Con il mio stile di vita anarchico – «la mia bandiera è il mio fazzoletto» – divenni un ottimo bersaglio per ogni sorta di dibattito dei tanti circoli alpini conservatori su come accrescere la propria sicurezza.

36. Fiducia

Non sono nato solitario, lo sono diventato: ostinato, incorruttibile. E in più sono diventato anche cittadino del mondo, viceversa non sono assolutamente un patriota. Comunque la maggior parte dei miei successi la devo ai miei compagni. Per esempio, l'ascensione dell'Everest senza ossigeno: io e Peter Habeler eravamo una coppia, una cordata simbiotica. Ci veniva naturale condividere rischi, incertezza e fatiche. Così, dimostrammo alla fine l'assurdità del sapere scientifico. L'esperienza e i fatti ci sostenevano. E a posteriori ci facevano persino sorridere. Ma la disperazione e l'euforia erano agli antipodi. Sulla vetta, ci arrivavamo sempre sulle ginocchia.

Poiché sulla cresta di vetta procedevamo molto lentamente – non solo perché non avevamo più energia nelle gambe, o la volontà, la capacità di giudizio, la determinazione... – gli ultimi 100 metri per raggiungere il traguardo ci sembravano lontanissimi. Lo spazio e il tempo sembravano dilatarsi. La realizzazione di noi stessi si era trasformata in mero desiderio di sopravvivenza. In vetta nessuna euforia, tutto era ridotto al minimo. Ci pervadeva l'umiltà, non l'arroganza. Forse anche la paura. La sensazione di essere seriamente minacciati rimase viva fino alla «valle del silenzio». In seguito, Peter descrisse il nostro tentativo riuscito – senza ossigeno, senza il bollettino meteorologico satellitare, senza doping, senza tecnologie, senza una pista tracciata – come la via verso il trionfo, come una battaglia solitaria con se stesso. Per me rappresentò un esperimento con l'aggiunta del rischio, l'idea trasformata in azione.

Eravamo in perfetta armonia, e avevamo imparato molto l'uno dall'altro. La nostra personale crescita di esperienza, tuttavia, era stata interpretata dagli altri in modo opposto: «il trionfo solitario» di Peter divenne il trionfo di una nazione, di una ideologia, poiché aveva raggiunto il massimo autonomamente e nei limiti considerati ragionevoli. Io invece, con il mio spirito autarchico mi opposi a qualunque forma di condizionamento, e anche alla presunzione di politica e media di esibirmi come «local hero». «Io sono la mia patria, e la mia bandiera è il mio fazzoletto» fu la mia risposta ai solerti oratori che mi accolsero in Alto Adige. Così mi giocai la fiducia della mia gente, ricusando le ragioni che mi venivano attribuite. Ogni volta che il prestigio che mi sono guadagnato con le mie imprese viene mescolato con quello delle gente a cui appartengo, mi sento a disagio.

Le avventure irripetibili corrono il rischio di essere glorificate e quindi abusate. Io invece sono voluto rimanere indipendente, ho voluto difendere la mia individualità. Alla base dell'avventura alpina ci sono indipendenza e partecipazione in egual misura; e la volontà di stare da soli appartiene all'avventura esattamente come la tolleranza nei confronti del compagno. Tuttavia la fiducia incondizionata l'uno nell'altro, presupposto fondamentale dell'impresa comune, una volta raggiunto l'obiettivo finisce per essere messa spesso in pericolo. Perché gli estranei e i media possono «metterci le mani». E perché noi attori siamo sensibili. Quando si perde la fiducia però, si diventa presto diffidenti, e quindi la diffidenza si incunea anche tra i compagni più forti, quando costoro rinunciano alla propria indipendenza.

Anno dopo anno, si affrontano spedizioni credendo di conoscere i propri compagni. Poi d'un tratto, questi fanno qualcosa «non da loro». In realtà, si comportano solo in modo diverso dalle nostre aspettative. Gli «altri» non si conoscono mai. E così, ho dovuto imparare a essere più tollerante con i miei compagni.

37. Solitudine

Fondamentalmente un'arrampicata in solitaria non è più difficile di un'ascensione in cordata. E neanche più pericolosa. Il problema è costituito dall'esposizione e dal fatto di non poter condividere con nessuno quel che accade. Quando si parte in due, la responsabilità, la fortuna e la paura sono condivise; la paura condivisa diventa mezza paura, mentre la gioia condivisa diventa gioia doppia.

Ho compiuto con successo molte ascensioni solitarie nelle Alpi, anche estremamente difficili. Sempre in spedizioni di un giorno, con una sola eccezione. Ho sempre cercato di non trascorrere la notte da solo sulle grandi pareti o di partire di notte al buio. Come se la mia paura aumentasse con il calare dell'oscurità.

L'eccezione è stata quando sono voluto tornare da solo sul Nanga Parbat nell'agosto del 1978. Ero sconvolto dalla paura. Tormentato dagli incubi. Come se sapessi già che non potevo sopportare tanto pericolo, sforzo e disperazione. Il mio terzo tentativo sarebbe stato di nuovo vano. Eppure una settimana dopo ero lì di nuovo. Rimasi assolutamente calmo, salii rapido, quattro bivacchi, e riuscii a superare una perturbazione che durò due giorni. Avevo imparato a cavarmela nei momenti di massima esposizione.

Esistono anche altre forme di solitudine. Una di queste l'ho conosciuta dopo quell'ascensione solitaria. Non solo perché i fans chiacchieroni definirono, senza tuttavia capirla, sensazionale la mia solitaria, ma piuttosto perché nell'ambiente si cercò di farla passare sotto silenzio. Mi ero allontanato così tanto da coloro che potevano capire le mie azioni? Forse. A ogni modo, sono diventato sempre più un solitario in tutti i sensi. E quando gli altri sembravano accettarmi era solo grazie a qualche mio fallimento.

Ma quando ero da solo – per esempio nella parete nord dell'Everest, nel Tibet orientale, nel deserto del Gobi – al momento giusto tiravo fuori il meglio di me: prudenza, lungimiranza, cognizione. Andando avanti con l'età ho cercato sempre di più la solitudine, ma sempre meno di fronte a imprese al limite.

Forse questo stare da soli di tanto in tanto è la migliore preparazione alla morte, per tutti noi l'ultimo orizzonte raggiungibile oltre il quale ci saranno solo l'infinito o il niente: due valori identici. Non che il mio stare da solo corrisponda a uno stato di felicità. Sto più volentieri insieme agli altri che da solo. Sono prima di tutto parte di una famiglia. Ciononostante la solitudine fa parte del pellegrino innamorato dell'orizzonte che c'è in me. La solitudine è la mia fonte di forza, idee, libertà. Quando viaggio da solo, rendo conto soltanto a me stesso. Quando parto con altri, aspetto che siano pronti, mi adatto al loro ritmo, ne condivido le emozioni.

Mai come prima della solitaria sul Nanga Parbat, e mai più dopo di allora, si scatenò dentro di me un turbinio di emozioni ambivalenti: attrazione e paura, motivazione e disperazione. All'epoca ero libero, senza legami, volevo tentarle tutte, volevo portare il mio alpinismo al massimo. Mi attirava la solitudine estrema. Ciononostante mi assaliva la paura. Immaginavo tutti i possibili pericoli di una solitaria, come ingigantiti da una lente di ingrandimento. Che fare in caso di slavine, sfinimento, whiteout? Solo all'eventualità di un terremoto non avevo pensato. Altrimenti non sarei partito. E proprio il terremoto che dovetti sopportare mentre mi trovavo sulla parete, mi tranquillizzò intimamente. Tutte le insicurezze e i dubbi della partenza erano come svaniti. Dal momento in cui avevo deciso di osare quell'ultimo passo, tutte le fantasie e l'energia che, insieme alle mie capacità, mi avevano bloccato, si trasformarono in azione. La mia salita fu un immenso sollievo.

Dopo un bivacco a 6400 metri di altezza, la montagna tremò: 7° grado della scala Richter. Milioni di tonnellate di ghiaccio si staccarono dalla parete Diamir, ma io continuai a salire sempre più alto col massimo autocontrollo. Più sicuro istintivamente del giorno prima. Sempre più in alto. Tuttavia, una volta giunto in vetta, non sapevo da dove cominciare. Girai un po' in tondo, mi sentivo smarrito; scattai qualche fotografia; non avevo perso la fiducia in me stesso, no, piuttosto il senso dell'impresa. Tuttavia, mai la mia vita era stata così preziosa.

Dunque nessuna euforia e nessuna crisi esistenziale. Come se solo il fatto di essere lì desse senso a quel non-senso. Consideravo la possibilità di morire durante la discesa, ma sapevo che non sarei morto in quella spedizione. Sentivo una forza indomabile dentro di me, ero ben acclimatato, in un momento in un cui mi sentivo al massimo della forma. Avevo dato spazio alla più ardita delle mie idee, avevo espresso me stesso con tutte le mie capacità. Una sola domanda non mi posi: gli altri potranno tollerare quel che ho fatto? Quel che io mi sentivo di fare non riguardava gli altri. Ma qualcuno lo considerò una provocazione.

Qualcuno mi accusò ingiustamente di aver tentato il suicidio, ma io non ero mai stato più lontano da un gesto simile. Non venni colto dal panico nemmeno quando di notte, dopo aver raggiunto la vetta, il tempo cambiò all'improvviso. Mi dissi che tutto doveva andare bene. E così è stato. Anche perché ero io a volerlo.

Con quella solitaria, tra gli alpinisti fui definitivamente bollato come il ribelle; in fondo, avevo infranto l'ideologia e la pratica dell'alpinismo esistenti. A questo si aggiungeva il mio rifiuto delle convenzioni borghesi. Ma comunque non avevo mai voluto soddisfare le aspettative di qualcuno. Per me si trattava di realizzare idee rivoluzionarie. Così osai rompere diversi tabù. Tutti trattennero il fiato, quando senza ossigeno dimostrai loro quanto era piatto il loro mondo. Altra provocazione! Ma in quel caso mi servii anch'io del loro sostegno, il loro applauso mi fece da stimolo. Avevo sottovalutato il ritorno in una vita borghese deliberatamente scettica? Ero consapevole di quanto è difficile e prezioso vivere da anarchico, e non mi curai più di certe cose, rimanendo sempre più solo con me stesso.

Stare da soli non ti fa guadagnare nulla. È così per tutti. Lo so che fondamentalmente l'uomo è un essere sociale. Capirlo e ciononostante poter stare da soli significa vivere liberi. Non nego che la solitudine possa significare anche dolore. Questa parte della solitudine l'ho spesso affidata al ghiaccio, alla roccia, allo zaino, l'altra mi ha guidato attraverso i deserti e le pareti di roccia, come se le appartenesse il perdersi nel nulla come la morte.

Nel frattempo, inserito nella mia famiglia, questa mia solitudine è diventata qualcosa di leggero. Come se la sua energia fosse diminuita rispetto agli anni della giovinezza. Sono diventato una parte. Ma stare da solo ogni tanto mi fa ancora bene. Le mie spedizioni solitarie sono diventate il mio tesoro, e questo tipo di solitudine lo condivido volentieri con l'umanità intera. Perché se ne rallegri. Solo se stiamo bene anche con noi stessi possiamo essere accettati dagli altri.

38. Senso

Era la fine dell'autunno 1979; due cordate neozelandesi guidate da Peter Hillary, il figlio del primo scalatore dell'Everest Edmund Hillary, rimasero ferite sulla parete ovest dell'Ama Dablam. Erano state sorprese da una slavina di ghiaccio, staccatasi da uno dei tre grossi seracchi cresciuti come tumori sulla ripida parete della vetta. Tre dei giovani scalatori erano stati travolti, le corde si erano impigliate l'una nell'altra, e così tutti e quattro erano rimasti attaccati a uno di loro che aveva assicurato rapidamente la corda a un dente di roccia. Per fortuna. Da sotto non si capiva chi era chi e quanto gravemente fossero feriti. Li conoscevamo vagamente.

Qualche giorno prima eravamo giunti al campo base, con un piccolo gruppo di amici e il capo spedizione Wolfgang Nairz. Anche noi avevamo avuto l'autorizzazione a scalare l'Ama Dablam, una delle montagne sacre del popolo degli Sherpa. Con i suoi 6600 metri di altezza e una forma perfetta, sovrasta il monastero di Tengboche. La sua parete ovest, visibile in lontananza, è senza dubbio il versante più bello della montagna, e nel 1961 era stata scalata per la prima volta da Hillary padre nell'ambito della Silver Hut expedition, che aveva provocato le ire delle autorità di Katmandu e della popolazione indigena perché priva di permesso.

Subito dopo il nostro incontro al campo base, il figlio di Hillary e i suoi compagni erano saliti lungo la difficile parete ovest, progredendo bene. Ora erano appesi – apparentemente immobili – alle corde. Con il binocolo si vedeva che tre di loro si muovevano mentre il quarto dondolava immobile sotto uno strapiombo. Era morto? Solo quando uno dei tre sopravvissuti tagliò la corda facendo precipitare il corpo capii in quale situazione precaria dovevano trovarsi i tre neozelandesi. Sicuramente erano sotto shock. A più di 1000 metri su una parete bombardata da blocchi di ghiaccio e da pietre. Erano feriti? Avevano ancora materiale per calarsi? Altra corda? Forse. Non mi chiesi quanto sarebbe stato difficile salvarli, e nemmeno quando saremmo dovuti partire. Quando, se non ora; chi, se non noi!

Wolfgang doveva organizzare con gli altri membri della spedizione un elicottero per prelevare eventualmente i ragazzi portati in salvo su un pulpito di roccia sotto la parete. Io e il medico Oswald Oelz volevamo andare su nel frattempo fino alla base della parete, per salire l'indomani e aiutare i tre giovani a scendere. All'epoca un recupero con l'elicottero non sarebbe stato possibile così in alto. Non eravamo i loro angeli custodi. Solo per caso ci trovavamo lì e in condizione di aiutarli. Almeno ci provavamo.

Al primo tentativo dovemmo tornare indietro. Troppe scariche. Fin dall'attacco. La paura di essere colpiti era più grande del nostro desiderio di salvarli. Durante la discesa verso il bivacco trovammo l'alpinista morto, la cui corda era stata recisa, e lo seppellimmo in un crepaccio. L'indomani mattina presto salimmo come degli indemoniati: per la paura dei sassi, consapevoli della lunghezza del tratto da percorrere, preoccupati per i tre in parete. Un'energia unica mi spingeva a proseguire; alimentata dal significato della nostra impresa. Ciononostante i rischi erano alti. Se non fosse stato davvero necessario non li avrei corsi!

Io e Oswald salimmo con una corda molto lunga, molto carichi, e per la maggior parte del tempo di conserva. Ci incitavamo a vicenda. «Veloci!» urlavo io, mentre evitavo ghiaccio o pietre che precipitavano intorno a noi. Non eravamo responsabili solo di noi stessi, ma anche dei tre lassù. E non perché lo richiedeva la consuetudine, l'etica, o qualunque altra convenzione. Dovevamo farlo. Anche se non conoscevamo quelle persone, avevamo gli stessi desideri, gli stessi sogni, le stesse idee. Eravamo lì per aiutarli. E non perché Dio se lo aspettasse da noi, no, era una cosa naturale. Era il fatto di sentirci vicini alle vittime – condividerne la paura, il dolore – a darci il coraggio di osare oltre.

Assicurati sotto uno strapiombo, al riparo da scariche di pietre, riuscimmo a recuperare i tre ragazzi. Oswald curò le ferite: bruciature alle articolazioni delle mani, il braccio rotto di Peter Hillary. Subito dopo cominciammo a calarci. Ore più tardi un elicottero caricò i feriti al loro primo campo alto. Furono portati a valle e subito dopo in ospedale a Katmandu. Ancora una volta Wolfgang Nairz aveva coordinato l'operazione in modo eccezionale.

Non ci importava aver dovuto rinunciare alla nostra ascensione. Non avevamo più corde. Era stato più importante aiutare quei giovani che raggiungere la vetta della montagna dove i quattro si erano trovati in grande difficoltà. Avevamo dato un senso alle nostre azioni. In definitiva, un tentativo di salvataggio ha più senso di una prima ascensione. E anche il senso del nostro essere ci viene donato con le nostre azioni: persino quando facciamo quel che si *deve* fare. E ancora di più quando vogliamo quel che ci accade. C'è un senso per tutto ciò di cui ci sentiamo responsabili. Sentirsi felici coincide con la comprensione del senso delle cose.

Già altre volte mi era capitato di portare a valle sulla schiena alpinisti feriti; o portato alpinisti disperati fino all'attacco passando accanto ai loro compagni di cordata caduti. In quelle occasioni mi sono sentito più forte che nella scalata vera e propria. Anche il salvataggio sull'Ama Dablam ha avuto a che fare con la sicurezza in se stessi. Sapevo che potevo, e quindi che dovevo farlo. Non perché ne sarei stato felice. Riuscivo a immedesimarmi nelle vittime, ne condividevo i sogni, i dolori, il terrore. E anche la loro gratitudine.

Comprendiamo il senso delle cose soprattutto quando riusciamo nella vita. Perché grazie all'esperienza sappiamo quel che è giusto per noi. Pertanto comprendere sempre il senso delle cose e sentirsi felici è saggio più ancora che auspicabile. Dunque bisogna capire il significato per raggiungere la felicità. Il significato è sempre soggettivo, nasce dalle nostre relazioni con gli altri uomini, con cose precise, con le nostre azioni. Sta a noi coglierlo. Pertanto non può trattarsi di un senso imposto che ci viene trasmesso come le tradizioni. Non è neppure stabilito dalle convenzioni. Le istituzioni come la chiesa vorrebbero dettare le leggi, ma spesso non rispettano la natura dell'uomo. Il senso è energia e va di pari passo con la gioia di vivere.

Quando facciamo «la cosa giusta» e ci impegniamo a fondo in qualcosa, non pensiamo né alla felicità né al senso. Noi stessi siamo il significato, e così non abbiamo più bisogno di cercare la felicità. È un processo. Come quando il più forte aiuta il più debole.

Un esempio: i pazienti di una rinomata casa di cura sul lago di Costanza si voltarono spaventati dall'altra parte quando una mattina videro un uomo appeso sulla punta delle dita sulla facciata barocca dell'edificio. Era un sonnambulo, uno psicopatico, un suicida? Era il loro medico, il dottor Oswald Oelz, il mio compagno. Si stava allenando assiduamente per una spedizione alla parete sud dell'Aconcagua. Cinque anni più tardi, salvammo insieme i tre alpinisti sulla parete ovest dell'Ama Dablam.

La tradizione dell'arrampicata su edifici è antica quanto l'alpinismo. Poiché gran parte degli alpinisti vive lontano dalle montagne – in città, in pianura, sul mare – e sogna le montagne, una colonna del teatro comunale, un muro o un grattacielo offre affascinanti possibilità di arrampicata: camini, fessure, diedri. Che si tratti poi di stile rinascimentale o moderno, tutte le linee hanno un senso per gli alpinisti. Nel 1911, la leggenda dell'alpinismo Paul Preuß trovò i Propyläen di Monaco particolarmente adatti, io mi sono allenato su una vecchia segheria a San Pietro in Val di Funes, l'indimenticato Lionel Terray sugli alti blocchi in pietra alle porte di Parigi. Noi alpinisti siamo padroni del mondo quando diamo senso ai giochi più folli. Come trasformiamo gli edifici in «parchi naturali per arrampicata», diamo un senso al non senso.

Quale uomo d'avventura, non ho mai combattuto contro la

natura né mi ci sono perso dentro. Ho imparato a conoscerla, a rispettarla per quello che è e a non prendermela con la vita. Così sono giunto alle mie conoscenze della natura umana e ho avuto il coraggio di definire il senso nelle mie stesse azioni. Non mi ha costretto nessuno.

Quando siamo in viaggio nella natura incontaminata, davanti al nulla, siamo costretti a meditare su noi stessi. Partire è un po' come prendere le distanze: dalla condizione della vita civile, da un senso comune. Sgretoliamo le discutibili convenzioni di una società che funziona, stordita dall'alienazione, dai regolamenti e dal consumo. E con la distanza cresce il coraggio di autodeterminarsi.

Superare il limite per entrare nella natura significa mettere una distanza da tutte le norme, le ossessioni e le convenzioni di una civilizzazione che è omologata alle possibilità della maggioranza. La natura incontaminata con il suo caos e la sua capacità di rinnovarsi invece mi aiuta a mettere in discussione tutte le conquiste del mondo civilizzato.

Seguendo la mia natura, do senso a me stesso. Senza bigotteria, senza tutte le regole borghesi, mi comporto secondo le mie norme, il mio entusiasmo. Allontanandomi di tanto in tanto da un'esistenza controllata da norme precostituite, mi assumo tutta la responsabilità della mia vita o la condivido con i compagni, mi libero dall'oppressione – da qualunque rapporto coercitivo – e mi sento appagato e più consapevole di me stesso. Faccio, quindi sono. Gli estranei però non vedono nessun senso nel mio andare oltre il limite. E io non rispondo a coloro che definiscono la mia una follia senza senso.

L'americano Dean Potter, per esempio, ha accettato tutte le sfide possibili e immaginabili da rocciatore, alpinista, *base jumper* e *slackliner*. « L'ultima follia » dicevano. Lui stesso sostiene: « per me arrampicare in solitaria significa vivere il momento senza pensare al passato o al futuro; rimanere sospeso nel qui e ora ». Ecco perché lo fa. Senza preoccuparsi che si tratti di senso o nonsenso. Ha compiuto spedizioni alpine in Patagonia, le più difficili solitarie sulla roccia, ha fatto *base jumping* dalla parete nord dell'Eiger – tre chilometri in verticale e un volo di 6,5 chilometri in due minuti e 50 secondi – e in meno di 35 ore ha scalato la Reticent Wall al Capitan nel parco nazionale di Yosemite. Anche lo *highlining* di Potter – equilibrismo su grandi abissi – è un bilanciamento estremo: senza assicurazione attraversò una gola su una fettuccia elastica di poliestere, lunga più di 30 metri, che era stata tesa sull'abisso alto 330 metri del Taft Point a Yosemite. Combinando arrampicata solitaria e *base jumping* ha scoperto nuove specialità come il *base lining* e il *freebase*, in cui ogni tanto usa un paracadute per sicurezza. Nel 2008, Potter ha realizzato in libera e da solo la strapiombante via Deep Blue Sea sull'Eiger, con un paracadute da *base jumping* come unica sicurezza. Non avrei voluto nemmeno assistere a una cosa simile, ma tutto quel che ha senso per quest'uomo, ha un senso. Almeno per lui.

«L'alpinismo è diventato uno sport per vecchi! I giovani non si vedono quasi più nelle spedizioni alpine» dice per esempio Bernhard Künhhauser, segretario della sezione di Berchtesgaden del DAV. In questo ha ragione, da un lato. Dall'altro, noi signori più anziani non dovremmo permetterci di superare limiti come in gioventù: non ha più senso. Dove vivo, tutto quel che mi serve è solo un posticino in cui possa realizzare me stesso. L'ho trovato a soli dieci minuti da casa mia. Lì mi siedo spesso e guardo. Ascolto il rumore dell'acqua, il fruscio delle foglie sugli alberi, gli uccelli. Come facevo in Himalaya, dove c'era sempre un posto simile in cui potevo fermarmi a pensare serenamente.

«Eppure continui ancora a fare progetti per il domani» dice Milarepa, il mio amato yogi. «Non sai dove, come, in quale natura ti reincarnerai, ma continui a preoccuparti della tua soddisfazione personale. Adesso è il momento per prepararsi a morire: questo è il mio sincero consiglio per te.» Milarepa visse in Tibet. Quasi mille anni fa, sembra dal 1052 al 1135. Cresciuto in una famiglia benestante e derubato della sua eredità, imparò la magia nera. Si vendicò dei suoi avversari in modo tremendo. Marpa fu il suo maestro buddista. Sottopose il suo discepolo a molte prove. « Mila » doveva elaborare il suo cattivo Karma. Lo yogi meditò per anni nella parte occidentale del Tibet: in grotte sperdute e su monti altissimi, persino ai piedi dell'Everest, che chiamava Chomolungma. Così ricevette la sua illuminazione e insegnò ai suoi discepoli. Era un poeta e cantore dotato e ci ha lasciato molti canti e poesie che descrivono la vita in Tibet. La sua dottrina della natura ha una dimensione religiosa non solo per i tibetani. Milarepa ha raggiunto la vetta della montagna sacra, il Kailash, « cavalcando un raggio di sole ». Il suo stile di vita diede senso al suo viaggio. E la conoscenza della morte.

Dobbiamo immaginare Milarepa come un uomo felice, come Albert Camus ci descrive Sisifo. Anche la mia strada, il mio ottimismo, il mio umore, la mia gioia di vivere li devo prima di tutto alla capacità di dare un senso. Ma il senso e il non-senso sono intrecciati in modo indissolubile. Come del resto la vita e la morte.

39. Tabù

Dopo il Nanga Parbat, nel 1978 mi sono rinchiuso nella mia solitudine per giorni. Quando tornai in Europa, il mio approccio alla vita era cambiato: mai ero stato così determinato a vivere i miei sogni. E non volevo e non potevo più prendere la vita alla leggera. Anche se non ho mai pensato di poter vivere fino alla vecchiaia. Mai, neanche nei miei sogni più arditi.

Così con serietà e responsabilità affrontai il mio progetto successivo: la «magic line» sul K2. Con cinque degli alpinisti allora più forti dell'arco alpino – Renato Casarotto, Michl Dacher, Alessandro Gogna, Friedl Mutschlechner e Robert Schauer – misi in programma il pilastro sud-ovest del K2. Un sogno: salire attraverso la linea più elegante sul più bello dei quattordici ottomila! Ecco perché la definizione «magic line». Quella linea, una possibilità, non era affatto scontata. La consideravo un dono della natura, un raro capolavoro inviolato e ineffabile. Se dovevamo dare un senso al nostro alpinismo e alla nostra vita dovevamo osare quella scalata. E cominciai nel modo più spensierato e audace possibile. Con quell'intento, diedi alle mie azioni una forma e ciononostante rimasi aperto al possibile nell'impossibile. Tastare le montagne per individuare i miei limiti era il modo di esprimermi.

La mia «magic line» era destinata fallire: non eravamo abbastanza pronti, e in più avevamo poco tempo. E perdemmo anche due settimane preziose a Islamabad perché le autorità pakistane bloccarono la spedizione fino al giorno in cui fu eseguita la condanna a morte dell'ex presidente Bhutto.

Dopo un tentativo di salita sulla parete sud io e Michl Dacher giungemmo sulla vetta del K2 dallo sperone degli Abruzzi. Niente a che vedere con la «magic line» ma comunque una via elegante per salire sul secondo ottomila del pianeta. Ma Renato Casarotto non riuscì a rassegnarsi. Mi sembrava un innamorato non corrisposto che si rifiutava di abbandonare il suo sogno: superare se stesso in montagna. Voleva trasformare in solitaria l'idea iniziale, senza perdere la magia della sfida. La sua intenzione di salire da solo non suonò come una timida dichiarazione d'amore, era ostinazione. Il binocolo sempre inforcato, con lo sguardo rivolto all'insù verso il K2, spiava la montagna come impietrito dal suo stesso ardore. Anche dopo che le tende nel campo base vennero smontate e dopo che si erano ormai cancellate tutte le tracce sulla parete sud, in cui io e Friedl Mutschlechner avevamo tentato una salita.

Sette anni più tardi, Renato osò una sua spedizione alla «magic line». Salì lungo le corde fisse di altri alpinisti fino alla regione sommitale, ma alla fine cadde in un crepaccio e morì. Come se la sua impresa simboleggiasse l'irraggiungibile, come se fosse una disperata espressione di desiderio. Che non avesse perso il bambino che c'è in ognuno di noi, prima della nostra spedizione alla magic line? Il mio modo di arrampicare è sempre stato invece in continua evoluzione, il suo fascino è insito nella vita estrema stessa. Perché io pretendo sempre altro da me, inseguo sempre nuove sfide. I miei traguardi li ho raggiunti a piccoli passi: l'Everest senza ossigeno; il Nanga Parbat in solitaria; il K2 in velocità. L'Everest in solitaria doveva essere il passo successivo. L'ultimo?

L'Europa muore sempre più soffocata dai suoi avvicendamenti, dalle sue convenzioni e da una finta etica che predica il consumo per poterlo tassare. In quegli anni non vivevo sulla luna, ma per la maggior parte del tempo in Himalaya, dove seguivo le mie regole: decidevo da solo, vivevo in modo minimalista e autarchico. Dopo un volo di ricognizione nel 1977 sul monte più alto del pianeta, tornai a casa in Alto Adige per infrangere, l'anno successivo, l'ultimo tabù della vetta dell'Everest. Ogni sera prima di addormentarmi, mi immaginavo gli scenari più diversi di salita senza ossigeno: che avremmo fatto in caso di tempesta? Come ci saremmo assicurati sulla cresta della vetta innevata piena di cornici strapiombanti? In una di quelle ascensioni immaginarie, salivo carponi. E cosa avrei portato nel mio zaino: barrette di cioccolato, thermos, guanti di ricambio? E se uno di noi fosse stato colto dal panico? In un altro scenario mi immaginavo l'Hillary Step – l'ultimo ostacolo sotto la vetta – e simulavo col pensiero diverse tecniche di arrampicata tra roccia e ghiaccio.

Molti mi presero per pazzo. Altri pensarono che avessi tendenze suicide. Erano tutti fuori strada. Per allenarmi correvo in salita 1000 metri di dislivello in 35 minuti. Non era una magia, ma il presupposto del successo. Ho praticato questo metodo per tre anni prima di osare una qualunque nuova impresa, fino a quando mi sono rotto il calcagno.

Quando, in quel periodo, mi trovavo insieme ad altri alpinisti, non parlavo dei miei progetti. Sapevo che le idee strombazzate perdono la loro forza. Invece i tabù si possono rompere solo con la costanza. Dovevo definire esattamente il problema per farlo mio, esaminarlo in anticipo per poterlo risolvere sul posto.

Allo stesso modo mi preparai alla successiva ardua meta: l'Everest in solitaria.

Nell'estate del 1980 volli compiere quel passo ulteriore: salire sulla montagna più alta del pianeta durante la stagione monsonica lungo una nuova via, naturalmente senza ossigeno. Senza alcun ausilio. E solo perché avevo già infranto una serie di tabù, potei pensare a quell'ultima impresa senza essere considerato pazzo. Sapevo quel che mi attendeva lassù, e immaginavo che nessun altro avrebbe condiviso la mia proposta.

Pertanto il problema che avevo davanti era la durata della spedizione, la solitudine e anche la fatica. Perché dovevo fare tutto da solo. Ma l'energia, che avevo accumulato nei due anni della preparazione, insieme alla pazienza di aspettare il momento giusto, mi fecero superare tutte le crisi. Dopo la caduta in un crepaccio, stare da solo mi dette la forza di annullare tutte le mie meschinità, di scrollarmi di dosso la solitudine e di sopportare il fatto di essere esposto. Tutti i miei sensi erano concentrati su un obiettivo. Quasi più nulla mi legava alla terra che avevo lasciato là sotto. Quando raggiunsi la meta, la vetta e il tabù si persero in una spossatezza infinita.

Tornai alla mia vita, e il viaggio di ritorno fu per me una sorta di rinascita; il fatto di sapere che potevo fare di più fu una sorta di liberazione. Nella vita insieme agli altri divenni il poeta che racconta le sue esperienze e condivide i tabù con tutti quelli che sognano le avventure, ma che nella propria vita fanno qualcosa di più utile che scalare le montagne. L'isolamento quindi non fu solo vanità, e con il passare del tempo mi identificai sempre più nel mio ruolo di sostituto.

40. Nascita

Era mattina presto al campo base del Makalu. Io e l'alpinista inglese Doug Scott stavamo per preparare i nostri zaini per compiere l'impresa che ci eravamo prefissati: raggiungere la quinta montagna più alta del pianeta, in due, senza ossigeno, senza campo alto allestito, senza portatori. Salita lungo la cresta est – una via lunga e difficile – e discesa dal versante opposto, la via dei primi salitori. La nostra intenzione era di tornare al campo base dopo circa dieci giorni: eravamo rannicchiati nella tenda cucina e parlavamo dell'organizzazione della nostra impresa, quando arrivò il postino. Era un espresso da Nena, che in quel momento doveva trovarsi a Monaco, dove avrebbe dovuto partorire nostro figlio. No, non era a Monaco, aveva partorito a Katmandu, dopo il suo rientro a Tumlingtar: parto prematuro, una bambina. La piccola non sta bene, è troppo debole per sopravvivere nella clinica di Katmandu – lessi velocemente saltando le righe.

Mi alzai e mi rivolsi a Doug – « sorry, I have to care about my child » – che mi guardò scioccato. Poi mi precipitai nella mia tenda per preparare lo zaino. La nostra ascensione sul Makalu era terminata prima ancora di cominciare. Tutto annullato. Naturalmente la mia decisione fu scorretta nei confronti del mio compagno, considerato tutto l'entusiasmo, tutto il tempo e i soldi che avevamo investito in quell'impresa. Appena qualche giorno prima avevamo realizzato una prima sulla parete nord del Chamlang con un paio di Sherpa. Eravamo ben allenati e ancor meglio acclimatati.

Ma mia figlia era più importante di qualunque codice di convenzioni del cameratismo di montagna e dei giochi dei grandi. E Doug lo capì. Entrambi vivevamo secondo la nostra morale, e mi perdonò per essere partito subito per Katmandu. Non potevo fare altro.

Naturalmente mi dispiacque non poterlo più accompagnare. Più del fatto di aver fallito una seconda volta sul Makalu. D'un tratto la morte, che non potevamo non mettere in conto anche nella nostra impresa, era diventata reale. E in modo assolutamente inatteso.

In quegli anni, Doug Scott era uno degli alpinisti di maggior successo a livello mondiale. Riuscì ad accettare la mia decisione. Era partito per l'Himalaya con la sua famiglia, e ora era rimasto lì senza compagno di arrampicata. Io ero spinto dal desiderio irresistibile di vedere mia figlia, di starle vicino. Si trattava della vita della mia prima figlia. Un'ora più tardi ero pronto per mettermi in cammino. Due Sherpa – Dawa e Ang Dorje – trasportavano tutte le mie cose, mentre io portavo le attrezzature tecniche nel mio zaino. Arrivammo allo Shipton La nel tardo pomeriggio, e a sera ai primi villaggi dove Dawa si fermò. Non ce la faceva più, ma promise che ci avrebbe raggiunti nei giorni successivi. A mezzanotte, io e Ang Dorje mangiammo patate e rape cotte dai contadini. Bevemmo tè con latte. Non c'era altro. Subito dopo si fermò anche il mio fedele Ang Dorje. L'indomani mattina, quando i primi raggi di luce lambirono le montagne in lontananza a est, avanzai barcollando alla luce della mia frontale, e raggiunsi Tumlingtar dove salii sul primo aereo – un Twin Otter – con destinazione Katmandu.

Quando alla fine giunsi alla clinica – impolverato e stanco morto per la marcia di ventiquattr'ore attraverso i pendii ai piedi dell'Himalaya – cercai Nena e nostra figlia. Invano. Non erano neanche in hotel. Alla fine, dopo alcuni giorni, le trovai a casa di amici: entrambe stavano bene.

Avevo conosciuto Nena a Katmandu dopo il salvataggio sull'Ama Dablam. Stava per tornare in Canada dal campo base sull'Everest, quando decise di accompagnarmi come esperta tecnica in un giro di conferenze in Europa.

Chiamammo nostra figlia con il nome Inka Láyla, e io affidai la sua educazione completamente a sua madre. I doveri di tutti i giorni erano inconciliabili con la mia vita di allora; erano in contrasto anche con la mia idea di libertà, cui appartiene anche la responsabilità verso noi stessi. Avevo ancora tanti sogni. L'educazione della bambina era assicurata, ma i sogni, quelli che si devono realizzare, dobbiamo realizzarli noi stessi, prima che ci colga la morte.

La nostra vita è come un arco teso tra la nascita e la morte. Chi conosce la propria fine, può vivere più intensamente, e scoccare le sue frecce – le sue idee – più precisamente e più lontano. Questa sicurezza nella mira appartiene all'arte di vivere. Non consiste solo nel fare un uso ottimale di tutte le nostre capacità: noi stessi dobbiamo diventare il nostro obiettivo.

41. Malattia

Durante la discesa dalla vetta del Kangchenjunga, la tempesta e il freddo aumentarono di intensità. Al mattino, prima di iniziare la salita, avevamo depositato la nostra tenda da bivacco a 8000 metri d'altezza e l'avevamo bloccata con delle pietre Adesso la sentivamo sbattere già molto prima di raggiungerla sulla cresta tra parete est e parete nord. Era come un forte cicaleccio. Friedl Mutschlechner e Ang Dorje la risistemarono. Io ero troppo debole per fare qualunque cosa.

Presto ci sdraiammo vicini l'uno accanto all'altro nei nostri sacchi a pelo; il mio dolore al petto era peggiorato. Non avevo sentito più nulla da quando avevamo lasciato il campo base. Mentre salivamo in vetta era sparito come per incanto. Ora invece era tornato. A ogni ondata di dolore mi contorcevo, e dimenticavo subito dove ci trovavamo: nella zona della morte, in una tempesta che schiacciava le tende, e Ang Dorje non poteva né sciogliere la neve né cucinare. Oltre al freddo micidiale che da solo sarebbe bastato a uccidermi nella notte che stava calando. Senza la tenda e i compagni mi sarei sentito perso.

Più tardi nella notte, i miei dolori furono accompagnati anche da allucinazioni. Il terrore di morire non mi abbandonava. Nei miei vaneggiamenti accusavo i giapponesi di lanciare pietre sulla nostra tenda, pregavo i miei compagni di fare smettere di dire sciocchezze a «quelli là fuori». Ero al limite. Quando, con un forte scoppio, il telo sopra di noi si strappò, la morte volteggiò nella mia mente. Erano le cinque del mattino. Le prime luci dell'alba; neve in faccia; il caos.

Friedl e Ang Dorje sgusciarono fuori dal sacco a pelo e si prepararono per la discesa. Solo io non riuscivo a muovermi, a trovare le scarpe e i ramponi. Non ancora, pensai, e qualcuno chiese: « Non ancora cosa? » La morte? Friedl era sceso un paio di metri a ovest sul lato sottovento. Qualcuno urlò: « Vieni ». Chi? Non riuscivo a rispondere, a parlare; avevo la mandibola bloccata, come congelata.

Quel che mi ricordo del dopo è il volto di Friedl che spuntava da una sporgenza di roccia. « Vieni giù, qui, che siamo al sicuro » urlò. Ma non riuscivo ancora a rispondere. Sapeva che non parlavo perché avevo la mandibola paralizzata? Era vero quel che diceva? Non per me. Ciononostante le sue parole mi furono d'aiuto. Mi voltai contro la tempesta, mi rannicchiai di più, in modo da evitare al massimo la sua furia, e guardai i segnavento. Rimasi là così, con la mente altrove. Inerte, troppo impacciato per mettermi i ramponi. Dovevo rimanere dov'ero.

Ecco spuntare di nuovo il volto di Friedl. « Vieni, presto » urlò nel vento. E io mi piegai di nuovo su scarponi e ramponi.

Quando ero faccia a faccia con la morte, non pensai al cielo né all'inferno. Neanche per un attimo. Mi tormentava solo l'idea di sopravvivere. Non temevo né il dolore né la morte. Presto sarebbe tutto finito: nessun desiderio, nessun passato, nessun futuro, mai più. Ci avrei scommesso: se fossi rimasto dov'ero avrei avuto ancora una, due o tre ore di vita. Non mi interessava. Non c'era né da ridere né da piangere; non avevo speranze. Sembrava tutto così lontano: la mia vita un'occasione mancata. Nulla di eroico. La morte non ha rispetto.

La tempesta ululava con violenza indescrivibile. Per quanto possa ricordare, il tempo passò trascinando il mio io tra stati di assenza e di dormiveglia. Friedl era ancora lì e urlava: « Vieni, presto! » Avrei rivisto la luce alla fine del tunnel? C'era troppo buio. Stare male nella zona della morte è il modo più solitario per congedarsi da questo mondo. Non c'è nulla di cui siamo più consapevoli che dell'assenza dell'uomo. E io sapevo che in quel mondo oscuro erano scomparsi moltissimi alpinisti; dopo essere rimasti lì immobili, precipitati, morti assiderati.

Come i britannici Peter Boardman e Joe Tasker sulla cresta

nord est dell'Everest nel 1982. Il 15 maggio avevano lasciato il loro campo base avanzato ai piedi della cresta NE dell'Everest. Volevano salire in stile alpino i cinque chilometri della lunga e difficile via fino alla vetta. Il passaggio chiave era costituito da tre torri di roccia (« gendarmi »), che si trovavano a metà strada verso la vetta e sbarravano la via. Il primo giorno Boardman e Tasker raggiunsero una grotta di neve a 7250 di altezza, dove trascorsero la notte. Il giorno seguente allestirono un bivacco a 7850 metri. Il 17 maggio partirono presto, superarono la prima torre di roccia e raggiunsero la seconda. Il loro capo spedizione Chris Bonington li osservava dal basso con un binocolo. Dai piedi della montagna. Poco prima che calasse la notte, li vide sotto la seconda torre a circa 8250 metri di altezza. Stavano chiaramente salendo. E poi più nulla. Furono dati per dispersi. Nel 1992 una spedizione giapponese e russa scoprì un cadavere 15-20 metri sotto la seconda torre: Peter Boardman. Nel 1996 alcuni alpinisti giapponesi trovarono Joe Tasker. Era morto vicino alla vetta della seconda torre.

Nel 1982 il mio amico Friedl Mutschlechner mi è stato vicino a lungo sul « Kanch », e alla fine sono riuscito a seguire il suo ordine di discesa. Così sono sopravvissuto, rimasi tre settimane a Katmandu per farmi curare un ascesso epatico e due mesi più tardi ripresi le mie avventure sugli ottomila.

Fino a oggi, non mi è più capitato di affrontare la morte in un modo tanto intenso. E non l'ho mai più vista da così vicino. Quando stavo a lungo in alta quota avevo sempre un desiderio: scendere e ritornare alla mia vita. Con l'età, la paura di morire non è svanita, piuttosto è diminuita. È più difficile da sopportare la malattia in relazione all'età e alla morte.

Dopo le tipiche malattie infantili, poche volte nella vita sono stato « marcio », come dicono i contadini in Alto Adige. Neanche durante le spedizioni. Con l'unica eccezione dell'ascesso epatico sul « Kantsch » che avevo contratto bevendo acqua durante l'avvicinamento. Non sono un cavallo, ma a quanto pare nelle grandi avventure la mia natura mi ha consentito di stare sempre bene.

42. Invidia

Con la serie degli ottomila, che avevo realizzato nel frattempo, non solo crebbe la mia notorietà ma ancora di più l'invidia di coloro che evidentemente si sentivano messi da parte. Solo per il fatto che io esistevo. Un paio di star della mia giovinezza esternarono la loro invidia esistenziale in una serie di pamphlet che circolarono tra giornalisti di montagna e alpinisti, altri opposero le loro imprese di successo sugli ottomila alle mie, come se non mi potessero perdonare il fatto di essere salito su più vette rispetto a loro. Come se con la mia fama li eclissassi. Ingiustamente. Si trattava sempre di opinione pubblica, di avere credito – la cosa più noiosa –, mai di fatti. Mi veniva rinfacciato tutto: quello che avevo, quello che avevo fatto, quello che avevo detto. Io non reagii. E alla fine, gli invidiosi tirarono fuori la morale. Le critiche contro di me aumentarono. Sempre più spesso venne affrontata pubblicamente la mia temerarietà. Persino quando mi chiedevano un autografo: «Ogni spedizione potrebbe essere la sua ultima». Già, e allora non ci sarebbe stato nessun autografo.

Ciononostante io andai avanti. Con lo stesso entusiasmo e la stessa curiosità di prima. Trovavo sempre nuove sfide e compagni sempre più giovani pronti a osare con me quel che appariva impossibile. Ma se la situazione si faceva troppo pericolosa, come durante l'invernale sotto la vetta del Cho Oyu, ci ritiravamo. Il fallimento rientrava sempre più nel mio modo di andare in montagna. Io ne parlavo nelle conferenze e nei libri, non soffrivo di ansia da prestazione. Già da tanto tempo. Ma né gli invidiosi né i fans volevano riconoscere i miei frequenti fallimenti. Loro guardavano solo ai miei successi. Come se non ne avessero mai abbastanza.

Solo sei mesi dopo il fallimento della spedizione invernale sulla parete SE del Cho Oyu, insieme ad Hans Kammerlander e Michl Dacher raggiunsi la vetta lungo il versante SO. Quello fu il primo ottomila portato a termine con successo da Kammerlander. Alla fine, proseguiva come un automa. Le due figure avanti a me non parlavano, gesticolavano. Avanzavano come in una pantomima, interrotta solo quando si accovacciavano nella neve e tossicchiavano in modo soffocato. Hans sembrava la sua stessa ombra. Michl, una seconda ombra, avanzava intanto con i bastoncini, non senza difficoltà, sul plateau di vetta. Tutto incurvato come un vecchietto. Dopo dieci ore di alienazione ci ritrovammo in cima come tre esseri stravolti alla fine del mondo. Ciascuno un fantasma per l'altro. Nei loro visi vedevo rispecchiata la mia stessa fragilità. Quelle immagini sono ancora vivide davanti ai miei occhi. Niente terrore. Nessuna paura nonostante la forte debolezza. Hans maneggiava la telecamera come un robot. Poi posò il suo braccio intorno alle mie spalle gelate e disse balbettando: « E adesso cosa facciamo? » Non sentì la mia risposta, una raffica di vento fece turbinare neve e nebbia sul plateau di vetta con uno sbuffo fortissimo, come se il mondo andasse in frantumi. E, in più, gli rimbombava il cuore nel petto. La quiete era stata spezzata. D'un tratto ci svegliammo dalla nostra apatia e ci preoccupammo. Cominciammo così la discesa. Era tutto passato. Andava tutto bene.

Ancora oggi mi chiedo come mai noi uomini di avventura veniamo invidiati per i nostri tentativi di sopravvivenza nella natura selvaggia. Per il nostro coraggio? Al contrario, senza la paura nessuno di noi sarebbe rimasto in vita. Il coraggio è solo una metà di un intero indivisibile, in cui la paura è la forza determinante. Idealismo? No, è solo un cliché. Un retaggio dei tempi dell'alpinismo eroico. L'egoismo è, e rimane, ciò che ci spinge. Qualunque sia la motivazione, tutti gli alpinisti e tutte le alpiniste seguono il proprio ego. Quando lo si nega, si va in crisi. Il perché non si spiega con la morale civile, e chi ha problemi con la « conquista dell'inutile » dovrebbe cominciare a fare qualcosa di utile. Quel che conta è il senso che noi stessi diamo alle nostre azioni: con la scelta della sfida, lo stile dell'impresa, secondo il nostro modo di vivere.

Ritornati al campo base sotto il Nanga La, ci preparammo per il rientro. Alla luce del mattino, Hans frugò nella tasca superiore del suo zaino come se volesse trovarvi dei ricordi. D'un tratto tirò fuori un sasso, un pezzo di scisto. Se lo girò tra le dita della mano destra, lo guardò con aria assente, lo soppesò. Mentre lo faceva, parlava della vetta. D'un tratto, con un gesto indifferente, mi lanciò il sasso. Sul suo viso era comparso il ghigno di un folle. Indicò la montagna come a dire: fatto!

Essere saliti sul Cho Oyu non dava lustro ai nostri paesi d'origine, come era avvenuto invece un tempo per i conquistatori dell'Everest o del Nanga Parbat. Anche i gesti eroici di turisti che oggi raggiungono il tetto del mondo su una pista preparata già da tempo sono guardati con occhi critici. È diventato semplice e legittimo prenotare un viaggio di gruppo sulla vetta del Cho Oyu. Dunque nessuno deve sentirsi penalizzato. Sono stato invidiato non solo dai turisti degli ottomila, ma anche e soprattutto dai miei colleghi. Solo perché si sentivano messi da parte? Forse non erano convinti delle loro intenzioni, forse le loro azioni non erano abbastanza per loro.

Subito dopo l'ascensione del Cho Oyu, appena arrivato in Alto Adige, comprai il Castel Juval in Val Venosta: un fantastico edificio in un posto inconfondibile. Arroccato su un'altura. A un ottimo prezzo. Il venditore, un anziano signore, voleva solo che fosse salvaguardato e curato.

Io e Hans Kammerlander, che mi aiutò nella ristrutturazione, giocammo a fare i muratori. Due anni più tardi mi ci trasferii. Come se avessi commesso un sacrilegio, il giornale locale si sbizzarrì in malignità: «L'alpinista che guarda la gente dall'alto del suo castello». Fu l'apoteosi dell'invidia, della cattiveria e dell'odio. Mi ero solo preso la responsabilità di un bene culturale. Gli accusatori lo trovarono ingiusto, «uno scandalo». Molti di quelli che si erano visti oscurare da me si unirono al gruppo degli invidiosi. I media – esperti nell'affossare proprio coloro che avevano contribuito a portare alla ribalta – dovevano fare « giustizia ». E usarono la morte di mio fratello sul Nanga Parbat per infangarmi ancora di più.

Nell'estate del 2003, nella sede del Club alpino a Monaco sulla Praterinsel fui il bersaglio dell'invidia – che era il risultato di ambizione smodata – di un centinaio di presuntuosi. Ho dovuto imparare a trattare con quella forma estrema d'invidia: la debolezza e la pusillanimità ne sono la linfa vitale. Gli invidiosi sono bravi a nascondere la loro inferiorità e la loro mancanza di autostima, fingendo modestia e negando di volere assomigliare all'oggetto della loro invidia. Ma la loro modestia svanisce una volta che lo hanno denunciato e alla fine screditato. Il loro « bisogno di giustizia » è soddisfatto, e in silenzio si godono il proprio successo, e cioè il fatto di non dover più nascondere i propri imbarazzanti fallimenti. Comunque la loro gioia maligna non gliela invidio per niente.

Allora non mi aspettavo alcuna compassione. Magari una rettifica. Più tardi, nel 2005, con il ritrovamento sul Nanga Parbat dei resti del mio sfortunato fratello le menzogne dei « buoni compagni » furono smascherate. Ma nulla, solo alcuni coraggiosi si espressero fuori dal coro. « Chi la fa, l'aspetti ». Poche parole pregne di significato: l'invidia non conosce pietà.

Allora mi sono difeso bene, ma da parte di coloro che mi hanno tormentato ho visto solo teste scosse con intento critico: colpa mia! Certo, loro non li invidia nessuno. Io invece continuo a essere invidiato. E tanto.

Nel frattempo ho conosciuto a sufficienza il modo di comportarsi dei media. Le rettifiche comparvero quando era troppo tardi. Non si superano le menzogne con le lettere al direttore o con gli avvocati. Io non rispondo mai alle critiche in quel modo. Da quarant'anni ormai. Io rispondo con le mie azioni. Sono pronto al dibattito, rispondo alle domande, ma non ad accusatori, invidiosi o sensazionalisti che hanno problemi personali – sono solo affar loro – perché è già stato detto tutto. Basta con le teorie del complotto. Dieci anni dopo l'azione di diffamazione, voglio occuparmi solo della centenaria «cultura dell'emarginazione» tipica del Club alpino tedesco. Sempre che la direzione dell'associazione sia la portavoce di più di un milione di iscritti.

43. Rinuncia

Nel 1975 mi recai per la prima volta alla parete sud del Lhotse. Con una spedizione italiana guidata da Riccardo Cassin. Lo shock delle due slavine notturne mi accompagnò per quindici anni. Come del resto anche le esperienze vissute sulla parete. Una volta lessi che era stata scalata; un'altra volta invece che era impossibile. In innumerevoli libri e articoli di alpinismo campeggiavano immagini della parete con linee di ogni sorta tracciate sopra, e foto di tempeste di neve in atto sulla vetta. Man mano che nel tempo quelle dicerie aumentavano e si diffondevano, anche io cambiai idea sull'immagine che mi ero fatto della parete. Come sempre ci lasciamo influenzare da quel che si dice, ma una cosa è certa: la parete sud del Lhotse era emblematica della difficoltà dell'alpinismo sugli ottomila: «la parete delle pareti» per il millennio che volgeva al termine!

È possibile, mi chiedo, che noi siamo in grado di tradurre in esperienza personale le azioni degli altri, che, tra l'altro, ci vengono trasmesse solo per sentito dire? In modo automatico, e solo perché noi condividiamo quella stessa sfida? A me sembra che i nostri progetti non siano poi così privati come crediamo. Come se visioni e comportamenti coincidano in un certo senso con quelli di altri uomini di avventura. Dunque noi non solo siamo figli del nostro tempo, ma, per esempio, percepiamo anche il mondo come i nostri rivali.

Nella primavera del 1989 tentai una seconda spedizione alla parete sud del Lhotse. La guidai io stesso, ma non volli giungere fino alla vetta. La mia nuova meta era un'altra, volevo spingermi fino in Antartide. La squadra proveniva da Spagna, Francia, Polonia e Alto Adige. Ma là, sotto la parete, quando le tempeste di neve infuriavano negli angoli bui e nelle gole in alto, mi sentii ancora una volta un alpinista. Quello spettacolo della natura fece riaffiorare dentro di me immagini da tempo dimenticate: mi rividi salire sul Canalone Merkl innevato al chiarore della luna; intravidi il sole al tramonto sulla vetta del K2; sfidai le scariche di neve durante la discesa dall'Annapurna e mi accucciai in una tenda battuta dal vento sul Manaslu. Per quanto quelle immagini fossero vive davanti a me, scomparvero presto e furono sostituite da quelle della parete del Lhotse. Come se solo il freddo e l'altezza di quella montagna gigantesca avessero il potere di farle riemergere dal mio subconscio.

La nostra memoria conserva i ricordi passati, così come il nostro cervello è in grado di rivivere le esperienze di altre persone. Quando riviviamo situazioni passate e ci mettiamo al posto degli altri, cresce quel bagaglio di esperienze che ci aiuta a sopravvivere in caso di emergenza. Il ricordo più profondo fa emergere persino un sapere che può risalire all'età della pietra. Il nostro mondo è compreso in tutti i mondi che ci hanno preceduto? La nostra esperienza della montagna è comunque collettiva, non è una mera esplorazione dall'interno. Noi alpinisti estremi ci scambiamo esperienze e le condividiamo. In continuazione e senza parlarne tutti insieme.

All'inizio di aprile al campo base faceva ancora freddo e c'era molto vento: a ogni raffica si alzava una tale sabbia fine da dover chiudere occhi e bocca, e i tendoni si gonfiavano e sgonfiavano con scoppi sordi. Quantomeno, il posto che avevo scelto per il campo base sembrava sicuro, una casa temporanea: un paio di tende – blu, gialle e rosse – una cucina installata tra un pendio pietroso e una roccia grande quanto una stanza. Il vento, implacabile, sollevava continuamente polvere da terra. La faceva penetrare con forza nella tenda, nel nostro container aperto, nel tè, che Pemba Tzering, il cuoco Sherpa, ci serviva in tazze di latta nel tardo pomeriggio. Sopra di noi incombeva un mostro oscuro, una parete di roccia verticale, che sembrava essere inghiottita dal cielo buio.

L'indomani, alle sette, Pemba Tsering portò il caffè in tenda. L'ingresso era aperto, e lo spazio tra me e la parete del Lhotse era vuoto. Mi soffermai a guardare la verticale sullo sfondo. Dal mio posto vedevo solo la parete di roccia. Nessun firmamento. D'un tratto ci fu una raffica di vento. Una tempesta di neve turbinò sulla parete. Tutt'intorno era ancora tutto buio. Oltre questo buio, pensai, non può esserci un cielo azzurro.

Ancora una volta mi trovavo in Himalaya con una mia squadra internazionale e gli slogan della nuova generazione, che ha reso parole come progetto, motivazione e comunicazione i valori portanti di una cultura alpinistica moderna. I nuovi alpinisti professionisti si erano definitivamente emancipati dai vecchi sistemi di obbedienza e conformismo. Ma presto si sarebbero resi conto che libertà non significa ambire a traguardi sempre più ai limiti del possibile. Credevo di indovinare le intenzioni dei miei compagni, perché mi immaginavo al loro posto. Spesso aiutavo anche nel trasporto del materiale in parete.

Dal ghiacciaio fossile al campo base attraverso il pendio morenico e il prato ci sono trecentoventisette passi. Quando Roland si alzò dopo la terza sosta, guardò indietro al deposito sul ghiacciaio tra Island Peak e la parete sud del Lhotse, che avevamo raggiunto per la terza volta. Barcollò, pensava di svenire. Lentamente, si sedette tra le pietre, dimentico di quel che ci faceva lì in realtà. Doveva far calmare il cuore che gli martellava nel petto. Sentimmo un rumore: da qualche parte, nella parete sud, balzi possenti di stambecchi. Roland non alzò lo sguardo. Non poteva capitare niente di peggio a un alpinista. Stava male, si sentiva inutile e perso tra quelle alte montagne e gli altri famosi alpinisti francesi, spagnoli e polacchi. In alto sulla montagna infuria la tempesta. Come succedeva da settimane, mugghiando come una mareggiata. Qui la scogliera è alta 3500 metri, le onde dell'oceano hanno la velocità della corrente a getto. Roland si accovacciò e rimase a guardare, immobile, non muoveva un muscolo. Quando una manciata di sabbia alzata dal vento gli arrivò in faccia, alzò solo una mano. Anche io sentivo tutto il suo malessere – l'altezza, il freddo, la stanchezza. Stavamo ritornando al campo base e, guardando il mio compagno, mi sentivo come se avessi il mal di montagna anch'io. Come se le nostre coscienze si sovrapponessero l'una all'altra.

Il giorno dopo, una mattina senza sole. Una formazione di nuvole incombeva grigia sulla cresta est del Lhotse. Non si muoveva, era ferma. Non era un buon segno. Christophe era con Sylviane e Bruno sulla montagna. Sembravano due puntini a metà parete. Christophe da primo, sicuro di sé, determinato. Compiendo un arco verso destra giunse al pendio terminale seguendo un enorme crepaccio. Ancora una volta ebbi l'impressione di essere insieme a lui in parete. Un professionista come lui non poteva mancare la vetta del Lhotse, pensai.

Giorni più tardi – Artur e Christophe erano scesi – salì Hans. Velocemente come solo un uomo può fare a quell'altezza e con la tempesta! Di tanto in tanto si fermava per riprendere fiato e, le spalle al vento, aspirava a pieni polmoni. Poi riprendeva ad arrampicare: lungo una cresta, a sinistra passando una conca. Senza esitazione, lo sguardo rivolto sempre all'insù e senza mai guardare giù. La piccozza nella mano destra, la sinistra inguantata aggrappata per mantenersi in equilibrio, saliva sempre più in alto. Qualche volta carponi, fino a addentrarsi sempre più nella tempesta di neve. Riuscivo a sentire la sua determinazione, la sua paura nel vero senso della parola. Soprattutto la nausea per il vento.

Io credo che più una situazione è pericolosa, tanto più intensamente il nostro cervello riproduce le emozioni dei nostri compagni. Le loro azioni e le loro esperienze hanno un effetto contagioso.

C'ero anch'io quando dopo provò a salire ancora più in alto in parete. Una taccola si spaventò e mi si parò davanti nella corrente ascensionale. Salì come una freccia davanti alla parete. Come se volesse farsi beffe del mio modo di arrampicare. L'uccello ridestò in me il desiderio di volare, e ancora di più quello di liberarmi di tutto il peso. Tutti gli alpinisti sognano di liberarsi della forza di gravità e di librarsi come un'aquila, che, abbandonandosi leggera al turbinio dell'aria è più libera di quanto noi potremo mai essere. Per quanto misteriosa e provocante fosse quella parete, gli uccelli che salivano superando tutti i suoi ostacoli rendevano la mia salita sempre più ridicola.

Il tempo e la visibilità rimasero pessimi. Hans, molto avanti, si guardava intorno. L'attesa lo snervava più della tempesta, ma la curiosità lo spingeva a proseguire. La lunga ombra di un crepaccio lo aiutava a orientarsi. Le sue tracce si persero nel nulla che sovrastava scivolosi pendii innevati. Davanti a lui fiocchi di neve vorticanti, nebbia, un ripido deserto bianco, visibilità pari a zero. Ciononostante rimase calmo. D'un tratto spuntò una figura da sotto. Era Christophe.

Insieme avanzammo a tastoni, ciascuno piegato nella tempesta. In una conca tra ghiaccio e roccia, protetta dal vento proveniente da est e da ovest, c'era una tenda, una sorta di grotta. Quel mondo, se pur piccolo, ci sembrò caldo e sicuro.

I nostri doveri li scopriamo in spedizioni come quella, ciascuno per conto proprio. Su una parete del genere non ci sono leggi se non quelle della natura. Noi siamo una comunità nata in condizioni di emergenza nella natura selvaggia. E l'uomo non ha alcun potere sulla natura. O sulla tempesta. Chi vi entra per ingannare la noia, ne esce subito.

Due apostati erano già ripartiti e quindi già cancellati dalla nostra memoria. Nessuno ne parlava più, dovunque i due fossero. Non condividevano più i nostri lamenti e i nostri bisogni. Da quando per la loro meschinità se ne'erano andati alla chetichella dai 7000 metri sul livello del mare, anche in cucina c'era un'atmosfera più rilassata: niente più chiacchiere malevole, niente più osservazioni sprezzanti! Il resto della squadra non s'era nemmeno accorto che se ne fossero andati; li dimenticò e basta. Anche perché tutti rispettavano la libertà degli altri. Anche loro avevano seguito il loro istinto. Avevano poco da opporre all'impossibile.

Ma lassù, lontano da tutte le nostre abitudini, è più facile dare un senso alla propria esistenza che là sotto o nella vita organizzata. Sotto, al campo base, in una sorta di mondo di mezzo, il dubbio e la speranza sono bilanciati: chi deve allestire il prossimo campo e con chi? E quand'è che arriva la primavera finalmente?

Ma i sogni si possono rincorrere anche a casa. Tutti maledicevamo adesso di aver preso quella decisione. La parete era coperta di neve. Non ci consolava neanche il fatto di sapere che il clima invernale stabile offrisse più possibilità. Non ci restava che decidere se continuare a salire o rinunciare. Le barzellette che si raccontano gli Sherpa sui nostri fallimenti ripetuti sottolineano la nostra imbranataggine e la verità: è proprio così!

Eric e Artur salirono di nuovo. Nella tempesta di neve. Nell'uragano. Non sapevano dove si trovavano, si rifugiarono in un crepaccio, aperto come una grotta. In quello spazio buio, protetto dal vento, si costruirono la tenda, una grotta nella grotta. Nel loro freddo isolamento si organizzarono, provarono a cucinare, a mangiare, a dormire. Eric aveva mal di testa e conati di vomito. Non capiva perché l'altezza tormentasse in quel modo il suo corpo, si era sempre adattato bene. Ciononostante tenne duro. Finché sembrò che la tenda esplodesse di dubbi e perplessità.

Anche nella tenda-cucina faceva freddo. Se non vi fossero stati degli uomini al suo interno, sarebbe stato sconfortante, da impazzire. Mentre aspettavo il notiziario delle ore 20 da Katmandu con il bollettino meteorologico della spedizione, il vento gonfiava i teli della tenda sulla mia testa. Dalla tenda accanto giungeva il tono cantilenante degli Sherpa raccolti in preghiera. Quel canto continuo e monotono mi ricordava le processioni domenicali e i funerali nella valle della mia infanzia. Quel mormorio mi calmò come allora, mi fu d'aiuto, mi fece sentire parte di un gruppo minacciato.

Il vento della notte trascinò polvere di neve nella tenda. Il mio alito ghiacciato disegnava arabeschi sulle pareti interne, che adesso si sfaldavano. Cristalli di ghiaccio punteggiavano mani e viso. Hans non si svegliava, era rannicchiato nel sacco a pelo. «Questa è la vita» pensò, e afferrò le scarpe, che aveva infilato nel sacco a pelo la sera prima. Accese il fornelletto e si infilò di nuovo nel sacco. Un'ora più tardi il ghiaccio nella pentola si era sciolto. Hans si alzò in tutta fretta, e si vestì. Di corsa, come uno pronto a tutto. Bevve un paio di sorsi di tè tiepido, spostò frettolosamente di lato il sacco a pelo ghiacciato e strisciò fuori all'aperto. Lassù sulla vetta del Lhotse le stelle non si vedevano. Lui e Christophe dovevano raggiungerla. Oggi o mai più.

Christophe e Hans vedevano a malapena le loro sagome. Esposti alla furia della tempesta di neve, tutta la speranza cristallizzata in assurdità, senza più coraggio, guardavano nel buio della notte dell'impossibile: quella parete non finiva mai! Più i due salivano, più la parete diventava respingente e ripida. Dietro ogni spigolo di roccia ne trovavano un altro, una fessura, una gola e infine un labirinto di funghi di ghiaccio che sembrava insuperabile. E sopra, nessun cielo azzurro e sereno, ma la notte, il buio infinito. Nessuna possibilità di progredire, e dove riposare? Sotto di loro il baratro che conduceva alla follia o alla morte.

Tutte le nostre speranze rimasero deluse. A maggio nevicò ancora di più. La parete del Lhotse fu avvolta da una nebbia grigia portata da una tempesta gelida. Il fumo del fuoco sacrificale acceso ogni giorno dagli Sherpa al campo base si mescolava al vento. Per settimane avevamo sperato che giungessero miti monsoni, ma adesso cominciavamo ad ammettere il nostro fallimento. Dovevamo piegarci a quel clima instabile. I giorni di bel tempo tipici di maggio non arrivarono: al campo base fece ancora molto freddo, si gelava, e tempeste di ghiaccio imperversavano sulla montagna. Ogni giorno nevicava un po'. La parete, un guazzabuglio di seracchi, superfici nere, spigoli e pilastri ci spaventava più che durante l'avvicinamento. Il suo mantello bianco poteva staccarsi da un momento all'altro e travolgerci tutti.

Solo Christophe parlava ancora della salita, come dei suoi successi del passato. Al suo entusiasmo e alla sua concentrazione mancava però quella dedizione che emanano i vivi. E nessuno descrive una visione solo con parole e gesti. La verità deve essere vissuta. È al nostro eccesso che il clima risponde con un tale eccesso?

Come anestetizzati a tutte le paure – esposizione, profondità, impotenza – ci arrendemmo alle minacce del freddo e della morte per asfissia. Scendemmo. Il sole basso a est, la vetta, il miraggio della nostra brama nascosto da qualche parte, non più il nostro traguardo. La gioia della nostra salita ci si ritorse contro come un boomerang; la salvezza adesso stava soltanto nella rinuncia, il campo base era diventato il luogo della sicurezza.

Per una vita intera sono andato avanti e indietro, spesso verso il mistero, con una vaga speranza di successo, e senza capire bene il senso della mia impresa. In quei casi, il fallimento era giusto. Anche a me sembra ridicola qualche spedizione: la vita ad alta quota, in tende fredde e umide, sempre esposti al pericolo e al gelo. E sapevo anche che ogni spedizione poteva fallire. Molto di quello che ho tentato nella vita è stato assurdo, ma non il fallimento. Quando ho avuto paura per la mia vita, ho fatto quasi sempre la cosa giusta. No, non era una consolazione stare tra i massi al campo base e contemplare l'immortalità della nostra parete. Non che mi inquietasse la mia stessa caducità, era la dignità, l'inoppugnabile eternità della legge della natura, che mi rivelava il mio essere effimero.

Giorno dopo giorno, la temperatura al campo base salì. La primavera era arrivata insieme al nostro fallimento. Già prima del sorgere del sole cantavano gli uccelli, ovunque spuntava del verde dal terreno secco. Sedevamo sempre più spesso davanti alla tenda dopo colazione, ci godevamo il calore del sole e fissavamo la fredda luce della parete del Lhotse. Giorno dopo giorno, la parete sembrava più fattibile: meno compatta, meno ripida, non più tanto fredda. Il vento ululava di rado sulle nostre teste. La parete verticale da cui si poteva volare, i crepacci e le gole, in cui si poteva scomparire; le slavine che potevano travolgere, l'aria gelida d'alta quota che inaridiva e faceva impazzire se vi si rimaneva esposti per settimane e mesi: tutto svanito. La conoscevo bene ormai quella parete – nevai sterminati, una serie di neri triangoli di roccia a scaglie sotto la cresta della vetta – e ciononostante la rinuncia fu una liberazione, le mie pretese superate. Come un terribile spavento.

Sulla via di ritorno verso casa feci una sosta a metà strada tra il campo base e Namche Bazar. Nella tranquillità che avevo ritrovato dopo una settimana ai piedi della montagna, non mi chiesi cosa, dal mio mondo di opulenza, mi avesse attirato verso la sua crudeltà. Semplicemente mi ci ero ritrovato. Il vento mi scompigliava i capelli, e io li scostavo dalle guance con le punte delle dita piagate. Abbiamo mollato troppo presto! Ciononostante, non mi sono sentito depresso per il fatto di essere stato in balia della parete, della sua grandezza gigantesca, del suo ritmo. La rinuncia è un messaggio scritto nel cielo? Da milioni di anni. Quando si sale alle alte quote, la cosa più importante non è la terra, ma il cielo, che alle volte è azzurro, alle volte nuvoloso o in tempesta. È come un oracolo: vivo, con le sue trame e le sue risposte, anche quando è vuoto. E le nuvole, che gettano le loro ombre sui ghiacciai, sono come la speranza dentro di noi. Come se la natura si specchiasse nei nostri sentimenti.

Alla fine di maggio del 1989, partii dal Solo Khumbu su un Twin Otter, senza sogni. Forse quella spedizione mi ha fatto diventare come gli Sherpa. Proprio come a loro viene naturale portare la posta a Lukla, gli zaini o lo sterco degli yak al campo base, io mi sentivo più un contadino di montagna che un alpinista. Così, svanita ormai ogni ambizione, ero tornato indietro alla mia infanzia. Quando ero giovane ero ossessionato dal desiderio di arrampicare, oggi invece è il cambiamento la mia guida. Sono sempre in viaggio, ma non devo essere né il primo né il più veloce. La notorietà e i complimenti non mi interessano più. Quel che conta per me è che il mio essere e le mie azioni coincidano. Perché il mio tempo passa sempre più in fretta, e rinunciare mi pesa sempre meno.

44. Ricerca

Ai tempi d'oro come arrampicatore prima e come alpinista d'alta quota dopo, mi sosteneva una sensazione di invulnerabilità, una sicurezza senza paragoni. Una volta partito superavo tutte le mie paure, persino la morte non mi spaventava più. Nell'alpinismo bisogna arrivare laddove tutti gli altri non sono mai arrivati. Per mettersi alla prova, comportarsi in modo responsabile, non servono stravaganze, difficoltà misurabili o primati da guinness, è necessario soltanto conoscere le proprie capacità.

E nell'estate antartica 1989-1990, riuscii davvero ad arrivare dove non era ancora arrivato nessun uomo: in Antartide, insieme ad Arved Fuchs. Di nuovo, per me non si trattava di arricchire l'umanità con nuove conoscenze, e neanche di essere accolto in un club esclusivo, io volevo solo cercare di vivere fino in fondo quella parte dei miei sentimenti che si perdono nell'infinito.

Quel viaggio mi catapultò in un'altra epoca. La prima domanda da farsi era se sarei stato in grado di affrontarlo. Arved era un esperto navigatore e conoscitore del ghiaccio, e voleva partecipare alla mia avventura. Gli ci era voluto poco per valutare la mia resistenza e la mia sicurezza. Si trattava adesso di trovare un ritmo comune. Dopo due settimane faticose – le slitte erano pesanti e i cumuli di neve le frenavano – seguirono dei giorni meravigliosi. Una volta alzati, ci inoltravamo con ritmo regolare nel continente di ghiaccio. Spesso sotto una coltre di nuvole, altre volte nella tempesta, ma poi sopraggiungeva sempre il sereno, e il cielo sopra di noi si trasformava in una volta brillante. Senza fine. L'orizzonte si dilatava a ogni passo. Il sole rimaneva in cielo ventiquattr'ore ore, disegnando la sua orbita su un disco di neve: il teatro della nostra marcia. Come animali da tiro davanti alle nostre slitte eravamo in cammino verso un mondo color malva.

Dopo dieci giorni, ci eravamo già abituati alla vita quotidiana: impacchettare, partire, fermarsi, montare la tenda, cucinare, dormire, alzarsi. Poiché non mi aggrappavo più al futuro, avevo perso ogni cognizione dello spazio e del tempo. Avere il coraggio di addentrarsi sempre più in quell'infinito implicava non dover più pensare al futuro. Naturalmente le nostre capacità di resistenza e il nostro autocontrollo venivano sempre messi alla prova. In viaggi di quel tipo – in condizioni estreme – noi uomini siamo più robusti e più sensibili in egual misura. E le condizioni in cui trascinavamo le nostre slitte con sopra l'attrezzatura per sopravvivere, le provviste per mesi e combustibile in quantità per sciogliere la neve, erano davvero uniche. Senza contare la tacita responsabilità l'uno dell'altro. Una sorta di garanzia per la nostra sopravvivenza, e anche in definitiva per il successo comune.

Nei novantadue giorni sul ghiaccio, io e Arved non abbiamo mai litigato, neanche per qualche minuto. Ciascuno era in grado di controllarsi – anche in situazioni critiche. Ci rispettavamo. Accettare – peraltro per nostra volontà – una situazione di massima esposizione e una realtà che potenziava ogni rischio, e il comune obiettivo erano garanzie per la nostra convivenza pacifica. Anche per questo, nessuno di noi due si è ammalato. In Antartide il contagio è improbabile quanto lo era un tempo tra i cacciatori nomadi. Era come se il freddo e la purezza di spazi non conquistati dall'uomo intensificassero, senza indebolire, il riflettersi delle emozioni del compagno. E poi quello spettacolo di luce! Spesso i raggi del sole si scomponevano in miliardi di cristalli di neve. Davanti a quelle oasi verderame, rimanevo senza parole, non pensavo più a niente. Che ci si vada da moderni nomadi o da ricercatori, il potenziale di esperienze che offre l'Antartide è immenso quanto la sua superficie.

Spesso mi chiedevo: dobbiamo spingerci così lontano per trovare spazi come questi, adatti a condurre i nostri esperimenti? O bastano oasi artificiali, dove vivere avventure sensoriali che corrispondono alla brama dell'uomo nel suo stato primitivo? Io e Arved eravamo due sopravvissuti di una cerchia di persone già molto esigua. Tutta la nostra attenzione era diretta ai pericoli e ai fenomeni della natura: i crepacci, l'erosione provocata dal vento, il cielo in tempesta. E anche alla profondità di quell'infinito e ai colori del firmamento. In quel mondo fragile – in fondo sempre preoccupati per la nostra sicurezza – tutti i nostri sensi si erano acuiti, la condivisione era più forte che mai. La sensibilità di ciascuno per i sentimenti e i pensieri dell'altro era cresciuta: le nostre menti sviluppavano sempre strategie di sopravvivenza comuni, tacitamente.

L'uomo d'avventura è dunque come l'uomo non civilizzato: un profondo conoscitore della natura umana? Di certo è un fine osservatore della natura tanto quanto l'uomo empatico. Il suo istinto, il suo fiuto; il minimo rumore di passi; ogni movimento del suo prossimo; la natura là fuori, così come la natura umana, può leggere nel prossimo con un'acuità sensoriale che nel mondo civilizzato è andata ormai persa. Così vale sempre la pena di viaggiare. E ciò benché «la misurazione del mondo» sia stata conclusa da tempo, e la maggior parte dei posti un tempo inaccessibili siano raggiungibili con l'ausilio del telefono satellitare o possono essere fotografati dallo spazio. Tuttavia, la mia curiosità è rivolta sempre meno alla natura e sempre più all'essenza dell'uomo.

Per tre mesi, io e Arved abbiamo marciato l'uno dietro l'altro. Novantadue notti abbiamo trascorso l'uno accanto all'altro in una tenda angusta, per la maggior parte del tempo in silenzio. Di giorno parlavamo poco, in tenda ci scambiavamo qualche frase insignificante. Non siamo diventati amici, eppure, nei momenti di pericolo, eravamo unitissimi. Diventavamo una sola cosa. Quella scoperta – una natura più emotiva che scientifica – mi dette più soddisfazione della spedizione stessa.

Oggi la mia ricerca è rivolta all'essenza dell'uomo, e comprende anche una domanda: perché la maggior parte di noi, quando il pericolo è passato, non ricorda più quel che ha vissuto là fuori, quando era esposto al pericolo? Il fatto che proprio chi dimentica venga preso a modello da coloro che hanno perso ogni sentimento di partecipazione per i propri simili, mi rimane incomprensibile. È un dato di fatto, non un destino e tanto meno una legge di natura. Probabilmente qualcosa che appartiene a una civiltà moderna che è diventata del tutto insensibile alle esperienze primarie.

I miei giorni in Antartide non furono né corti né lunghi, scorrevano semplicemente l'uno dopo l'altro. A posteriori e nel complesso li considero come una vita a sé, arricchita di un senso di immortalità che ho condiviso fino a oggi col mio compagno.

Con la marcia attraverso il continente di ghiaccio, ho scoperto per la terza volta un nuovo rapporto con il mondo. Nell'immagine di me stesso non conta il fatto di aver dominato quel mondo, ma piuttosto il fatto di esserne stato parte. Naturalmente la paura e il dubbio fecero parte del gioco – una sorta di tributo che dovevo pagare per poter esprimere me stesso – ma la vita nel pericolo vale molto più della vita nella civiltà, molto più della sicurezza, dei soldi, della proprietà. Per quanto questo mondo sia potuto cambiare negli ultimi venticinque anni.

Il 27 dicembre del 2013, io e Simon, mio figlio, ci trovavamo nell'ufficio della direttrice dell'Arusha National Park. Volevamo provare a trovare una via sulla parete est quasi verticale del monte Meru.

«No, lì non ci sono vie.»

«Lo so, è per questo che siamo qui» fu la mia risposta.

«Ci sono delle regole.»

«D'accordo, una guida e un Ranger ci accompagneranno fino ai piedi della montagna. I 1000 metri più difficili li scaliamo io e Simon in piena autonomia e sotto la nostra responsabilità. Se l'ascensione riesce, gli accompagnatori ridiscendono per la via normale e ci aspettano lì. E poi scendiamo insieme. È tutto pronto.»

«Ma dovrete comunque salire solo lungo vie conosciute. E ce n'è una sola.»

«Come si può scoprire se ce n'è un'altra, se lei ne impedisce la ricerca?»

« Sono le regole. »

« Nel 1978, sul Kilimangiaro, ho trovato una nuova via diretta sulla Breach Wall. »

« Può essere; qui invece bisogna che la via sia definita prima che qualcuno la salga. »

Ero impotente. Niente autorizzazione. Non potemmo neanche salire lungo la normale in uno o due giorni. Se avessimo voluto raggiungere la vetta, ci saremmo dovuti accodare a un gruppo piuttosto numeroso, adattarci al loro ritmo, impiegare esattamente tre giorni e obbedire a tutte le prescrizioni dei nostri accompagnatori ufficiali. Rinunciammo alla spedizione. Senza brontolare.

« Questo modo di affrontare la montagna offende il mio orgoglio » fu l'unica cosa che disse Simon. Non suonò né arrogante né timido. E non invidiammo neanche coloro che salivano in massa su una montagna. Poiché la conoscenza – anche di noi stessi – non si conquista in fila indiana. E una società che non ammette la ricerca è destinata al declino.

45. Destino

Premetto che non credo nel destino. Altrimenti cosa ne sarebbe dell'autodeterminazione? Tuttavia, sono consapevole che non siamo guidati solo dalle nostre intenzioni. Il corso della nostra vita è influenzato da coincidenze – fortunate o meno –, dalla nostra natura con le sue leggi incorruttibili, e soprattutto dalla nostra psiche. Inutile negarlo: è dura stare al mondo.

Cominciai il 1995 sul pack artico. Di fronte alla costa siberiana – di notte, a cinquanta gradi sotto zero in balia di una tempesta – e barriere di ghiaccio che si ergevano davanti al nostro campo. Una tenda, due slitte, un recinto fatto con racchette da sci, sci e corde intorno, per proteggerci da eventuali attacchi di orsi polari. Quando il sottile ghiaccio sotto i nostri piedi si spaccò, tutt'intorno a noi fu il caos. Sembrava di stare in una fabbrica metallurgica: stridori, rumore elettrico di sega, colpi di martello. Il pack compresso. Solo un flebile chiarore di luna filtrava attraverso la coltre delle nuvole. Nelle prime ore della nostra fuga da quel caos trovammo ancora ghiaccio solido, seguendo una traccia che avevamo tracciato noi nei giorni precedenti, ma non un'isola di ghiaccio stabile. La tempesta aumentò. Veniva dal Polo. Nessuna speranza che la pressione del ghiaccio in movimento calasse.

Io e mio fratello Hubert avevamo attraversato la Groenlandia nel senso della lunghezza. Sul pack nel nord del Canada avevamo cacciato le foche. Conoscevamo le insidie del Mar glaciale artico, ci eravamo stati spesso. Ma adesso era in gioco la nostra vita: indietro, sulla terra ferma! Dovevamo venir fuori da quel caos: placche di ghiaccio spaccate, tratti di acqua, tempesta. Terraferma! Era una sorta di comando intimo. Chi ha vissuto per ore un frastuono del genere, una caduta in acqua, la perdita di una slitta, si sente più sconvolto dal fatto di essere scampato al pericolo che dal pericolo stesso. Era davvero tutto passato? Prima si rimane stupiti – in un certo senso inconsapevoli – poi quel che è accaduto comincia a prendere forma. Era stato come se ci fossimo rassegnati al destino. Come se dovessimo ringraziare solo la provvidenza. Non ricordo nessun discorso su una qualche « sfortuna » o « disgrazia ». Avevamo fallito, eppure eravamo infinitamente felici di essere ancora vivi! Non ne parlammo neanche, anche se ci saremmo capiti senza difficoltà. Nonostante il vento incessante sulla costa della Siberia.

Erano passati giorni da quando avevamo preso la decisione sbagliata: partire contro il vento. Così, esposti alle forze della natura, cercammo di correggere quel che avevamo sbagliato con la nostra partenza precipitosa. Pur mancandoci la visione complessiva del disastro, sapevamo che il pack era stato compresso su una superficie di migliaia di chilometri quadrati. Avevamo vissuto solo una piccola parte di un caos quasi infinito, di cui tuttavia non ci sentivamo in balia. Contro il vento da nord, sul pack estremamente sottile non c'era modo di avanzare.

Eravamo partiti qualche settimana prima dopo anni di preparazione in Europa. Eravamo giunti sulla costa siberiana passando da Mosca e Hatanga, per poi prendere da lì la via più difficile verso il Polo Nord e poi per il Canada. L'idea di marciare attraverso il pack artico senza aiuti per 2000 chilometri aveva senso per entrambi. Anche perché fin lì mai nessuno c'era riuscito. A posteriori però quel senso non c'era più. Era come se lo avessimo smarrito. Seppur convinti ancora del nostro progetto originale, cominciammo il viaggio di ritorno. Ma da un'altra direzione e da un'altra prospettiva rispetto a quello che avevamo pianificato. Eravamo ancora lì, ma ci mancava la visione d'insieme degli eventi. Come se la nostra esistenza avesse subito uno scossone, e non fosse più la stessa di quando eravamo partiti. Non pensavamo di fare un altro tentativo.

Lo stesso Polo Nord non esisteva più così come il mondo non aveva più un senso. Ma durante la preparazione era la meta, il fulcro: stare in mezzo al pack artico era più che un punto di riferimento, il mio viaggio fin lì aveva un senso. Naturalmente solo per me.

Dunque il Mar glaciale artico non ci pose domande sul senso della vita. Non ci impose neanche un destino. Tuttavia, con il nostro fallimento sperimentammo i nostri limiti. Poco più tardi, io e Hubert provammo la nostra attrezzatura in una marcia di 150 chilometri attraverso l'Artico: da una stazione nel Mar glaciale artico fino al Polo. E nel marzo del 1996 decidemmo di fare un secondo tentativo.

Finché noi uomini d'avventura ci confrontiamo con l'impossibile, vediamo possibilità emblematiche per nuove sfide. Sempre e tantissime. Osiamo in mondi imprevedibili che si perdono nell'infinito. Dove, in realtà, non arriviamo mai. Dunque la questione del destino è come una ricaduta in una religione tradizionale? O la distruzione del senso che noi stessi mettiamo nelle cose? La negazione di possibilità, la privazione di libertà?

Di ritorno in Europa – non avevo preso impegni – insieme a mia moglie Sabine e Wolfgang Thomaseth partii di nuovo per la Siberia. Quella volta la destinazione era un monte della catena dell'Altaj, il Belucha. Non è né alto né particolarmente difficile, eppure vi vivemmo un'apocalisse. Per la seconda volta in quel 1995, «l'anno del destino».

A neanche 50 metri dalla vetta, la montagna fu avvolta da una nebbia compatta. Rimanemmo bloccati nel whiteout. In fase di discesa totale perdita dell'orientamento. In più minacciava temporale con conseguente pericolo di slavine. Come per miracolo, trovammo il nostro campo alto, che era stato distrutto nel frattempo, e rimontammo le tende. Quello che seguì fu una sorta di catastrofe. Pioggia, grandine e neve. Per due giorni e due notti non riuscimmo a muoverci! Migliaia di fulmini e anche più si abbatterono sulla montagna che ci teneva in pugno come una prigione. Terrorizzati, rimanemmo nei nostri sacchi a pelo, gelati o fradici a seconda della temperatura, e aspettammo, sperammo, imprecammo. Rassegnati al destino.

Dopo circa una settimana eravamo di nuovo a valle: grati, felici di essere vivi, e persino un po' spavaldi. La mia testa era un vulcano di nuove idee. A ogni pena segue sempre la consapevolezza che peggio di così non può andare. Come se qualcosa che è andata male una volta non possa andare male una seconda volta. Con tutti gli insegnamenti che avevo tratto dal fallimento ripetuto in Siberia, mi godetti l'estate a Juval e feci tutto quello che avevo voglia di fare.

Una sera, di ritorno al castello con la mia famiglia non trovai la chiave della porta dove la lasciavamo di solito. Il fattore non era a casa e il mio figlioccio Markus, che viveva da noi e lavorava come cuoco nel vicino Schlosswirt, era stato chiamato altrove. Non potevo contare sulla sua chiave. Iniziò a piovere mentre calava la notte. Così salii dal lato ovest sulle mura di cinta. Lo facevo spesso nel periodo della ristrutturazione. L'arrampicata non era difficilissima, le mura non erano particolarmente alte: circa cinque metri esternamente, che diventavano sei sul lato interno. Nel castello c'era una chiave di riserva, con cui avrei potuto aprire la porta principale dall'interno. I bambini erano stanchi, dovevano andare al letto. Nonostante il buio, scavalcai bene il muro esterno, ma nello scendere sul cortile superiore del castello, pochi metri sopra il livello del pavimento, dove ci sono alcuni gradini di gneis irregolari, che al buio non vedevo, scivolai da un appiglio bagnato e saltai giù – come un gatto –, ma sbattei con il piede destro e non riuscii a reagire con le ginocchia. Sentii le ossa che si spezzavano, ma non avvertii dolore, e mi accasciai. Frattura esposta del calcagno e fine della mia «carriera» come alpinista estremo. E tutto perché non avevo una chiave.

«Le disgrazie non vengono mai da sole» dice un adagio. Il loro ripetersi una seconda volta lo consideriamo una coincidenza. Nel mio caso fu una terza disavventura nel giro di pochi mesi. Dopo quella catena di drammatici eventi, mi sono chiesto se fossi stato avvisato. Non avevo capito i «segni»? Avrei dovuto darmi una regolata? C'era una sorta di provvidenza? Un cenno che avrebbe dovuto frenarmi: basta! Era una fortuna che fossi ancora vivo? Sapevo che, secondo la legge di causa ed effetto, sarei potuto morire sia sul Belucha sia nel pack artico. La caduta dalle mura di Juval avrebbe potuto comportare una paralisi.

A posteriori, quel crescendo di eventi drammatici aveva un che di irreale. O era tutto un caso? Qualcosa di deterministico era accaduto: con la fuga dal Polo Nord qualcosa di sconvolgente; con l'incredibile tormenta sul Belucha qualcosa di devastante; con la frattura del calcagno, che mi ha reso un invalido per il resto della vita, qualcosa di immodificabile. In tutti e tre i casi, avevo perso il controllo degli eventi. Come nel sonno, nel sogno, nella diffamazione. Ma io non mi sono mai sentito in colpa. Al contrario. Ho scelto io di fare quel che ho fatto, ma le disavventure mi sono cadute addosso senza che io potessi fare qualcosa per contrastarle. In definitiva, non ho avuto alcuna possibilità di correggere la rotta.

Sono stato io a volere, pianificare e condurre la traversata dell'Artico. E sempre io sono voluto andare sul Belucha, anche perché mi era rimasto del tempo dopo il fallimento in Artico. E sempre io sono salito sulle mura del castello. Nessuno mi ha costretto. Non si può accusare nessun altro per questo. Dunque, è stato per destino che sono stato vicino alla morte per tre volte? No, la responsabilità è solo mia. Avrei potuto o dovuto evitare quelle avversità? Ogni volta! Era stato da stupidi partire per l'Artico, per il Belucha, e scavalcare le mura del castello di notte? Forse. Avevo cinquant'anni, non sentivo affatto l'età, mi sentivo in forma. Gli altri invece avevano notato da tempo che alle volte esitavo, che i miei movimenti erano impacciati e avevo i riflessi lenti, come accade a quell'età... La cattiveria è forte.

Io non me la presi. Oltre il danno, la beffa. Gli amici mi dimostrarono affetto e mi confortarono. Tutti – alchimisti, astrologi, chiromanti – avevano risposte certe, soltanto io non volevo credere al destino. Anche se erano certi che la morte sfiorata più volte fosse un segno di Dio. Le ragioni erano lampanti: era ora di dire basta! Da quel punto di vista anche per me era difficile attribuire tutto all'occulto. Che il destino sia dentro di noi? Come la nostra predisposizione genetica – con relativa aspettativa di vita, colore di capelli, statura? Dunque siamo noi stessi il nostro destino?

Il mio mondo come uomo d'avventura era andato in pezzi. Condannato a dover rinunciare in futuro a molti dei miei sogni, dovevo ammettere il mio fallimento definitivo. Anche i medici in clinica mi dissero la verità: probabilmente non sarei più tornato a camminare bene.

Senza aver realmente capito quel che significava per me rimanere invalido, già in ospedale cominciai a fare programmi per il dopo. Come se il fatto di riconoscere che tutte le possibilità di prima erano svanite si collegasse con la saggezza del capobranco di mantenere almeno la visione d'insieme. Avvertivo che i problemi seri dovevano ancora venire. Dopo la tempesta ritorna sempre il sereno. Non solo il nostro carattere, e ancora meno il mondo in cui siamo nati, sono il nostro destino. Se analizziamo e non crediamo alle coincidenze, troviamo le nostre sicurezze. Per me non sarebbe stato facile andare avanti in questo mondo: per vent'anni arrampicare era stata la cosa più importante della mia vita. Avevo sacrificato tutto a questo scopo. Poi erano arrivati gli ottomila e le altre numerose avventure. E ora era finito tutto, all'improvviso. Non aveva più senso. Neanche il minimo. Poiché la sfida, il senso delle nostre mete, dura finché noi glielo diamo con il nostro entusiasmo. È questa la sua essenza. Noi ne determiniamo il valore finché rendiamo questa ovvietà infantile una e unica nella nostra vita. Per guarire dalla sindrome della « vita sprecata » con un calcagno destro rotto, avrei dovuto reinventarmi.

Parte 3
NUOVO INIZIO

« Mi sono dato per legge di agire secondo la mia legge interiore senza curarmi di come mi fa apparire, né di essere frainteso. »

ATTRIBUITO A HÖLDERLIN

Nell'ambito della mia fondazione MMF (Messner Mountain Foundation) aiuto le regioni molto povere di montagne; con mio figlio Simon viaggio spesso in quelle zone.

Con l'apertura di Castel Juval, è cominciata la sesta fase della mia vita; in questo modo posso condividere le mie avventure con tutti gli appassionati di montagna.

Senza le mie esperienze tra il Monte Bianco e il Kangchenjunga non avrei potuto raccontare la storia della montagna: da Petrarca a David Lama.

Il rapporto tra l'uomo e la montagna può essere raccontato anche solo con oggetti e strumenti del passato, come la piccozza di Paul Preuß e il casco di Ueli Steck.

Wie oft werde ich nach
meiner Message gefragt.
Aber ich habe keine!
Meine Erfahrungen haben
keine Allgemeingültig=
keit, keine Zukunft, keine
Wichtigkeit. Sie werden ver=
schwinden mit mir.
Ich habe nur versucht,
meinen Ansprüchen zu ge=
nügen, meine Ziele zu
erreichen und zuletzt
zu erzählen über das
Leben. Jetzt bin ich bereit
loszulassen.
Mir ging es nie um ein
gelungenes Leben, im Tun
aber, als Prozess - vor allem,
wenn ich ganz gefordert
war -, wurde es ein Gelingen=
des Dasein: Die Entdeckung
von Sinnhaftigkeit dabei -
auch wenn es mich nie
gegeben hätte.

Juval, im Sommer 2014

Come sempre mi chiedono quale sia il messaggio. Ma io non ne ho. Le mie esperienze non hanno un valore universale, nessuna importanza. Moriranno con me. Ho solo tentato di soddisfare le mie aspettative, di raggiungere i miei obiettivi, e infine di raccontare la vita. Adesso sono pronto a lasciare.

Non mi interessa una vita di successo. La mia esistenza era un successo quando ero completamente impegnato, quando scoprivo il senso, inaspettatamente.

Juval, estate 2014

46. Nuovo inizio

Nella primavera del 1996, dopo l'operazione al calcagno, zoppicavo molto. Ed ero consapevole che la situazione non sarebbe cambiata! Ero rimasto invalido. Per sempre. Ma non ero malato. Così ripresi con blande salite; all'inizio piccoli rilievi, in seguito azzardai qualche semplice arrampicata. Ma siccome in montagna la speranza non mi aveva mai abbandonato, e prima o poi le nebbie si erano sempre dissolte, rimasi della mia convinzione: avrei ripreso in mano la mia vita. In fondo, non ero obbligato a compiere altre imprese estreme; attraversare il mare artico, scendere con gli sci dai ghiacciai; bucare le nuvole; e tantomeno salire altri ottomila! Non devi più andare alla ricerca di strade difficili, mi dicevo, per arrivare ai tuoi limiti. Anche se non puoi più scalare pareti di roccia verticali, devi andare avanti per la tua strada.

Comunque il mondo non era più lo stesso. Ma io non dovevo i miei successi anche alla mia capacità di adattarmi? Quando temevo che non ci sarebbe stato più un domani, nella mia vita giungeva in modo insperato una svolta.

Senza alcuna formazione adeguata, nel 1966 avevo avuto una supplenza per un breve periodo. Di tanto in tanto, arrotondavo facendo da guida ad alpinisti più anziani sulle pareti delle Dolomiti, e nel mio tempo libero arrampicavo con amici e spesso da solo. Allora la mia ambizione non si era ancora svegliata, ma tutto era cambiato con le mie «prime». Avevo trovato la mia strada! Con nuove idee, l'entusiasmo e la costanza di un triatleta, cominciai una sorta di «carriera» come libero professionista delle montagne. E poi nel 1971 sopraggiunse il cambiamento radicale da arrampicatore ad alpinista di alta quota.

Qualunque cosa accada, non possiamo sfuggire alla nostra

capacità di decidere per noi stessi. Più che dal pensiero, questa legge è plasmata dai cinque sensi: tatto, vista, udito, gusto e olfatto. Nel mio caso, anche dalla mia testardaggine tanto stigmatizzata. Naturalmente ero pronto a rivedere le mie posizioni ogni volta che le mie esperienze non davano le conferme che attendevo. Ma la mia tenacia persisteva. Forse perché la nostra conoscenza è il risultato più di esperienze di significato che di pensieri astratti? Tutto quel che ho imparato a scuola – la capacità di pensare tenuta in esercizio dalla capacità di calcolare – mi è rimasto impresso meno delle esperienze di significato che ho fatto nei miei viaggi nella natura incontaminata. Quel sapere – elaborato in un processo lungo una vita – oggi si esprime nei miei sentimenti, perché è stato acquisito grazie agli istinti. In modo inconscio. Sentivo che avrei continuato non solo grazie alla consapevolezza di me stesso, ma piuttosto grazie alle tante esperienze ai limiti delle mie possibilità. Dovevo trovare un nuovo campo da gioco, acquisire nuove esperienze per andare avanti.

Perché allora non cercare nuove sfide dopo la caduta? In un ambito accessibile anche agli invalidi. Per esempio con la costruzione di un luogo di incontro sul tema della montagna? Trasmettere le esperienze fatte in modo indipendente richiede creatività, capacità decisionale e talento organizzativo, qualità di cui mi ero giovato anch'io in montagna. Tutto quel sapere che volevo trasmettere poteva essere riprodotto e preso a modello? Una mente che accumula conoscenza non è un museo, le esperienze tuttavia possono essere tradotte in emozioni: lo avevo imparato durante le mie conferenze. Anche perché i miei libri vengono letti sempre di più. In tutte le mie azioni avevo messo in discussione il mio know-how. Sempre. Quante volte avevo cercato l'estremo, o intenzionalmente infranto dei tabù? Solo per la celebrità? Ridicolo: volevo andare oltre! Soprattutto oltre me stesso. Da giovane mi spronava un senso di immortalità. Non solo mentalmente. Se avessi fatto sempre le stesse esperienze, sarei morto soffocato dal mio orgoglio. Bloccato in uno stato di immobilità. Forse le esperienze ripetute rendono l'uomo più saggio, ma troppe esperienze uguali lo rendono conservatore. Per questo volevo imparare ancora una volta a essere all'altezza in un ambiente per me assolutamente nuovo. O ero troppo vecchio per ricominciare di nuovo da zero?

Come un animale che conosce gli odori dei paesaggi e adatta la propria vita al ritmo della natura, anch'io obbedivo ai miei istinti da decenni. La mia verità era accoppiata al senso di ineluttabilità e al contempo non era paragonabile a nulla. Non aveva a che fare con la felicità; ma piuttosto con quella fiducia che, passo dopo passo, mi aveva permesso di andare oltre. In campi d'azione sempre nuovi.

Adesso carpivo il know-how di direttori di musei, artisti e amici dell'ambiente culturale, proprio come un tempo avevo imparato molto – tutto quel che avevo potuto – dai compagni di arrampicata. E, come un tempo la mia semplice esistenza mi aveva sostenuto e dato la forza per osare imprese estreme sulle montagne, cominciai a sognare. Di nuovo « in solitaria ». Come se fossi destinato ad andare da primo, a battere traccia, a scoprire di nuovo il mondo. Prima i miei obiettivi si identificavano nella natura selvaggia, adesso erano diventati culturali. Ma, a quanto pare, il fatto di essere stato il leader delle mie spedizioni non mi dava adesso il diritto di creare un museo: mi attirai le invidie dei miei rivali. Come in tutte le fasi della mia vita. All'inizio però non sapevo ancora che la cosa si sarebbe ripetuta molte volte. Comunque, nel 1996, dopo la rottura del calcagno ero pronto per un cambiamento ancora più radicale di quello che avevo realizzato dopo la tragedia del Nanga Parbat nel 1970.

Quel che molti non riescono a sopportare è il fatto che io abbia sempre ammesso di non avere né i mezzi necessari né un particolare talento come curatore museale. Volevo diventarlo. Anche come uomo d'avventura non ero partito dai migliori presupposti. Pur non avendo un particolare talento come rocciatore o alpinista d'alta quota, avevo potuto comunque realizzare molti progetti. Forse ero solo un fine stratega in grado di trasmettere agli altri tanto entusiasmo da renderli « schiavi » dei miei obietti-

vi. Per questo motivo, qualcuno mi ha definito cannibale. Non me ne vergogno.

Già: riesco a trasmettere l'entusiasmo agli altri, a trascinarli nei mei sogni. Alcune idee le ho potute realizzare solo con altri, spesso esperti in materia. Oggi, soltanto i collaboratori delle mie società si identificano completamente con i miei obiettivi. Chi non condivide quel che ho creato, non ne sarà soddisfatto, qualunque cosa faccia. Le nostre società non appartengono a me ma a tutti i collaboratori che sentono di farne parte: solo insieme abbiamo raggiunto il successo.

47. Ambiente

Non è curioso? Nonostante oggi molta più gente di vent'anni fa si preoccupi dell'ambiente, non si realizza una politica globale per « salvare il pianeta ». Ma tutti criticano quelli che, a quanto si dice, lo distruggono. Leggiamo regolarmente di alleanze per il clima, scomparsa dei ghiacciai, riscaldamento globale, deforestazione, smaltimento della plastica. E pensiamo di alleggerirci la coscienza gettando i rifiuti negli appositi contenitori davanti alle nostre abitazioni.

Si tengono innumerevoli conferenze e summit sul tema della salvaguardia del pianeta, si progettano infinite strategie ecologiche; la tempesta mediatica contro Monsanto, BP o Nestlé ha assunto le proporzioni di un uragano, senza però sortire alcun effetto. Perché il concetto di sostenibilità non può né essere inculcato a forza né ottenuto con la supplica. La nostra società dei consumi trova infatti più comodo scandalizzarsi per quello che non va che partecipare attivamente al cambiamento. Finché penseremo che i responsabili del cattivo smaltimento della plastica, delle emissioni di gas tossici o della morte dei mari siano solo gli altri, e non faremo noi stessi qualcosa, entrambi i problemi – crescente sfruttamento delle risorse e aumento delle emissioni – si aggraveranno sempre di più.

Alla caccia agli sponsor partecipano nel frattempo numerose organizzazioni del movimento ambientalista in rapida espansione: associazioni, commissioni, fondazioni. Nel mondo ci sono milioni di ONG alla ricerca di mezzi e attenzione. Non vengono però trattati prodotti naturali, bensì valori fra loro non equivalenti: una coscienza pulita in cambio di denaro.

Sulla strada verso la sorgente del Gange incontrai uno yogi, intento a raccogliere della legna nel bosco sulle rive del fiume. Anziano e magro, con una Mala sulla fronte e l'espressione estasiata, aveva già ammucchiato una pila di rami secchi che aveva trovato tra gli alti cedri dell'Himalaya. Per accendere un fuoco con cui scaldarsi di sera? Non solo. Voleva innanzitutto tenere pulito il bosco, mi disse. A causa del pericolo di incendio e perché era suo compito. Un compito che si era dato da solo. Di quel tratto di bosco nei pressi dell'Alaknanda, un torrente che scorre ai piedi dell'Himalaya, si occupava lui, mi disse.

Il fiume sacro degli Indù – loro parlano di « madre Gange » – è formato da tre corsi d'acqua: Alaknanda, Jamuna e Bhagirathi, che nascono nelle montagne della regione himalayana del Garhwal, che custodisce i luoghi sacri più visitati dell'Himalaya. Numerosi yogi meditano lungo i corsi d'acqua nelle grotte, nelle capanne e sulle pietre. Le montagne che sovrastano quei luoghi sacri alimentano con la loro corazza di ghiaccio i fiumi, che nella mitologia indù rivestono un ruolo cruciale tanto quanto le montagne stesse. All'infuori della regione del Garhwal, in nessun altro posto in Himalaya si possono trovare altrettante « vette sacre » – le dimore degli dei – tutte insieme. Pellegrini provenienti da ogni parte dell'India giungono nella regione della sorgente del Gange, dalla loro madre sacra, per purificarsi immergendosi nelle sue acque. Le mete di pellegrinaggio più importanti – Jamnotri vicino alla sorgente del Jamuna; Kedarnath ai piedi orientali della catena principale della regione occidentale del Garhwal, Gangotri vicino alla sorgente del Bhagirathi e Badrinath nei pressi dell'Alaknanda – che ho visitato anch'io, sono luoghi in cui regna la quiete, il riposo e la spiritualità. Molti uomini « sacri » (Mahatma) – swami, guru, sadhu (pellegrini) e yogi – meditavano su una grande pietra nell'acqua. Avevano abbandonato la vita materiale, e vissuto nella rinuncia tentando di raggiungere la saggezza per spezzare il ciclo infinito delle reincarnazioni.

Il tempio di Gangotri si trova circa sedici chilometri sotto la sorgente del Bhagirathi, il più sacro dei tre fiumi. Nasce a quasi

4000 metri di altezza sotto un'imponente lingua di ghiaccio: la bocca, grande quanto una casa, che il ghiacciaio Gangotri spinge davanti a sé. Secondo la mitologia indiana, esso è il capo di Indra, il massimo dio nella rappresentazione antico-indiana del mondo. Al di sopra si ergono i seimila metri dell'elegante e perfetto Shivling e, ancora più su, dal Tapovan, si intravede il monte Meru, che secondo la mitologia indù è il trono degli dei, il centro della terra, il luogo, per lo più avvolto dalle nuvole, dove danzano gli dei.

I rifiuti, che allora con la nostra piccola spedizione avevamo accumulato, li abbiamo poi smaltiti a valle. Non perché volessimo dare un buon esempio, ma perché sapevamo per esperienza che la soglia di inibizione di una società dell'usa e getta, che butta tutto, sale quando sulla strada non c'è immondizia. Non esistono piani generali per comportamenti ecocompatibili su questa terra. Ma in un processo di apprendimento collettivo – con scienziati che migliorano la loro conoscenza; politici che stabiliscono per noi chiare norme generali; cittadini che si comportano con cognizione di causa – la sostenibilità potrebbe non essere lontana. A questo riguardo, la prospettiva per il futuro è possibile solo con la pratica: provando e sbagliando, con l'impegno di tutti. La preoccupazione e l'allarmismo da soli non rendono il mondo abitabile. Soprattutto perché siamo tanti, comprendiamo solo il linguaggio delle sanzioni e in genere siamo sordi ai problemi dell'ambiente. E continuiamo ad aumentare.

È da molto tempo che mi sono ritirato dalla sterile discussione sui problemi ambientali; tento di preservare l'agricoltura per l'autoproduzione di generi alimentari nelle fattorie altoatesine, di resistere come contadino di montagna e cammino molto. In Alto Adige, insieme a vecchie forme di economia persiste ancora un antico know-how e la gente si muove a piedi. Forse questo tipo di conoscenza acquisterà di nuovo importanza nel prossimo futuro per sopravvivere nel mondo globalizzato. Ancora oggi mi piace raccontare intorno a un fuoco piuttosto che ricorrere alla comunicazione della rete globale. Ciononostante, mea culpa, uso l'auto e viaggio molto in aereo.

Oggi, la cosa che mi piace di più è prendere sempre le stesse strade. Con il mio passo e senza alcuna meta. Sempre a piedi. Andando su e giù faccio mio quel che mi circonda, le storie di questa terra e della sua gente.

I nostri boschi e i nostri alpeggi nelle Alpi sono percorsi da un'antica rete di strade che negli ultimi cent'anni sta via via scomparendo. Anche perché quanto più il mondo diventa trafficabile e collegabile tanto meno lo si percorre e lo si scopre a piedi. La tanto decantata campagna viene urbanizzata con sentieri escursionistici ben tracciati, percorsi-vita e parchi avventura, e alla fine assomiglia sempre più alle sterili città con le loro zone di verde e i parchi. La maggior parte dei sentieri dei boschi che percorrevo da bambino in Val di Funes oggi si è persa. A Juval invece, nemmeno in trent'anni sono riuscito a ritrovare la fitta ragnatela dei vecchi sentieri di una volta. Perciò continuo a cercare.

Sul pendio opposto, in questi mesi – siamo nella primavera del 2014 – le guide alpine stanno attrezzando una ferrata, che segue in parte – con tratti molto esposti – un corso d'acqua che cento anni fa irrigava con l'acqua dei ghiacciai i campi dei contadini di Naturno. A quei tempi l'agricoltura nell'arida Val Venosta non era possibile. Questa ferrata – rogge di Ciardes e di Stava – ci mostra un'epoca senza centrali idroelettriche, senza accesso alla falda acquifera, senza la moderna tecnologia. No, il mondo allora non era migliore, ma era in equilibrio.

48. Cultura della città

Quando alla fine degli anni novanta ho cominciato a sviluppare seriamente un'idea di museo sul tema della montagna, e l'ho presentata ai politici locali, mi sono ritrovato in una giungla di macchinazioni come non mi era mai capitato prima. Per una vita intera avevo sfruttato le osservazioni dei miei compagni e la mia esperienza sulle montagne per cavarmela negli imprevisti e limitare i rischi. Ma la capacità di affrontare l'ambiguità e la malafede mi mancava ancora. Certo, un paio di miei amici – una volta ritornati nella civiltà – avevano lasciato che i loro manager o *ghostwriter* interpretassero la nostra comune avventura in modo da rivolgersi a un pubblico il più ampio possibile, ma si era trattato solo di eroismo fanatico. Ovviamente, nell'ambiente alpinistico avevo suscitato molte invidie: ma erano dirette soprattutto al mio stile e alla mia notorietà, non ai miei successi.

Con la parzialità di giudizio tipica di chi disprezza il genere umano avevo dovuto confrontarmi solo dopo la tragedia del Nanga Parbat del 1970. All'epoca nessuno di noi alpinisti era stato sfiorato dall'idea di rendere una vicenda vissuta in montagna argomento di discussione pubblica. Il capo spedizione, invece, ritenne che fosse addirittura un compito principale, non secondario. E sì che noi non lo consideravamo un vero alpinista ma l'organizzatore della spedizione.

Alla fine fui costretto a smentire la descrizione delle mie esperienze in montagna fornita da quel capo spedizione, dopo che costui aveva tratto conclusioni sbagliate non solo cadendo in contraddizione, ma mettendo in circolazione anche un sacco di menzogne. All'inizio non avevo capito cosa avrebbe comportato il suo teatrino. Finché non compresi che cercava dei pretesti per stravolgere le mie dichiarazioni. La nostra mente è in grado di ricordare il più piccolo avvenimento e collegarlo con tantissime informazioni. Io avevo riportato al capo spedizione tutte quelle informazioni in modo preciso. Con conseguenze devastanti. Lui le usò a sua discrezione. Come se nella civiltà valesse un codice di comportamento diverso da quello valido in montagna.

Prima di partire non mi ero preoccupato di sapere come si comportassero i partecipanti a una spedizione nella società civile. Mi bastava valutarne le capacità, nient'altro. Siamo diversi, e ciascuno ha i propri obiettivi. Inoltre durante il viaggio ci sarebbero state molte possibilità per imparare a conoscersi sempre meglio. Spesso era sufficiente un'espressione del viso e un tono della voce per capire l'altro. I gesti parlavano più delle parole. Avevo sempre attribuito ai miei compagni la massima capacità di azione. Sepp Mayerl, Peter Habeler, e in seguito Hans Kammerlander, Arved Fuchs: erano stati i miei geniali compagni di viaggio nelle diverse fasi della mia vita. Nella natura incontaminata, dove il nostro comportamento e le nostre azioni hanno conseguenze immediate – talora anche mortali – era stato quindi molto più facile collaborare per raggiungere il successo che nella società civile. Una volta tornati giù, era invece un po' come in politica dove è difficile prevedere quale sarà la prossima mossa del politico di turno.

Ma alla fine fu proprio un politico, il presidente della giunta provinciale dell'Alto Adige, Luis Durnwalder, colui che salvò il mio progetto museale. Io mi fidai di lui, e lui di me. Il progetto MMM non fu ostacolato da altri alpinisti ma da potenti strateghi delle pubbliche relazioni. Il segreto del successo politico di Durnwalder è stato anche la sua capacità di comprendere relazioni complesse e smascherare macchinazioni. L'Alto Adige gli è grato per quel primato del nuovo millennio in Europa che tanti ci invidiano.

In quel periodo ero stato sul punto di mollare, ma avevo dedicato talmente tanti mezzi, tempo ed entusiasmo al mio progetto che tentai una fuga in avanti. Come quando sulla parete si deve decidere se tornare indietro o procedere, se fare dietrofront o continuare a salire; ero di nuovo a un punto in cui sembra più facile salire che scendere. Dunque la salita era l'unica via d'uscita possibile. La vetta non più la meta, ma solo un punto di fuga dettato dal desiderio di sopravvivere. Almeno uno nella cordata doveva avere ancora forza, concentrazione e resistenza per non perdere la speranza. Dopo, sulla vetta, ci vedevamo come eroi; eravamo più consapevoli di noi stessi. Tuttavia, anche per tornare indietro nel momento giusto ci vuole coraggio, anche se nel mio caso, la via del ritorno l'ho presa solitamente solo quando non avevo più tanto coraggio per andare avanti.

Finalmente, dopo un anno di discussioni, il mio progetto museale venne approvato, adesso bisognava solo realizzare l'idea passo dopo passo.

Nei giorni buoni, il mio arrampicare era stato in armonia con la parete e con me stesso: un braccio teso in una determinata direzione: giusto o sbagliato? Avanti o indietro. Una scalata era una sequenza di tentativi, errori, successi, diecimila volte al giorno. Ero sempre in sospeso. Mi muovevo in modo regolare, a ritmo. Con pause e brevi ritirate. Se non mi riusciva una mossa, ritiravo la mano o un piede, cambiavo posizione, provavo un'altra mossa. Quella sequenza infinita di presa, appoggio, presa – ben sopra gli alpeggi, su una parete spesso assolutamente verticale – nella sua regolarità era una sorta di danza: leggera, bella, elegante. Bisognava azzardare previsioni, decidere la via e riprendere la danza: presa e appoggio, presa e appoggio... Volevo realizzare la mia visione di luogo di incontro sul tema della montagna proprio in questo modo. Se il mio arrampicare poteva essere un processo di apprendimento sulla vita, poteva anche valere in generale come metafora sulla realizzazione di idee.

Su ogni parete si trovano punti deboli – fessure, cenge, diedri – scoprirli e collegarli in una linea è l'arte dell'arrampicata. Soprattutto nelle «prime». I miei occhi allenati in mille salite potevano riconoscere la linea verso la vetta anche sulla parete più liscia. Come se potessi leggerla. Come un disegno della natura. Ora bisognava tradurre quei disegni in un'altra lingua.

Avevo accumulato la mia esperienza e il mio successo contando solo su me stesso. Per questo sono sempre ripartito: per il Tibet, la Patagonia, le Dolomiti. I miei handicap erano solo fisici, non mentali. Le esperienze si possono fare anche su montagne più piccole e su vie di media difficoltà. Sempre. Mi importava solo di quel tipo di esperienza. E il racconto di quelle esperienze doveva essere il mio nuovo compito. Dopo tutto ero pronto per assumere il ruolo di «sostituto»: per tutti coloro che non avevano potuto fare le mie esperienze. Per qualunque motivo. Dovevano solo permettermelo.

La mia perplessità iniziale nel trattare con i miei critici riguardo al museo era dovuta al fatto che come uomo d'avventura non avevo mai fatto distinzione tra quel che pensavo e quel che facevo. Nell'era della freddezza digitale, in cui i responsabili diventano spesso scagnozzi dei media o strumenti della tecnologia, fui sommerso dal discredito. Io sono un uomo pratico. Il pensiero non sostituisce mai le azioni.

Per questo, durante le mie spedizioni, quando svanivano le preoccupazioni, anche i miei pensieri notturni erano diversi da quelli che avevo nella civiltà. A casa in Alto Adige o in qualunque albergo del mondo, i miei pensieri non erano diretti a questioni burocratiche. Così come i problemi derivanti dalla vita civile si erano sempre dissolti tra un fruscio del vento sulla tenda e un mio respiro, avrei risolto con le mie elucubrazioni notturne anche il progetto MMM. E così – tornato alla società civile – riuscii a far diventare il tema della montagna parte integrante della cultura della città e a trasformare un'idea in un grandioso luogo di incontro che trae da me la sua forza espressiva.

49. Yeti

Non ci sono dubbi: la leggenda dello Yeti risale agli antichi miti del popolo tibetano. Con la migrazione delle diverse popolazioni: i Tibetani, gli Sherpa, i Dolpa, i Manangi – essa è giunta fino in Baltistan, Kashmir e Nepal. A seconda del dialetto si parla di Chemo, Dremo, Mide/Midre, Chhingde o Niti. La parola «yeti» è nuova ed è comparsa per la prima volta nel 1931 nel giornale londinese *The Times*, come definizione unica per tutti i mostri – gli «abominevoli uomini delle nevi» – che i nativi in Himalaya descrivono da secoli. Noi europei identifichiamo comunque lo «yeti» con l'«orso delle nevi» o «uomo-orso» della cultura tibetana, da cui viene la leggenda. In nessuna parte del Tibet i mostri sono stati o vengono associati alle scimmie, quanto piuttosto a enormi orsi bruni. Solo nei paesi industrializzati sono oggetto di barzellette.

Già nel 1879, il viaggiatore indiano Kishen Singh scrisse sugli yeti: esistono due razze di Dremo. Uno chiamato «Mide», i cui piedi assomigliano a quelli dell'uomo, è selvaggio, cammina in posizione eretta e attacca l'uomo; l'altro, «Chhindge», uccide persino gli yak.

Nel suo libro *Through Tibet to Everest*, il capitano John Noel, che partecipò alla spedizione britannica all'Everest del 1924, fece menzione di molti aneddoti su questo mostro, storie che aveva sentito nel tempio di Rongbu sul versante nord della montagna. Già Milarepa, il poeta yogi del II secolo, annoverava «Mide» tra i suoi compagni di gioco. Ne parla nei suoi «Centomila canti».

Quando raccontai dei miei tanti avvistamenti di Chemo in Kham, l'ex Tibet orientale, e di Dremo in Kashmir, nel nord del Pakistan, in Europa vidi solo teste scosse in segno di perplessità; quando poi, libro alla mano, parlai dello yeti come leggenda tibetana facendo cadere l'immagine distorta del nostro «yeti» costruita dai giornali occidentali, su di me si abbatté una valanga di malignità. Ogni alpinista e giornalista che credeva più volentieri all'incredibile che all'evidenza, colse l'occasione per mettermi in ridicolo.

Quante volte mi è capitato di sperimentare che le teorie del complotto resistono di più dei semplici fatti: con la tragedia del Nanga Parbat nel 1970 o con la sciocchezza dell'ingresso alla Terra Cava al Polo Sud. Più i cospiratori mentono in modo spavaldo, più sono certi di attirare la curiosità di un'opinione pubblica non informata. Nel frattempo mi sono reso conto che si è abusato della mia persona proiettandovi le fantasie più folli, senza che io potessi farci niente. Che «vendano» i propri scoop o «un nuovo ordine del mondo» usando il mio nome, l'unica cosa che posso fare è mettere in guardia dal credere a qualunque assurdità.

Ecco un esempio: «Mi ricordo di una conferenza con diapositive di Reinhold Messner, in cui lui descrisse la sua spedizione in Antartide. Disse che lui e il suo compagno nel bel mezzo del ghiaccio erano finiti in una zona vietata, difesa da militari armati fino ai denti. Il signor Messner era molto seccato del fatto che non li avrebbero lasciati passare. Se ben ricordo, Messner dichiarò chi era e che aveva un permesso e che, in più, la televisione ne avrebbe parlato. La guardia di confine deve avergli detto che se anche fosse stato l'imperatore della Cina, gli avrebbe sparato. Quando tenne quella conferenza era ancora molto stizzito, perché, a causa di quella zona vietata, dovette fare una deviazione che durò diversi giorni. Non credo che ne parli nel suo libro». Certo che no, io non ho mai parlato del Polo Sud in questi termini, sebbene molti desiderino un «buco in questa zona» per poter alimentare la propria fantasia con altre idiozie, come quelle che i nazisti raccontavano volentieri. Oggi lo so: chiarirsi è un compito difficile, e per di più rende impopolari. Come dire la verità.

L'orso che nella coscienza dell'uomo è probabilmente collegato all'inizio e alla fine dell'era glaciale, nell'emisfero settentrionale è temuto, rispettato e venerato allo stesso tempo. Nelle leggende che ci sono state tramandate, esso è pari a noi uomini, e ci è superiore in fatto di istinti. Ci assomiglia persino nella varietà dei suoi comportamenti e in molti dei suoi movimenti: essendo un plantigrade attacca solitamente i propri nemici in posizione eretta. Ha braccia e mani, non piedi anteriori e zampe. Questa natura doppia la riconosciamo soprattutto negli orsi giovani: impiegano sei anni per crescere, e quindi per diventare autosufficienti e capaci di sopravvivere. E in questo periodo, giocano come fossero bambini.

Peter Aufschnaiter, che nel 1944 volò in Tibet da un campo d'internamento indiano con Heinrich Harrer, mi ha raccontato quanto segue: «Le storie dello yeti sono come le nostre storie di draghi del medioevo. Non ci sono dubbi sul fatto che la leggenda dello yeti (Mide) risalga agli antichi miti del popolo tibetano. In quei miti, lo yeti non è visto come scimmia, ma come orso. Imparentato con l'orso bruno dell'altopiano tibetano, il cosiddetto Dremo – o Chemo – che è parente stretto dell'orso europeo. Quest'orso ha l'abitudine di mettersi di tanto in tanto in posizione eretta per esplorare ciò che lo circonda. Il viandante indiano Kishen Singh lo cita in relazione al nord del Tibet. Sul versante nord del passo Tangula sul collegamento principale fra Lhasa e Xining nella Cina nord-occidentale esiste una razza di Dremo, chiamata Mide, i cui piedi sono simili a quelli dell'uomo; è selvaggio, cammina spesso in posizione eretta e attacca ogni uomo che gli si para davanti. Anche nella regione del Khumbu circolano molte storie sugli yeti. Secondo gli Sherpa, lo yeti è enorme ed è in grado di spostarsi facendo grandi salti».

Di recente gli «incontri con lo yeti» in Himalaya sono stati raccontati sempre più come avvistamenti di orsi: nel 1975, sopra Saif-Ul-Malook nella valle del Kaghan, il professor Massimo Cortini si imbatté in quattro «orsi delle nevi»; lo spagnolo José Ramón Bacelar seguì nel 2006 le sue orme nella neve, traversando i territori di Dolpo e Mustang. A 5700 metri sul livello del mare! Alcuni archeologi hanno scoperto orme preistoriche di orso in una grotta in Tibet, e con l'ausilio dell'ingegneria genetica è stato dimostrato che l'incrocio tra orsi polari e orsi bruni può generare discendenti fertili.

Già nel 1832, Brian H. Hodgson, primo rappresentante della Gran Bretagna in Nepal, aveva sentito parlare di un mostro che camminava in posizione eretta e che ammazzava gli yak: con il pelo lungo, scuro, senza coda. Un orso, cos'altro? Dunque all'inizio lo «yeti» non è stato la chimera di un credo popolare primitivo, ma una sorta di ponte che collegava emotivamente i branchi di animali con i clan degli uomini. La mia «ricerca sullo yeti» è stata messa in ridicolo solo perché da noi, nelle Alpi, abbiamo quasi fatto estinguere gli orsi, trasformandoli, nell'immaginario collettivo, in orsacchiotti di peluche. Ma sono comunque grato ai miei critici. Perché il fatto che ogni nuova scoperta debba essere messa in ridicolo prima di diventare patrimonio comune sembra essere una legge. Che lo yeti possa anche attaccare l'uomo è una realtà che si preferisce rimuovere.

50. Politica

Nel 1999 sono stato eletto al Parlamento europeo come indipendente nel collegio nord-est. Mi ero candidato nella lista dei Verdi e rimasi come deputato verde-liberale nel partito dei Verdi, soprattutto perché lo presiedeva Daniel Cohn-Bendit.

Il passaggio dagli orizzonti sperduti a città come Strasburgo e Bruxelles, dove avevano luogo le votazioni e le sedute della commissione, significò un grosso cambiamento per me: sia in ambito sociale, poiché le relazioni con gli altri politici non erano così dirette e intense come tra le cordate in una spedizione, sia perché dovevo essere sempre raggiungibile. Ora, tra i miei compagni di avventura, senso di responsabilità e attenzione reciproca erano sempre presenti a livello emotivo. Siccome non disponevamo di SMS, telefoni cellulari o e-mail, era come se fossimo su un altro pianeta. Dopo le elezioni, mia moglie mi regalò il mio primo telefono cellulare, e io misi da parte le mie consuete precauzioni, come pianificare un obiettivo nei minimi dettagli per non trovarmi a disagio. Ma adesso queste istanze provenivano dall'esterno, venivano poste da altri e interpretate da altri; non c'era più posto per le proprie visioni.

Il mio tuffo nel moderno mondo industrializzato fu anche accompagnato dal passaggio da uno stile di vita tradizionale in clan o in cordata a una politica basata su una rete mondiale di rapporti. Ancora una volta, ero lontano da mia moglie e dai miei figli, e intorno a me vedevo soltanto edifici, strade, auto: dal finestrino dell'aereo, sotto una coltre di smog la città si intravedeva appena. E il tutto era governato dall'agenda, e quindi anche dalla pressione del tempo e dallo stress. Naturalmente questo confronto tra mondo tradizionale e industrializzato, tra leadership in montagna e compromesso in assemblea è un quadro in bianco e nero, un falso. Tuttavia, chi è abituato a fabbricarsi da sé il proprio destino e la propria storia di vita – liberamente e in condizioni scelte in modo consapevole – fa fatica ad adeguarsi a lunghi processi decisionali. All'inizio, le forme di vita moderne e tradizionali non mi sembravano compatibili con i «parlamentari seduti nelle ultime file». Ma ho imparato anche questo: nelle comunità organizzate – città, stati, imperi mondiali – gli uomini agiscono diversamente che nei piccoli gruppi, che erano stati fino a quel momento il mio campo di prova.

Anche noi uomini d'avventura sperimentiamo continuamente. In definitiva, il superamento delle nostre sfide è più il risultato di tentativi che di maestria: la sicurezza viene migliorata, la vita al campo facilitata, l'attrezzatura ridotta al minimo. I veri progressi sono sempre la conseguenza di soluzioni radicali a nuove sfide. Poiché l'uomo è mosso dalla paura e dalla creatività in egual misura. Davanti a ogni nuovo problema, una cordata migliora rapidamente. Invece nelle grandi comunità, che reagiscono sempre solo quando le loro condizioni di vita vengono messe sotto pressione, si tende soprattutto alla sicurezza. Quel che tutti – non tanto i responsabili delle decisioni che conoscono le conseguenze della stagnazione – desiderano ardentemente è la stabilità. Meno cambiamenti possibili. E per lo più la politica risponde con nuove regole, restrizioni, status quo. I problemi da risolvere vengono rinviati. Si prende la strada più sicura. La gente impaurita, che difende il proprio reddito, sceglie così una politica di stabilità e quindi l'immobilismo.

La nostra civiltà – alla fine dell'era glaciale è diventata una cintura geografica che ha privilegiato l'agricoltura e l'addomesticamento degli animali – è fondata sul realismo e sul buonsenso. La selezione naturale ha così creato uomini che vi si sono adattati. Forse perché nel tempo questi sono diventati più uomini di successo che visionari le cui idee potevano essere seguite solo da pochi. Infine sono nate grandi società con democrazie rappresentative, che sembravano funzionare meglio delle altre forme statuali. Ma, a causa della progressiva globalizzazione, della compensazione di interessi diversi, dell'influenza dei mercati finanziari internazionali, i processi decisionali sono diventati sempre più complessi. E anche più laboriosi perché è più difficile mettere in comunicazione ampi strati della popolazione. Tutto ciò ha creato molto malcontento nei confronti della politica e l'invocazione di una democrazia più diretta. Il problema è che il nostro sistema politico può funzionare solo se una parte decisiva di elettorato comprende la questione. Perché ogni forma di democrazia si fonda sul sapere dei propri membri. Certo, i loro rappresentanti nelle commissioni e nei parlamenti vari sono responsabili di fronte ai loro elettori e possono non essere rieletti. La cosiddetta intelligenza collettiva dei referendum rimane però anonima, e quindi in definitiva non ha alcuna responsabilità.

Alla politica non si fanno più richieste semplici. Gli sviluppi sono sempre meno prevedibili, i processi decisionali esigono conoscenze sempre più specifiche. Giungere a una decisione diventa un processo sempre più contorto, per il quale spesso i politici stessi non hanno tempo e competenza. Ma se tutti i cittadini partecipassero alle decisioni, nella nostra democrazia rappresentativa diminuirebbe infine anche la responsabilità dei suoi rappresentanti. E quindi non andrebbe persa la libertà. L'altro lato della libertà rimane la responsabilità. Come hanno stabilito i padri costituenti, nelle grandi società la democrazia diretta va istituita con cautela. Perché fuori del regno animale l'arroganza collettiva è più frequente dell'intelligenza collettiva. Soprattutto in Europa dove ci compiaciamo volentieri della nostra superiorità culturale. Dunque, l'Europa politica non funziona tanto bene perché i cittadini non si sentono europei e i singoli rappresentanti degli stati danno più importanza a interessi particolari che al bene comune dell'Unione Europea. Se quindi, discutendo delle diverse proposte di soluzione i politici penseranno solo agli interessi dei propri elettori, il progetto Europa non durerà. E questo ha costituito un motivo più che valido per lasciare dopo cinque anni il mio seggio di deputato. Oltre all'età. L'Europa avrà un futuro solo come comunità solidale di tutti i giovani europei, quindi come somma di una moltitudine.

Non ho mai accarezzato l'idea di diventare politico di professione, ma ho imparato a rispettare i deputati che si impegnano davvero. Da sostenitore entusiasta dell'Europa, potevo adoperarmi anche fuori del Parlamento, forse persino meglio. Stare lì era troppo poco per me. Invece di candidarmi una seconda volta nel 2004, subito dopo la conclusione del mio mandato sono partito per il deserto del Gobi. Per più di 2000 chilometri ho marciato attraverso una terra che si sgretola, e mi sono allenato a scomparire. Quando faceva molto caldo, aspettavo da qualche parte all'ombra finché il sole tramontava. Poi riprendevo la mia marcia al crepuscolo. Nessuna regola, solo un obiettivo: raggiungere la parte occidentale del Gobi. Se mi serviva qualcosa, me la facevo da me, ché sapevo come erano fatti e come funzionavano i pochi attrezzi che avevo. Tutto il contrario di quel che facevo quando mi serviva qualcosa in Europa. La compravo e non sapevo mai come era stata fatta. Nel Gobi parlavo con me stesso. Nelle nostre città, le persone devono essere intrattenute. Di continuo. La maggior parte di noi non sa più come ci si intrattiene con il prossimo, figurarsi con se stessi.

Molti Mongoli, dopo la svolta di fine anni Ottanta, sono ritornati nel deserto. Si sono lasciati alle spalle l'anonimato delle città per vivere come nomadi. Come me, anche loro hanno deciso volontariamente di mettersi in viaggio. Nelle loro jurte ho trovato sempre ospitalità e le informazioni necessarie. Mi hanno aiutato ad andare avanti. Certo, non c'erano medicine, scuole o uffici, ma in quelle tende trovavo cibo, calore e protezione sufficienti. Così come io potevo fare a meno di corrente elettrica, toilette, acqua corrente e fornello a gas, anche loro vivevano senza tutti quegli agi. E il tutto in modo molto naturale. Nella convivenza dei clan riconobbi il modello democratico di base. Il buonsenso sceglieva tra giusto e sbagliato, proprio come io sceglievo tra possibile e impossibile. Il resto del mondo era lontanissimo. I nativi in quel deserto di pietre erano i miei confidenti. Li sentivo più vicini di molti deputati del parlamento europeo.

Io amo mettere in atto i progetti, trasformare i pensieri in cose concrete e convincere le persone a impegnarsi a fondo e con entusiasmo per realizzare i propri desideri. E di conseguenza odio coloro che – per qualunque motivo – tentano di impedirmi di farlo, controllandomi. Per questo dovevo lasciare libero il mio posto in politica.

51. Bellezza

Per quanto possa ricordare, alla bellezza e alla felicità ho spesso associato un colore, una melodia o un sentimento. A ogni modo, il fenomeno della bellezza non può essere compreso solo con la ragione. Gli appartiene anche la felicità, l'intuizione, forse persino l'istinto. Il nostro senso estetico è naturalmente plasmato anche da ideali di bellezza: da tendenze artistiche, epoche, luoghi, ambienti. Non da ultimo, l'essere bello gioca un ruolo importante anche nell'evoluzione dell'uomo: non a caso, le arti della seduzione di chi indossa i Lederhosen all'Oktoberfest a Monaco sono simili agli atteggiamenti in amore dei galli cedroni sui prati del Monte Volpe in Val Senales. A questo proposito però, più del gioco con la bellezza, a me interessa la meraviglia dell'uomo davanti alla natura.

Un albero contorto su una roccia, il corso tortuoso di un ruscello, la melodia del vento che soffia tra cristalli di neve rallentano i miei passi; le tonalità del blu su una fuga di creste che si susseguono l'una all'altra mi danno gioia. Come se d'un tratto valesse la pena di vivere ancora di più. Anche un insieme di fattorie costruite dai contadini – oltre il bosco, sopra le montagne – può comunicare armonia, quindi bellezza. E tutte e quattro le stagioni hanno colori, forme, tonalità, odori particolari e in inverno tutto rallenta.

Nella valle di Bodental, così mi avevano detto, c'era un luogo dove le streghe si ritrovavano per danzare, e poi volavano sulla vetta delle montagne. Ma niente, neanche lì. D'un tratto mi comparve alle spalle una figura, mi superò e si voltò per un attimo. Era un anziano signore. Con passo leggero, camminava quasi volteggiando, si voltò ancora una volta e disse queste poche parole: «Sono il Benno, il Benno di Brocken». E se ne andò, scomparve dalla mia vista. Che ci sia tempesta o nevichi, che piova o il sole splenda in cielo, dalla caduta del muro di Berlino, ogni giorno Benno sale sul Brocken. Così mi raccontarono nella valle. Ogni giorno 500 metri di dislivello e dodici chilometri di strada.

Benno non era uno stravagante, né era uno stregone; emanava voglia di vivere, energia e saggezza. Non cercava la sua felicità in mete sempre nuove e neanche su montagne esotiche, la trovava in se stesso, anche perché sapeva da tempo che l'uomo non può abituarsi alle avversità della vita. Benno non paragonava il suo modo di vivere a quello delle altre persone, né fuggiva dalla sua vita; tutto quel che faceva era solo andare una volta al giorno sul Brocken, né più velocemente né più spesso. La sua personalità emanava una profonda naturalezza, gioia, e la sua andatura la decideva lui. Quelle passeggiate in montagna erano belle. Soprattutto perché era solo e seguiva sempre il ritmo del suo cuore.

Un altro viandante delle montagne, che emanava questo tipo di bellezza, era Galen Rowell. Alpinista e fotografo di paesaggi, quanto amava la natura! Da rocciatore eccellente e alpinista tenace, come fotografo divenne una figura di culto. Dai suoi scatti, la natura appare come un tesoro inestimabile agli occhi di chi la guarda. In viaggio sulle montagne di tutto il pianeta, nelle sue fotografie riuscì a catturare la bellezza della montagna, a cristallizzare le atmosfere. Come se in quel modo la natura – Karakorum, Yosemite Valley, Sierra Nevada – fosse al sicuro per sempre.

Rowell, uno dei pionieri dell'arrampicata di Yosemite, partecipò a numerose prime, in seguito come viaggiatore curioso e dal 1972 come «fotografo outdoor» professionista. Un arcobaleno a cavallo del Palazzo del Potala ripreso dagli altopiani tibetani nei pressi di Lhasa, racconta della sua arte di catturare la bellezza.

La vita di Rowell, vissuta nella dimensione del sublime della montagna, finì proprio con una tragedia in montagna. L'aereo leggero che stava riportando lui e sua moglie negli Stati Uniti dall'Alaska precipitò. Le fotografie che ci ha lasciato raccontano della gioia dell'uomo nei paesaggi selvaggi, il suo motto dell'arte della vita: « Non lasciarti altro che le impronte alle spalle, e porta a casa solo ricordi felici e buone fotografie ».

52. Arte

Non mi sono mai annoiato. E ho sempre cambiato orizzonte: dall'arrampicata su roccia all'alpinismo d'alta quota sono arrivato a superare i confini dei ghiacciai e dei deserti. Ho sempre rivolto la mia curiosità, il mio sguardo su qualcosa di nuovo. Alla fine è arrivata l'ora delle avventure in orizzontale: con una carovana del sale nel Sahara centrale, con poveri nomadi nel Gobi, con cacciatori fermi all'età della pietra attraverso le Highlands della Nuova Guinea. Non ho mai tentato di comprendere quelle genti, ma in viaggio a piedi con loro ho potuto condividere la loro condizione di vita e vivere il loro mondo. Così, per me, molte leggende sono diventate realtà e la realtà è sempre normale, e anche banale. Comunque, anche se oggi la wilderness non esiste quasi più e gran parte dell'umanità è stata addomesticata, intorno alle mete di viaggio turistiche resta il caos, selvaggio e imprevedibile.

La natura selvaggia non mi ha mai interessato come teatro di rappresentazioni eroiche, ma come teatro di vita. Certo, un attore critico non conosce il mondo dietro le quinte, ma non crede ai miti né misura il globo in base ai record.

Dove una volta per gli aborigeni cominciava il regno degli spiriti, oggi c'è turismo di massa o nulla. Se da un lato c'è chi, da un punto di osservazione sicuro, sviluppa il senso del sublime godendo di un panorama fantastico, dall'altro c'è chi affronta questo mondo selvaggio esclusivamente sotto la propria responsabilità e non ha spazio per il romanticismo della natura. A voi la scelta. Io sono andato avanti grazie alla massima attenzione, alla prudenza, all'avvedutezza. Dunque il raggiungimento del sublime dipende dalla posizione che assumiamo. Forse la parete nord dell'Eiger, ammirata dalla Kleine Scheidegg, fa rabbrividire, sotto una scarica di sassi sul « Ragno » il senso di sublime cala quando si lancia uno sguardo alle fessure d'uscita. Forse in quel momento il nostro intimo è dominato da paura e terrore.

È da stupidi affermare che gli uomini d'avventura abbiano esaurito i terreni di gioco. È piuttosto una fortuna che pochissimi siano davvero intenzionati a addentrarsi nella natura selvaggia. Le avventure vengono sempre più confezionate per i media e poi consumate. La maggior parte degli « sportivi della natura » vengono attirati dove sono diretti anche tutti gli altri, perché dove una volta c'era la natura incontaminata adesso ci sono infrastrutture – percorsi tracciati, corde fisse, piste. Considero miei pari solo gli individui « estremi » che affrontano l'impossibile. Costoro evitano i percorsi preconfezionati e sono sempre pronti ad affrontare il fallimento. Solo loro destano in me la curiosità del cronista. Le loro azioni – diventate un fenomeno mondiale – rappresentano la disciplina regina dell'alpinismo. Io lo definisco Trad(itional)-Adventure-Alpinism.

Oggi io mi dedico più alla contemplazione che all'azione in montagna. Nel mio complesso museale composto da sei strutture racconto del rapporto tra uomo e montagna. Trasmetto emozioni con l'arte e le reliquie. Tutto cominciò da una richiesta: nel 1968 un'anziana signora di Vienna, all'epoca più che novantenne, mi donò la cosiddetta « piccozzetta » di Paul Preuß (caduto nel 1913), come aveva chiamato il suo attrezzo il geniale alpinista nel 1911. Con la preghiera di donarlo a un alpinista con la sua stessa passione o di far sì che il grande pubblico potesse ammirarlo, la signora Emmy Eisenberg, amore giovanile di Paul Preuß, mi affidò la sua eredità. Nel mio saggio *Assassinio dell'impossibile* aveva riconosciuto molti paralleli con le idee del suo compagno e con la « piccozza » di Preuß mi lasciò una sorta di reliquia oltre al dovere di rappresentare in un museo l'alpinismo classico come eredità di Preuß. Dall'autunno del 2014, l'MMM Corones in Alto Adige, al Plan de Corones tra la Val Badia e la val Pusteria, è dedicato a questo tema.

La prima considerazione, quando cominciai a raccontare la

montagna, fu che l'alpinismo è in primo luogo un'esperienza del corpo. Per questo era necessario che trovassi dei luoghi adeguati alle mie idee. Dovevano consentire esperienze del corpo e rendere concreta la montagna. Non mi interessava trasmettere ai visitatori intenzioni, retroscena o spiegazioni su quel che è giusto o sbagliato in montagna. Non volevo fare pedagogia, ma solo raccontare della natura della montagna e della natura dell'uomo. Con l'ausilio dell'arte – soprattutto immagini –, di reliquie e di testimonianze che avevo raccolto nel corso della mia vita. Volevo creare un'atmosfera di intimità, un'unione tra interiorità ed esteriorità, rendere l'Alto Adige il luogo di incontro per eccellenza. Ogni struttura che compone il mosaico del Messner Mountain Museum, racchiude in sé gli elementi di ogni ambiente: roccia, ghiaccio, luoghi di culto, mondo dei contadini di montagna, grandi pareti. Il cuore dell'MMM a Castel Firmiano, con vista sulla città di Bolzano, sul Gruppo Tessa e sul massiccio dello Sciliar si staglia sulla «terra delle montagne», l'Alto Adige. Racconto della roccia nelle Dolomiti, del ghiaccio sull'Ortles, delle montagne sacre nel luogo di culto della mummia Ötzi. Sono le emozioni dei visitatori, la posizione delle sei sedi, che contano di più del valore delle opere d'arte esposte. Nessuna immagine conta quanto l'attenzione che attira su di sé.

Non volevo creare né luoghi di formazione né di sport. Mi interessava l'essenza dell'alpinismo: la natura dell'uomo. Dunque, i miei musei sono pieni di sorprese; proprio come la montagna. Chi li visita senza preconcetti, conosce, tocca con mano, avverte quel che accade quando l'uomo e la montagna si incontrano. Passo dopo passo. Cosa sentiamo guardando una montagna? Cosa vediamo nell'immagine di una montagna, e cosa ci portiamo via delle emozioni chiuse nelle attrezzature – le mie reliquie – di famosi alpinisti? Ancora dopo decenni, alle volte dopo secoli, dentro di loro vive lo spirito di coloro che li hanno posseduti. Ancora dopo un millennio sono in grado di raccontare come sono andate le cose allora sull'Eiger, sul Cervino, sull'Everest, come se rivivessero in quel momento.

Ogni forma di stimolo elettronico – istallazioni video, giochi di luce, touch screen – in questo ambiente sarebbe un fattore di disturbo. Per questo motivo, da me non si trovano fonti di informazioni del genere. Solo nel silenzio, le opere d'arte possono sprigionare la propria forza. La conseguenza è calma e stupore. Per me è cruciale quello che accade nell'animo dei visitatori e tra i visitatori. Mi dedico profondamente all'esigenza dell'esperienza estetica della natura con l'ausilio dell'arte. In poche parole: per me le emozioni sono più importanti della conoscenza. Per questo rinuncio a orientamenti definiti e a ogni genere di *mainstream*. La prospettiva, da cui guardare le storie e i punti chiave dell'alpinismo, si moltiplica per quanti sono i visitatori. Dunque, io ho messo i singoli temi al centro del mondo della montagna, pur sapendo che alcune delle strutture sono fruibili al meglio solo in alcune stagioni. Ma con lo straordinario rispecchiarsi dell'interiorità nell'esteriorità, dell'arte nella natura e viceversa. Il mito della montagna si svela senza bisogno di spiegazioni. Come accade anche per l'arte. Proprio come un tempo intraprendevo le mie spedizioni, da quindici anni realizzo il sogno di un grande museo della montagna.

Perché faccio tutto questo? Da giovane, sempre sospeso sugli abissi, non c'era spazio per considerazioni del genere sulla montagna. Ma le molte migliaia di ore che strapperò ancora alla morte, le voglio condividere oggi con coloro che nella montagna vedono molto più che una struttura per arrampicare. Farò qualunque cosa. Finché sarò in salute mi adopererò per migliorare il mio progetto. Non per lasciare qualcosa dopo di me, per costruire qualcosa, ma per dare ancora senso alla mia esistenza.

Il mio essere si è evoluto durante tutta una vita. Passo dopo passo sono andato avanti esplorando, innamorato del minimo dettaglio e avido di nuovi orizzonti, fino a raggiungere l'ignoto. I sogni, il mio unico sprone. La felicità giungeva ogni volta che andavo per la strada giusta, quando era la strada giusta. Ho avuto successo perché ho permesso a me stesso di realizzare le idee più ardite. Non sono stato né più coraggioso né più forte di altri, né più assennato. I miei polmoni hanno una modesta capacità, sono già stato operato al cuore una volta, e i miei mezzi di deambulazione necessitano sempre più spesso di manutenzione. Mi sono sempre rialzato, più spesso di altri. Anche quando ero al tappeto, non ho mai smesso di sognare. Ho realizzato i miei sogni, messo in pratica migliaia di idee. La mia arte di vivere – la testa tra le nuvole, i piedi ben piantati a terra, la morte negli occhi – si identifica con i miei obiettivi. Non mi sono allenato all'arte di sopravvivere per realizzare opere d'arte con le mie capacità manuali o oratorie. Dovunque io andassi, alla fine si trattava di andare a piedi. Proprio come nei miei musei.

53. Dio

La permanenza di mesi in montagna, sui ghiacciai e nel deserto – in totale ho trascorso più di vent'anni nella natura incontaminata – non mi ha avvicinato a Dio. Di tanto in tanto, mi sono smarrito nella solitudine che io stesso avevo desiderato. Che si tratti della vetta di una montagna, di ghiacciai o dune di sabbia – questi fenomeni della natura rimangono sconvolgenti anche senza immaginare che ci sia qualcosa sopra o dietro. Il romanticismo con la sua eterna irrequietezza diede vita al Blaue Blume, il fiore azzurro, finché questo non sbiadì. A due secoli e 8000 metri di distanza, per me rimangono due dimensioni della conoscenza: il vuoto e l'io frammentato. Nella natura selvaggia non mi attirava né la fede in un Dio né la sua idea. Il mio viaggio non è stato né un pellegrinaggio né meditazione, ma un tentativo di sopravvivere. La resistenza alla morte nutriva la mia bramosia. E così scompariva la curiosità per ciò che poteva esserci oltre. La sopravvivenza non diventa più facile pregando un Dio, e il mondo non diventa migliore solo con la fede: tanto valeva adattarsi alla natura.

I Greci hanno semplicemente confinato i loro dei sull'Olimpo, sulla cui vetta hanno relegato Zeus e ai cui piedi hanno creato una cultura grandiosa. Con l'intelletto dell'uomo e la mano dell'uomo. Quando, per protestare contro il progetto di una funivia che avrebbe banalizzato il «trono di Zeus», alla fine dello scorso millennio salii su quel monte Olimpo sotto un caldo opprimente, mi riaffiorarono nella mente i ricordi della scuola in cui il monte degli dei era avvolto da una luce blu-oro. Ma durante il viaggio che avevo deciso di intraprendere per «salvare il mondo antico», non c'era spazio per la solennità del monte degli dei. Una luce fioca avvolgeva le grigie pietre della vetta, la moltitudine di gente faceva un gran baccano; nessun riverbero nel cielo, solo il tremolio della calura estiva. E dentro di me, nessun desiderio ardente di dei scomparsi o di loro immagini.

Non potevo più varcare il regno di Zeus con la candida ammirazione di Marcel Kurz, l'alpinista che nel 1921 era salito in un mondo misterioso. In cento anni era tutto cambiato: proprio perché non ci immaginiamo più alcun dio lassù. Oggi, la via per raggiungere la « dimora » degli antichi dei greci è diventata troppo semplice per noi. Le formazioni di roccia facilmente accessibili dell'Olimpo e le numerose altre vette non bastano più per provocare in noi un sentimento di stupore. Anche perché tutti gli dei della natura li abbiamo cacciati via a calci. Nella nostra immaginazione gli dei possono ancora manipolare al massimo il tempo. Dunque chi vuole avvicinarsi a loro deve scendere nel mondo degli uomini: a Salonicco, il vecchio e il nuovo si incontrano in modo bizzarro. Una piccola chiesa di età bizantina tra grattacieli, il porto sul golfo illuminato di un bianco abbacinante, in lontananza i contorni dell'Olimpo. La gentilezza della gente del posto, la bellezza dei luoghi mi hanno fatto sentire accolto e un po' emozionato al pensiero di Ulisse come precursore delle mie avventure.

Tutt'altra storia è il monte Athos; solo dieci visitatori al giorno possono trattenersi nel monastero: una precauzione contro la banalizzazione dell'antico sito. E ancora altra storia è Meteora con i monasteri ortodossi abbarbicati sulla roccia: curiose formazioni di roccia difficilmente accessibili, su cui i monasteri sembrano essere sospesi, come se la natura avesse messo una barriera tra la dimensione divina e quella terrena. « La natura nasconde Dio! » disse Goethe e poi aggiunse: « ma non a tutti ». Per me è chiaro: tutti gli dei noti dell'« al di qua » sono stati creati dall'uomo. Per quelli dell'aldilà, non abbiamo né un nome né la forza di immaginare. Dunque rimango possibilista, e non escludo né ammetto il divino nella mia idea di mondo. Tuttavia, gli antichi dei non mi servono e non mi mancano.

Pur non avendo bisogno né desiderio di religione, ho trovato il mio equilibrio soprattutto nelle situazioni al limite. Non come un individuo in balia di imprese spesso assurde, né tantomeno come stupido rappresentante di una strategia di successo valida per tutti, ma per il sentimento della rinascita che ne derivava. È la dimensione limitata dell'uomo che ci aiuta a scoprire la dimensione divina nell'uomo. Da misera creatura, spesso smarrita in un nulla spaventoso o nel bianco assoluto, all'uomo non appare nessun Dio, ma è la vita che sembra più preziosa che mai. Come se dovesse essere minacciata per uscire dalla sua assurdità. Febbricitante, con le allucinazioni o anche solo stremato di ritorno dalle alte quote, non mi rimaneva altro che la sensazione di essere sopravvissuto, dell'essere rinato. Di nuovo in cammino in orizzontale, guidato da nuovi sogni, il luogo comune della gioia della vetta lontano quanto le fantasie intorno a un Dio.

Quante volte mi sono confrontato con il tema del desiderio della morte senza riuscire a spiegare che desidero il contrario. Non posso neanche aprirmi la testa per afferrare gli istinti che danno un senso alle cose quando la vita viene messa in pericolo. Non ho bisogno di giustificazioni sotto forma di Dio. Per sopravvivere basto io! Tutto nella mia vita è cambiato, solo la voglia di vivere è rimasta costante. Dunque cos'è, cos'è che ci spinge, cos'è che risuona dentro di noi, cosa ci fa paura, cosa ha senso? Anche senza un'eternità. La dimensione divina nell'uomo? La voglia insaziabile di vivere? No, l'essere limitati. La nostra esistenza sarebbe intollerabile se fosse eterna e onnipotente.

54. Stile

Lo stile non ha avuto alcun ruolo nella diffusione dell'alpinismo. I pionieri salivano sulle montagne, in particolare sulle vette che non erano ancora state conquistate. Di stile si parlò per la prima volta quando oltre alla domanda «possibile o impossibile?», anche il come e l'ambiente cominciarono ad avere un ruolo. Io consideravo l'alpinismo innanzitutto come esplorazione delle ultime macchie bianche sulla carta geografica, non come sport, e in seguito come un'espressione artistica di se stessi. Soprattutto perché nelle Dolomiti, dove ero cresciuto, cercavo ovunque linee sulle pareti di roccia che potessi salire in libera, cioè senza ricorrere a chiodi per la progressione. Per quanto mi riguardava, si trattava sempre più di uno stile che io stesso definivo.

Quando nel 1970 – a causa dell'amputazione delle dita dei piedi – mi orientai verso l'alpinismo d'alta quota, su un album da disegno, il mio diario, c'era ancora una cinquantina di linee: tutte le mie sfide ancora aperte nelle Alpi. Ma una via, pensata come linea su una parete di roccia, diventa reale solo quando la si sale veramente, quando idea e azione diventavano un tutt'uno. Nel caso ideale sulla roccia non resta traccia: dovetti rinunciare in seguito a quell'arte, anche se produce solo il nulla e fa dimenticare ogni stile.

Anche per Royal Robbins e gli alpinisti americani degli anni sessanta, lo stile era il criterio cruciale nell'arrampicata su roccia. «Clean» era il parametro per valutare un'arrampicata. Quel Royal Robbins, uno dei rocciatori più influenti della seconda metà del ventesimo secolo, insieme a Yvon Chouinard, ha caratterizzato l'arrampicata «pulita» nella Yosemite Valley. Si prefiggevano di rispettare la natura e rinunciare il più possibile ad aiuti artificiali. Ai loro tempi, l'arrampicata in Yosemite – uno stile particolare di arrampicata – aprì nuove prospettive a livello mondiale ed ebbe un grosso successo. Nessun chiodo a espansione, ma assicurazioni amovibili – fettucce, friends e nuts – consentirono uno stile che preservava la parete. Una filosofia rispettata da una crescente comunità di rocciatori. Per Robbins, una prima ascensione era una prestazione creativa: « come un dipinto o un canto ». Che quindi non doveva essere ripetuta. Ogni chiodo a espansione era visto come un attacco alla natura; il capolavoro finito, la via di salita, aveva la priorità. Alla scelta della linea di salita ideale – un atto di creatività – apparteneva prima di tutto il rispetto della natura. « Il chiodo – piantato nella parete di roccia o in una fessura – la trasforma come in una poesia, una sola parola trasforma l'intero componimento. »

Royal Robbins divenne presto il simbolo dello stile Yosemite e anche il fautore della salita in stile « single push », che in montagna si contrappone allo stile-spedizione, che oggi rappresenta la regola delle « prime » estreme. La sua credibilità, suffragata dalla realizzazione di diverse vie classiche sulle big wall – parete NO dello Half Dome, parete Salathé e North America Wall al Capitan – influenzò profondamente lo sviluppo dell'arrampicata, in particole negli USA. Con la parete Muir nella Yosemite Valley, che salì in solitaria nel 1968, e le sue nuove vie in Canada e nelle Alpi esportò il suo stile e la sua testimonianza – dunque le sue idee – nell'alpinismo moderno di tutto il mondo.

Un altro fenomeno dell'arrampicata moderna è lo sloveno Marko Prezelj. Anche per lui – alpinista della vecchia scuola – lo stile era molto importante. Si sentiva in dovere di conquistare le vie più impossibili in stile alpino. Fin dalla fine degli anni ottanta, da « amatore professionista » è alla ricerca di vie sempre più ardite: sul Cho Oyu, con la prima ascensione del Melungtse – insieme ad Andrei Štremfelj – sul Kanchenjunga, con Boris Lorencic sul pilastro NO del Chomo Lhari. Tutti i tipi di riconoscimento gli sembrano sospetti: « La fama è una trappola meschina, tesa dai media, in cui cade subito chiunque si compiace di se stesso, e poi viene sfruttato», dice. Alla fine lo stile si perde spesso per strada. Le sue vie sono visionarie, il suo stile rispecchia l'alpinismo di rinuncia di Albert Mummery o Walter Bonatti. «La sfida è insita nel processo decisionale» dice. «Ne fanno parte il dubbio e l'incertezza durante la pianificazione, sono questi gli elementi essenziali! Il bello è tentare di farli incontrare con la mia capacità. Se conoscessi il risultato in anticipo, il gioco cambierebbe e non ci sarebbe più alcun divertimento.» Alla fine non ci sarebbe nulla da festeggiare e nulla per cui dispiacersi. La sua forma più pura di alpinismo, Prezelj la dimostrò con «Light Traveler», una nuova via sulla parete SO del Denali (Mount McKenzie) in Alaska. Con lo snowboarder americano Stephen Koch, salì i 2000 metri della via di misto, senza fare tanti tentativi e in libera. In un'arrampicata continua di cinquantuno ore: stanchi morti si addormentarono entrambi diverse volte mentre facevano sicurezza, in seguito Marko impiegò un mese intero per ristabilirsi. Non colpisce solo gli alpinisti ciò di cui è capace quest'uomo, ma anche chi si interessa di arte e i filosofi. Forse perché Marko Prezelj è un artista della montagna. Il suo stile è inconfondibile!

Quante volte sono andato anch'io in Alaska o in Himalaya per conoscere la montagna, per vivere le tempeste o per guardare in tutte le direzioni del cielo dalla vetta. Ma nulla ha superato le emozioni che si agitavano dentro di me quando mi ritrovavo di nuovo giù dopo una prima, il naso all'insù alla ricerca della mia linea sulla montagna, lo stile con cui avevo arrampicato per giorni nella testa, la via che mi rendeva felice, davanti agli occhi. Questo era: al posto di tutte le preoccupazioni e le paure, solo la soddisfazione e l'orgoglio per esserci senza bisogno di altre giustificazioni.

Ho sempre valutato gli alpinisti in base al loro stile, mai secondo lo scalpore che destavano e i primati che raggiungevano, o secondo il numero di ascensioni che avevano compiuto. Il modo in cui hanno superato le loro avventure e le hanno raccontate, è questo che in definitiva costituisce la storia dell'alpinismo. Nello stesso modo in cui, a posteriori, mi colpisce il «by fair means», oggi attribuisco la tripla A:

TRAD(itional)
ADVENTURE
ALPINISM

Alla tripla A riserverò una piattaforma nell'ultima sede del mio progetto museale al Plan de Corones. Si chiamerà «Corones» – ladino per corona – e sarà dedicato alla disciplina regina dell'alpinismo d'avventura.

55. Scandali

Ogni volta che ho compiuto un'impresa al limite mi sono trovato in una situazione di massima esposizione. Spesso molto oltre ogni eventuale possibilità di salvataggio. Nei casi di pericolo mi sarei dovuto aiutare da solo oppure sarei morto. Senza neanche la possibilità di essere ritrovato. Così le mie azioni hanno sempre fornito ai media una quantità di occasioni per indignarsi. Soprattutto quando qualcosa andava storto. E per compatire, se poi un compagno non poteva ricevere la giusta attenzione. Dunque, tanto materiale per scatenare scandali! A suon di congetture, «rivelazioni» e rimproveri – sempre nuovi – fino a oggi è stata confezionata una finta verità in fatto di montagna che corrisponde a un certo tipo di gossip che si vende bene, soprattutto quando l'imputato è illustre. La sua filosofia è: chi è stato portato in alto, può essere fatto cadere in un attimo.

Molti dei tanti scandali che riguardano l'alpinismo sono causati da delatori. Senza dire chiaramente quel che credono di sapere, fingono competenza o nascondono fatti che non possono essere verificati. E poiché oggigiorno l'impunità dell'accusatore, che si nasconde bene nell'anonimato delle rete, è garantita, questi signori formulano accuse sempre nuove. I delatori non rischiano né la loro credibilità né la vita, nulla. Neanche quando poi le loro accuse si rivelano delle menzogne gigantesche. I discreditati invece, solo perché tentano di difendersi, alimentano lo scandalo. Mentre si difendono, spostano l'attenzione su coloro che, a quanto si dice, sono dalla parte della «verità», e spesso fanno persino crescere la loro credibilità, anche se fanno solo i propri interessi: un buon affare per gli accusatori e una brutta esperienza per le vittime.

Quando siamo in viaggio, noi uomini d'avventura decidiamo direttamente e in modo democratico. Dopo, quelle decisioni non possono più essere cambiate, e ciascuna cordata – seppur tacitamente – condivide una responsabilità comune. Anche se a posteriori non tutti hanno la stessa visione della vicenda comune. Siccome nella società civile valgono regole diverse da quelle vigenti nella natura, è inutile voler fondere insieme i due mondi o metterli l'uno contro l'altro. Che è quel che fanno volentieri coloro che non conoscono la montagna. Per tenere testa ci vuole il coraggio delle proprie opinioni. Non si rischia soltanto di essere diffamati, discreditati e infine anche feriti, nella maggior parte dei casi non si può neanche fare affidamento sulla solidarietà di chi dovrebbe stare dalla tua parte. Perché i delatori emergono sempre come espressione di un disagio generalizzato nell'ambiente di riferimento. Di conseguenza le persone di successo e oggetto di invidia diventano spesso il bersaglio di tali attacchi. E così, più volte le persone particolarmente coraggiose vengono isolate. Erwin Schneider, Fritz Wiessner e Walter Bonatti ne sono tre esempi.

Il coraggio delle proprie opinioni non è sinonimo di audacia o di prodezze compiute. Un vigile del fuoco, o un poliziotto, dimostra in azione di saper accettare il rischio: proprio come ci si aspetta da lui. È il suo lavoro. Ha imparato a seguire un rigido protocollo in una struttura precisa, retta dall'obbedienza del gruppo. Senza indugiare. Ma il coraggio delle proprie opinioni – comportarsi a proprio rischio e pericolo senza lasciarsi condizionare dal pensiero del gruppo – è collegato a rischi di tutt'altro genere. La capacità di scontrarsi con numerosi gruppi più forti, di contrastare il giudizio altrui e l'ingiustizia, è ammirevole, ma nella maggior parte dei casi finisce con la «vittoria» di chi provoca, cui di solito il coraggio delle proprie opinioni manca. La decisione urgente di seguire il mio senso di giustizia mi ha spesso procurato degli inconvenienti. Ciononostante non rimpiango il mio comportamento, per esempio la difesa di Miss Oh. In futuro non vorrò e non dovrò più imbarcarmi in lotte per difendermi. Anche se non mi aspetto che i vari club alpini abbiano il coraggio delle proprie opinioni. Dopo tutto, si tratta sempre di sopravvivere in questo mondo.

56. Vendetta

All'inizio dell'estate del 2003, nella sede dell'associazione alpinistica alla Praterinsel di Monaco si sono tenute due presentazioni di libri, che agli autori e ai molti rappresentanti del Club alpino tedesco (DAV) sarebbero servite in seguito come pretesto per demonizzare la mia persona. Avevo avvertito in anticipo la direzione del DAV e richiamato l'attenzione sulla campagna denigratoria pianificata, ma nessuno mi aveva dato ascolto. Poiché in quel periodo mi trovavo nelle zone artiche – nella Terra di Francesco Giuseppe – non avevo molte possibilità di difendermi: «gli angeli vendicatori» – compagni della spedizione del 1970 al Nanga Parbat e i funzionari del DAV – potcrono così raccontare ogni genere di falsità e sputare sentenze. Senza contraddittorio. Sarebbe stato una sorta di «medievale processo alle streghe». Con una valanga di menzogne, mi avrebbero privato della mia credibilità e bollato come persona non grata. Sarei stato condannato per comportamenti morali sbagliati. La tragedia di mio fratello sarebbe diventata «un grosso scandalo dell'alpinismo» e se ne sarebbe parlato diffusamente.

La società, la religione e gli enti morali – come per esempio le associazioni – non fanno altro che inculcarci il concetto che la vendetta sia riprovevole e che sia preferibile non alimentare sentimenti di vendetta. Ma nessuno alla Praterinsel mise in discussione le motivazioni degli accusatori e i loro obiettivi. La campagna denigratoria, legittimata dalla direzione del DAV, fu un successo. Anche se in seguito io mi difesi e dimostrai di aver ragione, il DAV si rifiutò di dare una smentita.

Dunque ho dovuto fare un'amara esperienza: noi uomini d'avventura rinunciamo a molto quando affidiamo la morale a un'associazione e la giustizia allo stato. In montagna noi non siamo mostri, ma uomini assolutamente normali spesso impauriti che si comportano in modo responsabile. Là fuori sottostiamo alla natura dell'uomo e alle leggi della natura. Ma a nessun altro! Perché il nostro comportamento nella natura non è sotto il controllo dello stato, la nostra sopravvivenza o la nostra morte dipendono solo dai nostri istinti di sopravvivenza e dal nostro senso di responsabilità. In quelle situazioni, il codice morale universale proclamato nelle chiese e nei tribunali viene sostituito dal nostro istinto di sopravvivenza. Lo so, anche quando ci comportiamo davvero a nostro rischio e pericolo, le nostre avventure sono considerate «immorali» se confrontate con la vita civile. Anche se abbiamo tentato di salvare il compagno in caso di pericolo. Senza pensare ad alcuna morale. Per noi è una cosa naturale, una necessità intima.

Allora non avrei dovuto reagire. Tutti sapevano – i funzionari del DAV, i compagni del Nanga Parbat e gli autori dei libri – che nessuno sacrifica il proprio fratello per creare sensazione. Ma allora io credevo di dover difendere la mia credibilità. Perché alla Praterinsel a Monaco solo di questo si trattava, di nient'altro. Ma nella sede del DAV, i «buoni compagni» trovarono l'habitat ideale per esternare i loro sentimenti di vendetta. Misero in giro un mare di supposizioni e menzogne solo per minare la mia credibilità, cosa che andava più che bene ai membri dell'associazione alpinistica del posto. Anche loro sapevano: se chi racconta viene screditato, anche quel che dice non va preso sul serio. Il mio atteggiamento nei confronti del pericolo in montagna, lontanissimo da quello del DAV, in men che non si dica era diventato «riprovevole», «immorale», «impossibile». E come è stato facile far emergere contraddizioni dalla brodaglia di pezzetti del mio racconto e dai «ricordi» campati in aria e bugie a me attribuite. Sembrava che la paranoica direzione dell'associazione si intendesse della più fine arte della propaganda: applaudiva e non fece niente per arginare lo scandalo.

C'era poco da fare contro quella colossale campagna denigratoria nei circoli del DAV, anche se fu giudicata tale. E sarà ancora strumentalizzata dal DAV per emarginarmi. Perché altrimenti farmi oggetto di tutte quelle malignità invece di chiarire precisamente il fatto discusso? Alla fine, ho dovuto accettare che non avevo nessuna possibilità, ero solo contro il potere di una grande associazione e la paranoia di qualche borioso. Alla fine sono stato costretto ad accettare il fatto che da solo non avrei potuto nulla contro la potenza del grande numero di iscritti e la paranoia di alcuni individui supponenti. Anche quando con il ritrovamento del corpo di mio fratello fu chiarito che io non lo avevo certo fatto scendere dal versante Rupal, gli artefici della congiura non persero la parola. Non si trattava tanto del fatto che volevano averla vinta, ma piuttosto che io ne uscissi perdente. E così mi odiarono a prescindere. E ancora di più dopo essersi meravigliati del fatto che con le loro falsità si erano giocati la propria, di credibilità. Anche se avevo aiutato qualcuno di loro e ne avevo fatto gli interessi. Lo sfruttamento conosce strane scorciatoie. Non si trattava mai solo di loro, ma sempre anche della mia sfortuna. Per questo solo io dovevo assumermi la responsabilità della morte di mio fratello. Questa storia mi ha insegnato che ogni reazione a una calunnia viene sfruttata dagli accusatori. Dunque è necessario dimenticare tutte le loro chiacchiere, ignorare le loro cattiverie, e lasciarli soli nella loro campagna denigratoria. L'unica cosa che disturba i cospiratori è il disinteresse. Se nessuno crede più alle loro menzogne, non c'è alcun bisogno di smentirle.

È stato un mio errore voler spezzare questa logica, smascherarli come bugiardi.

Da quando sono diventato adulto, non mi sono mai sentito legato alle associazioni alpinistiche. Da un lato perché essendo un anarchico della montagna tali enti non mi servono, e in più perché la montagna risveglia in noi la natura dell'uomo quando la viviamo individualmente e non in fila indiana. Inglobato in un'associazione l'uomo si sente annullato – è comprensibile – e non si sente responsabile di se stesso. Ma il suo «vangelo», che suggerisce sicurezza, demonizza il pericolo al tempo stesso. E quindi il desiderio dell'inconsueto viene fatto a pezzi. Soffocato nella massa dei consumatori della montagna. Ma il pericolo appartiene all'uomo d'avventura in modo imprescindibile. Come del resto la responsabilità individuale. Alla fine, questo è l'unico sapere su cui si può fare affidamento in montagna. Non è l'individuo, il singolo, che, in montagna, cerca da solo le sue esperienze? L'uomo d'avventura detesta ogni forma di uniformità, camminare in fila indiana: il suo agire è estraneo alla massa. Egli rappresenta quello che sfugge al mondo delle associazioni, l'imponderabile, un essere in libertà, che sperimenta la propria sicurezza passo dopo passo.

E in ogni modo, un'associazione che ci accoglie, pur sgravandoci dalla responsabilità, non può assolverci dalla colpa e cancellare il dolore in caso di disgrazia. Questo è un fardello che noi tutti dobbiamo portarci dietro. Sulle spalle, come il nostro zaino. Le paure hanno radici profonde nei nostri sogni e, in ogni azione che compiamo quando ci troviamo nella natura, imprimono un prima e un dopo, essenziali per le nostre esperienze. In questo rientra anche il fatto che durante l'azione l'egoismo e l'altruismo non sono avversari dentro di noi. Dopo tutto, sono gli istinti egoistici che costringono il singolo a collaborare con gli altri. Finché è possibile.

In situazioni fuori da ogni ordine imposto ho vissuto momenti di felicità e disperazione, nuove forme di relazioni e di convivenza: per esempio durante le inconcludenti attese in rifugio; in caso di perdita di sicurezza nella nebbia; nella pianificazione mentale di una spedizione; quando ero spaventato a morte nella tempesta di neve o pazzo di gioia. Nelle avventure possono capitare momenti in cui si perde il controllo e giorni di massima concentrazione in cui ci incoraggiamo l'un l'altro balbettando, con mezze frasi. E forse momenti in vetta in cui tocchiamo il cielo con un dito. O momenti in cui diciamo «mai più». E poi, di nuovo al campo base, la promessa di una nuova spedizione in un mondo sconosciuto. Ma quando i funzionari delle associazioni, che spesso si comportano da codardi negli affari che interessano loro, combattono come eroi per gli ideali del loro statuto, è necessaria la prudenza. Quando sono in pericolo gli interessi, la vendetta rende i fanatici vili e meschini, soprattutto se le loro argomentazioni sono deboli. Ma se hanno le motivazioni e abbastanza sostenitori, non hanno rispetto per niente e nessuno, neanche per le conseguenze personali. Questi uomini, che per idealismo mentono naturalmente su quel che contestano, sono pronti a tutto, ma mai all'autocritica. Nella loro presunzione morale ambiscono alla massima approvazione, e acquistano così forza e anche una potenza distruttiva. Soprattutto quando per la loro vendetta devono sacrificare tutto, persino il loro orgoglio.

In futuro non vorrò più avere nulla a che fare con il DAV, cercherò di evitare tutti i tipi di associazione, solo ne prenderò atto. Come la legge della natura. È evidente che è più difficile per loro convivere con i propri sentimenti di vendetta. Un comportamento tipico di coloro che, sentendosi profondamente feriti per una qualunque mancanza, devono prendersela sempre con qualcun altro.

Quando nel 1979 tornai dal K2, Achille Compagnoni, uno dei due alpinisti che vi erano stati per primi, sfruttò di nuovo l'occasione per idealizzare la sua impresa eroica del 1954, sottolineando in continuazione che lui aveva raggiunto la «sua» vetta senza bombole d'ossigeno, molto prima di me e Michl Dacher. La sua vendetta non era rivolta a me, ma a Walter Bonatti, che aveva reso possibile il raggiungimento della vetta trasportando le bombole all'ultimo campo. E a quelli che, nel frattempo, avevano dimenticato il suo nome.

La vendetta deve essere presa per quello che è: nient'altro che debolezza. Non me ne voglio più occupare, soprattutto non voglio più vendicarmi. Bisogna essere indulgenti nei confronti di tutti coloro che l'hanno provata troppo presto. Posso capire i loro sentimenti. Se non fossi in grado di superare il mio risentimento – soprattutto perché è fondato – tutta la mia esperienza non avrebbe alcun valore.

57. Azzardo

Quando Hillary e Tenzing raggiunsero per primi la vetta del Monte Everest nel 1953, io ero uno scolaretto delle elementari. Mi ricordo che ne parlammo a scuola. Anche se non avevo informazioni specifiche, ammirai Hillary soprattutto per il coraggio di aver osato la salita. Sapevo che in trent'anni gli inglesi avevano fallito numerosi tentativi. E anche che allo Sherpa Tensing era toccato il ruolo di «portatore d'acqua». Hillary aveva preso la decisione, lui era andato da primo: il successo della spedizione si doveva a lui.

Hillary non era il più esperto e neanche il migliore alpinista della squadra inglese, che John Hunt aveva saputo guidare con molta abilità e impegno personale. Ma alla fine, era stato del forte e pragmatico neozelandese il primo passo sulla vetta. È per questa naturalezza – fatta di determinazione, serena ponderazione e azzardo – e per il suo dinamismo, che Sir Edmund Hillary mi è stato simpatico sin dall'inizio. E quando, molto più tardi lo conobbi personalmente, confermò le mie prime impressioni. Di Sir Edmund Hillary ho sempre ammirato il talento di osare le sue avventure. No, non era affatto un alpinista ardito, temerario, era un uomo curioso, aperto e cordiale.

Cresciuto tra le montagne della Nuova Zelanda, in una spedizione del 1951 nella regione indiana del Garhwal Hillary incontrò per caso Eric Shipton, la guida di una spedizione britannica esplorativa sull'Everest. E un anno più tardi, lo stesso Shipton invitò Hillary alla spedizione sul Cho Oyu. Infine, nel 1953 partecipò al tentativo decisivo che lo avrebbe portato fino alla vetta dell'Everest. Non era stato prescelto lui a priori per la vetta, ma con Tenzing azzardò un tentativo dopo che altri avevano fallito.

Il primo uomo sulla vetta del monte più alto del pianeta aveva una forte personalità, non era sognatore. L'apicoltore della Nuova Zelanda amava l'avventura. Il resto della sua vita era affidato al caso. In seguito trasferì sul piano orizzontale la prospettiva delle sue avventure: come membro della Commonwealth Trans-Antartic Expedition di Vivian «Bunny» Fuchs nel 1958 andò al Polo Sud. Su un trattore trasformato che serviva per trasportare il carburante e le provviste per la squadra principale. In seguito, Hillary fu ambasciatore neozelandese in India. In particolare, si adoperò per gli Sherpa in Nepal: la sua fondazione «Himalayan Trust» organizzava programmi umanitari, costruiva aeroporti, ponti, scuole, ospedali e ristrutturava monasteri buddisti. E questa, secondo me, rimane l'opera più importante della sua vita.

Si può dire che sir Ed, come veniva chiamato, abbia avuto solo fortuna? No, la sua vita conobbe successo e dispiacere in egual misura. Dopo la salita alla vetta dell'Everest, i media lo hanno fatto assurgere a eroe, con il suo impegno sociale è riuscito a moltiplicare e condividere al tempo stesso la sua energia, il suo tempo, i suoi mezzi. Grazie al suo carattere gentile e sincero aveva amici in tutto il mondo.

Hillary era la quintessenza dell'uomo generoso che ha successo nella vita perché si occupa degli altri. Dimostrò la sua levatura già dopo il successo sull'Everest. Quando i giornalisti indiani diffusero la notizia che Tenzing era stato il primo ad arrivare fin lassù, non fece la parte né del vincitore né del bonaccione che abbassa la cresta per quieto vivere. «Su una vetta così alta si arriva insieme» fu la sua risposta. E così cancellò il pregiudizio che il mondo della montagna appartiene a egoisti, che sgomitano per arrivare in alto.

Anche negli anni che seguirono, Hillary si dimostrò un uomo più pronto a dare che a ricevere. Non era un altruista patologico incapace di dire no, lui condivideva volentieri tempo, sapere, mezzi. E non speculava mai sui rimborsi. Ma la sua fondazione Himalayan Trust ha avuto comunque successo perché sapeva stabilire i limiti. Al contrario di quelli che cercano di tenere per sé il più possibile, anche i successi comuni di cui vogliono prendersi tutto il merito. Che dubitino dell'immagine che danno di se stessi? Chi crede di fare una brutta figura nei confronti di un «idealismo» ridicolizzato, non è come Sir Ed.

Con gli amici, in famiglia, siamo tutti volentieri altruisti, Hillary era molto più di questo. Il suo altruismo era naturale quanto il suo talento nell'osare avventure. Nella sua personalità, l'egoismo e l'altruismo non erano da considerarsi né come un tutt'uno né separatamente. Come se volesse dimostrarci che preoccuparsi per il prossimo fa bene. È innato dentro di noi come l'istinto di autoconservazione.

Edmund Hillary è stato il mio sprone e il mio modello quando ho cominciato con il mio impegno sociale per le popolazioni di montagna. Dopo aver sostenuto di tanto in tanto la sua fondazione e alcune associazioni che si prefiggevano di aiutare il Nepal, io stesso ho costituito una fondazione: la MMF (Messner Mountain Foundation), che si occupa dei più poveri dei poveri nelle montagne del mondo. Prima in Karakorum e sul Nanga Parbat, poi, quando il problema maoista in Nepal si è attenuato, soprattutto in Himalaya.

Fino a metà del ventesimo secolo il Nepal è stato una terra inaccessibile tra le montagne, incastrata tra India e Cina, la casa reale dilaniata dai clan rivali degli Shah e dei Rana. Fino al 1951 regnò la dinastia dei Rana. Cinquant'anni più tardi, il 1° giugno del 2001, il re Birendra Shah fu assassinato da suo figlio Diprenda Bir Bikram Shah Dev. E con lui quasi l'intera famiglia. La tragedia non è ancora stata chiarita. Suo fratello Gyanendra, che dopo qualche giorno divenne il nuovo re, non fu l'unico che trasse profitto dall'assassinio e comunque perse. La guerriglia maoista, che aveva favorito la caduta della monarchia, riuscì con molta facilità a cacciare dal palazzo il nuovo re poco amato. Il Nepal non si è più ripreso da quella crisi. «Il popolo più pacifico del pianeta» sprofondò nell'apatia in balia di un caos politico ovunque tangibile.

A Katmandu ho potuto vedere quanta violenta forza esplosiva

può scaturire dal più profondo pacifismo. E anche quanto velocemente il cuore della società finisce allo sbando: erano esperienze del tutto nuove per me e completamente diverse da quelle che mi avevano regalato le mie avventure. In montagna fino a quel momento mi ero occupato del limitare superiore delle terre abitate. Avevo accumulato un'esperienza più che decennale. Oggi osservo anche i rapporti nelle città. Ma posso sostenere solo le regioni di montagna. Non bisogna soffocare la loro convivenza liberale che è cresciuta quasi ovunque in modo strutturale. E dubito sia utile una collaborazione puramente economica: secondo me vanno promossi aiuti per le iniziative personali, e va sostenuta l'immagine locale. Siccome le popolazioni di montagna non hanno mai conosciuto l'abbondanza, non devono essere soggette a dipendenze e strutture autoritarie. Almeno non a tempo indeterminato.

La metà – dodici milioni di persone – della popolazione del Nepal vive sotto la soglia della povertà. Anche perché le fonti di sussistenza naturali sono state saccheggiate, soprattutto nelle valli e sulle colline ai piedi dell'Himalaya! Per questo la MMF si occupa di scuola, della formazione dei giovani, del turismo culturale. Noi facciamo in piccolo quello che Hillary nella sua seconda vita ha fatto in modo così grandioso. Questo impegno non è fine a se stesso come l'alpinismo. Non è né un hobby né un dovere, fa parte della mia responsabilità. Non della mia carriera. Il « climbing for charity » lo lascio a quegli altruisti che devono giustificare i propri viaggi ai confini della terra con qualunque pretesto.

58. Fiducia in se stessi

La fiducia in se stessi è come con l'acqua di sorgente. Si esaurisce di rado. Chi trova quella sorgente nel proprio io, può sfruttarla per tutta la vita. Tutte le ricerche, tutte le deviazioni non sono altro che smarrimenti nel labirinto delle possibilità, solo le batoste subite e i nuovi inizi alimentano la fiducia in noi stessi. Perché non la sete, ma il dolore genera passione.

Quando Leo Houlding fece il suo ingresso nel panorama alpinistico a sedici anni, io ero invalido e stavo facendo riabilitazione dopo la difficile operazione al calcagno. Leo, originario del Lake District in Inghilterra, nel 1996 realizzò la Master's Wall in Galles, un'impresa che io non sarei mai stato in grado di portare a termine. L'adolescente sicuro di sé andò oltre le sue capacità. In modo non convenzionale. Ma nonostante prediligesse gli scarponi grossi, non fece mai un passo più lungo della gamba. La sua fiducia in se stesso crebbe quindi lentamente, e il giovane conservò intatto il suo carattere. I rocciatori più grandi interpretarono la sua nonchalance come arroganza da ragazzini, ma la maturazione del giovane genio dell'arrampicata andò avanti. Fino ai limiti delle sue possibilità. Osò ascensioni in libera delle grandi pareti nella Yosemite Valley, a cui seguirono arrampicate «pulite» e veloci.

Quel che mi colpisce è la sua naturalezza. Sembra che la sua autostima non si basi solo sulle sue doti di arrampicatore. Poco dopo il nostro primo incontro, Leo si ruppe un malleolo sul Cerro Torre in Patagonia. Cadde sulla via Maestri-Egger, e sopravvisse a una discesa infernale. Calandosi in diagonale, facendo dei pendoli, alla fine addirittura strisciando su ghiaccio e detriti. La sua filosofia: «In montagna non c'è nessuno cui dar conto, nessuno cui poter dare la colpa, e nessuno che ti tira fuori dai guai. È la natura che conduce il gioco, e la tua ambizione e la tua fantasia la sfidano. Tutti possono fare tutto, tu devi solo adeguarti». Leo continuò con le sue imprese estreme, e in seguito raggiunse la vetta dell'Everest per poi comparire in alcuni programmi televisivi. La sua fiducia in se stesso si è espressa finora con una voglia di vita intimamente inesauribile che si alimenta con l'entusiasmo.

Nella terra di nessuno di una parete di roccia verticale – al freddo, tra difficoltà e pericoli – spesso pretendiamo tutto da noi. Sulla vetta non succede niente di particolare: una rapida stretta di mano, un attimo per guardare il panorama e poi la discesa. Molto lontano dall'ordine civile, spinti soltanto dalle nostre paure e dai nostri desideri, di nuovo su un terreno sicuro viviamo un'esperienza di comprensione di noi stessi che, al contempo, genera fiducia in noi stessi. Tutt'altra cosa di quel che accade nella vita di pianura.

La creatività, non il corpo, è lo strumento più importante del rocciatore libero. Tra il cielo e la terra, lì, dove il cittadino medio non è in grado di muoversi per mancanza di allenamento, si manifesta in noi non solo un comportamento da scimmia ma anche la creatività. Mi chiedo: se avesse usato delle scale, Leo sarebbe salito sulle pareti di roccia altrettanto facilmente e agilmente? No, perché è lo spirito della scoperta che nasce dall'assenza che ci rende creativi. È questo quel che ha fatto andare avanti l'uomo, perché nelle situazioni di pericolo superiamo noi stessi. Ma la nostra civilizzazione ci ha derubati della forza e dell'agilità allo stesso tempo, che nelle situazioni di pericolo ci fanno superare noi stessi. L'uomo civilizzato, con tutte le sue macchine, è molto superiore all'uomo d'avventura nella vita quotidiana, ma quanti devono cavarsela senza quei mezzi rimangono capaci di sopravvivere anche senza gli ausili tecnici. In definitiva, la fiducia in se stessi ha a che fare con la capacità di sopravvivere. Più dipendiamo da ausili tecnici, meno vale la nostra fiducia in noi stessi.

Non ho mai temuto in passato che l'alpinismo potesse essere spodestato dal turismo. Convinto che l'alpinismo si sarebbe sviluppato solo rinunciando ad ausili tecnici per la salita, ho finto di non vedere come dall'alpinismo tradizionale siano scaturiti da un lato uno sport – l'arrampicata indoor – e dall'altro il turismo, per esempio con le vie preparate fino alla vetta dell'Everest. All'inizio del nuovo millennio credevo di sapere: « In futuro, tra dieci anni, nessuno più userà le bombole dell'ossigeno sull'Everest o sul K2 ». « L'uomo ce la farà con i soli polmoni. Si affiderà soltanto alla sua forza. » Ero sicuro che l'alpinismo in Himalaya sarebbe cresciuto. « Qualcuno salirà sul versante sud del Lhotse, scenderà dal Colle Sud e infine conquisterà l'Everest. Adesso sembra impossibile, ma fra dieci anni qualcuno ci riuscirà. »

Quanto mi sono sbagliato! Oggi la maggior parte di coloro che aspirano all'Everest ci arriva con viaggi organizzati, e raggiunge il tetto del mondo su piste tracciate. Non è una catastrofe; peccato solo che molti tornino con l'arroganza di essere diventati alpinisti di punta per il fatto di essere arrivati fin lassù. La loro autostima è alimentata dai pionieri e dagli Sherpa. Fin dall'inizio ho caldeggiato l'idea di mettere la montagna con il suo valore selvaggio al centro dei nostri sforzi. Bisogna difenderne la magia. Il potenziale della montagna sta nella sua grandezza, nel pericolo, nella sua superiorità, che costringono noi uomini a imparare a sottometterci, a diventare creativi, a stare da soli con noi stessi, ad aspettare, a cercare altre strade, a controllare la nostra arroganza nei confronti della natura. Solo con questo atteggiamento cresce la fiducia in noi stessi. Solo così si può salvaguardare per sempre il mondo della montagna.

Non sono né i miei successi, né tantomeno le mie capacità di arrampicata di un tempo, ciò che alimenta la mia fiducia in me stesso, ma piuttosto la mia capacità di sopravvivenza in situazioni precarie. E anche il modo in cui oggi tollero la fame e l'abbondanza, l'inattività e l'impegno senza perdere l'equilibrio.

59. Orgoglio

Tutti hanno sempre cercato di minare la mia credibilità, di compromettere il mio onore, di piegare la mia volontà. Ma non hanno mai vinto il mio orgoglio. Quello appartiene solo a me, oltre a una certa riservatezza, che spesso è stata interpretata come supponenza, ma che non è ciò che mi ha reso forte. La mia autostima è cresciuta lentamente in innumerevoli situazioni difficili. Ho sempre saputo cosa avevo fatto e come. E tutti i critici non volevano e non vogliono altro che averne una parte.

Dopo la salita di tutti gli ottomila – trentun spedizioni in soli vent'anni – non potevo semplicemente chiudere con le avventure. La sopravvivenza nella natura era diventata la mia arte. Non faceva per me aspettare la pensione davanti al televisore con una bottiglia di birra in mano, anche perché la pensione non mi spettava non avendo versato contributi. Questo fu il motivo principale che mi spinse a passare dalle avventure verticali a quelle orizzontali. Pronti: via, nel deserto! Dopo una marcia di 1000 chilometri nel Tibet orientale, mi ero prefisso lo scopo di attraversare il deserto del Gobi. A piedi. Ma allora la Mongolia dipendeva dall'Unione Sovietica, e in Cina era molto difficile ottenere un'autorizzazione per una tale impresa nel deserto. Così optai per l'Antartide e divenni un viandante dei ghiacciai. Molto più tardi attraversai la Mongolia, salii sui monti dell'Altaj e ammirai i confini del Gobi. Nel frattempo, molti nomadi avevano fatto ritorno con le loro yurte nel vastissimo deserto di pietra, mentre i kolchoz, creati dai sovietici, andarono in rovina. A Ulan Bator tutti parlavano delle quasi inesauribili ricchezze del sottosuolo di quel territorio e della loro imminente valorizzazione.

Alla fine nel 2004, osai una traversata in solitaria della parte mongola del Gobi. Avevo immaginato lo sforzo e la sofferenza di una marcia tanto lunga, ma dovevo mettere di nuovo alla prova le mie capacità di resistenza tutti i giorni. L'idea del progetto non mi spaventava molto. Dopo anni di arrampicate e viaggi tra i ghiacciai avevo ancora abbastanza orgoglio da poter minimizzare l'esposizione e la componente selvaggia di un tale viaggio attraverso il deserto. Almeno a priori. Altrimenti non sarei partito: 2000 chilometri da est a ovest attraverso una terra di nessuno! Le yurte furono il mio rifugio sicuro dove potei trovare sempre un po' d'acqua e carne di pecora essiccata.

In ogni campo di gioco avventuroso – arrampicata su roccia, alpinismo d'alta quota, viaggi nel deserto – sono sempre stato attivo e tale ho voluto rimanere. La fantasia, quindi la creatività, è stata il motore del mio peregrinare. Non mi sono mai chiesto se a governare la mia volontà fossero impulsi elettrici o reazioni chimiche. Mi meravigliavo solo del fatto che tutto funzionasse. Che senso avevano allora le mie avventure? Non avevo alcun messaggio, e non vi vedevo neanche alcuna utilità. Avevo una meta, e come sempre inventavo una strategia per poterla raggiungere. E in più l'orgoglio; davo un senso alla mia vita. E potevo esprimermi al meglio. Lo so che per l'umanità le mie imprese non avevano alcun senso, ma per me avevano un profondo significato. Dovevo tentarle, ma non dovevo più documentarle. E per chi?

Avevo perso la gioia di fotografare, solo perché nel frattempo era diventato troppo facile catturare ogni attimo con una fotocamera piccola quanto un pacchetto di sigarette. Sono stato fotografato ovunque e in ogni momento: alla stazione, al ristorante, per strada. Nel mio archivio ci sono diecimila scatti dell'Himalaya. Non mi servono più. Conosco l'Himalaya. Sono le immagini custodite nella mia mente, quelle che adesso contano di più per me. Forse perché non devo condividerle con nessun altro: il tempo che scorreva più lento dopo un paio di giorni di marcia a piedi; la vita scandita dal proprio ritmo; lo sguardo rivolto a un'immensità fuori dal tempo: l'annullamento del proprio essere. Nel deserto immaginavo un'esistenza dopo la morte: spazio e tempo una dimensione unica, quiete assoluta, assenza dell'uomo.

Lo scorrere del tempo rallentato e la sua percezione sono soggettivi come il limite della propria capacità di resistenza. Dunque le avventure allungano la vita.

Dopo aver attraversato i monti dell'Altaj, e il Gobi alla fine del viaggio, è cominciata ancora una volta la discesa. Mi sono imposto un passo lento come quello degli abitanti delle montagne. Sul Kilimangiaro i portatori africani invitano i loro ospiti a salire piano – «pole, pole» – come dicono loro; i pastori nomadi tibetani invitano gli alpinisti a procedere «kalipé», «con passo tranquillo». Ho assaporato questo rallentamento del tempo: ogni mio passo consapevole del tempo della vita, la mia esistenza un dono. Prima di attraversare il Gobi, futuro era per me sinonimo di salita, da allora scendo, verso casa. Senza dover accelerare il passo.

60. Invecchiare

La lunga marcia a piedi verso casa – spesso attraverso sobborghi desolati, con passo strascicato, al crepuscolo – mi ha portato alla vecchiaia. In un momento della mia vita in cui l'inizio e la fine si incontravano di nuovo. Dieci anni prima, la curva discendente della mia vita aveva toccato il punto più basso, e in seguito era stato sempre più difficile rimettermi in forma, trovare obiettivi adeguati, partire. E invecchiando anch'io avrei ricevuto sempre meno in dono.

Nelle società che ho conosciuto lassù tra le montagne, l'età avanzata è soprattutto sinonimo di grande prestigio. Forse perché in quei luoghi le persone muoiono molto prima di noi, pensano più spesso alla morte e gli anziani, la cui esperienza di vita è utile a tutti, sono di supporto alle generazioni successive. Da noi accade tutto il contrario: viviamo in una società di vecchi che diventano un peso per le generazioni future, che a loro volta non hanno tempo di pensare alla morte. Molti giovanissimi si credono degli dei immortali e dei manager infallibili del mondo globalizzato. Concetti come progetto, comunicazione e motivazione sono la chiave dei modelli di soluzione della nostra epoca e il sapere degli anziani viene disprezzato.

Nonostante io abbia avuto qualche incontro ravvicinato con la morte, non mi ha mai davvero «accolto nel suo abbraccio». Non ho neanche mai combattuto contro di lei, la sopravvivenza non è una lotta. Al contrario, nelle situazioni più precarie la possibilità di morire sarebbe stata la strada più facile. La soluzione migliore. Ma rendeva la vita ancora più misteriosa. Dopo aver avuto poche esperienze di quasi morte, ho vissuto la mia vita in modo più consapevole, certo, ma non in modo più avido. Per me vivere non significa «esaurire» la vita, ma metterla a frutto. Ha più a che fare con l'esperienza che con il successo. Ancora oggi, che sono nella terza età.

Nel 2004, quando attraversai il deserto del Gobi a piedi, ho imparato ad accettare i problemi legati all'età: avevo sessant'anni. Dieci anni più tardi sono stato in Himalaya, in Ladakh e per un paio di settimane nel Solo Khumbu. Rispetto al mondo che vi avevo trovato quarant'anni prima, era tutto cambiato: oggi quasi tutte le case a Lukla sono nuove. Turismo di passaggio ovunque. Lukla, cinta da ripidi pendii, è assediata da manipoli di soldati in attesa, che aspettano un posto su un volo per Katmandu o vogliono recarsi sulle alte montagne dell'Himalaya. Gli Sherpa tornano dalle montagne in gruppo e sfiniti; le donne, scontrose e vestite di nero, indugiano, sedute, sugli usci di casa. Invecchiano presto, penso, passando davanti a loro. Escursionisti e alpinisti atterrano continuamente sulla ripida pista che è diventata la porta d'accesso al Solo Khumbu. Gli altri scendono a valle e visitano il villaggio con il loro Sherpa. Il sole rimane solo poche ore sulla gola ricoperta di boschi, le grandi montagne dell'Himalaya non si vedono. Chi è condannato ad aspettare qui brontola per la pioggia e il gelo, i pidocchi nelle casupole e la sporcizia nelle strade. Chi è costretto a passare una settimana o solo una notte in un misero albergo impreca contro un cane che abbaia in continuazione nella notte e il convulso traffico aereo verso Katmandu. Nessuno vuole rimanere più a lungo qui. Questo posto non si trasformerà mai in un'attrazione turistica. Ma tutti coloro che da sud voglio andare sull'Everest, devono passare da qui.

Comunque, mai prima del maggio 2013 avevo notato in modo tanto evidente l'incompatibilità fra l'atteggiamento di chi vuole darsi dei limiti e la tracotanza dei turisti, ai piedi della montagna più alta del pianeta: fisicità, tecnologia e primati erano al centro dell'interesse. Tutto l'imprevedibile sembrava scomparso. Anche le dimensioni che una volta attenevano alla religione sembravano poter essere manipolate. «Senza braccia», «di corsa», «a ottant'anni» sul tetto del mondo: questi erano gli slogan che accompagnavano i gruppi di turisti in attesa di iniziare la salita verso l'Everest dal campo base. Con un'arroganza e un candore che parevano escludere la possibilità del fallimento o la morte.

Non ho mai sofferto di depressione. Forse perché non sono mai caduto nell'illusione che tutto fosse possibile, tutto fosse misurabile. Nella mia vecchiaia sarebbe assolutamente sbagliato inseguire il ricordo delle mie possibilità di un tempo. È consentito solo quello che oggi sono ancora in grado di fare.

Namche Bazar, abbarbicato in una conca ripida da qualche parte tra Lukla e l'Everest, una volta era meno di un paesino. Non c'erano né scuole né un ospedale. Duecento case in pietra formavano un semicerchio su campi di patate e prati, con in mezzo un paio di case Sherpa vecchio stile: due piani, stalla al pianoterra, le stanze al piano rialzato, i tetti ricoperti di scandole di legno. Oggi il centro principale del Solo Khumbu è un villaggio di alberghi, più lamiera ondulata che terreni agricoli. I molti turisti che ogni anno giungono qui sono una benedizione e una maledizione in egual misura. La sera, i turisti benestanti dell'Everest tornano a valle in elicottero per cenare in uno dei lodge.

Nel 1986 alloggiavo all'Himalaya Lodge. La sera stavo per lo più in cucina, dove la padrona, la cognata del sirdar Pasang, allattava i suoi due bambini e cucinava chapati con uova o una pastina in brodo per un paio di escursionisti. Oggi, qui nessuno si accorge più dell'arrivo delle spedizioni. Gli alpinisti arrivano – ogni anno sempre di più – e proseguono. Solo quando un paio di loro viene travolto da una slavina o precipita, i nativi ne parlano. Spesso con gesti ostili che non nascondono il fatto che ci vedono come intrusi nel loro «sacro mondo di montagna» di una volta. Poi, tutto viene presto dimenticato. Non riuscirebbero a ricordare nemmeno il solo nome di quelli che non tornano. Qui scalare le montagne e non fare ritorno è all'ordine del giorno. Persino le imprese eroiche di alcuni connazionali – lo Sherpa Apa per esempio, che ha scalato l'Everest ventuno volte – vengono raccontate senza tanti orpelli.

Ma la grande catastrofe che nell'aprile del 2014 costò la vita a sedici Sherpa al margine superiore della seraccata, turberà il clan degli Sherpa per molto tempo. La sciagura verrà ricordata come un triste incidente sul lavoro in cui spesso muoiono giovani padri di famiglia, vittime di quell'arroganza con cui i turisti salgono in vetta dal campo base sulle piste preparate dagli Sherpa.

Era tardo pomeriggio. E mi trovavo in cucina con lo Sherpa Pasang, che avevo conosciuto nel 1980, quando volevo scalare il Lhotse in solitaria sul versante ovest. All'epoca era stato sirdar in una grande spedizione. Quando gli chiesi cosa faceva di bello, Pasang rise con i suoi occhietti furbi. «Il mandriano di yak», rispose. «E perché non più il portatore?» «Perché è meno pericoloso che trascinare pesi sulle cascate di ghiaccio del Khumbu o zaini nella parete sud del Lhotse.» Lo disse senza risentimento, come se la vecchiaia lo avesse reso più saggio!

Anch'io vado serenamente incontro alla mia vecchiaia. Senza smarrimenti, per il momento. Ma dovrò badare ad avere pazienza con me stesso se non vorrò abbandonare il ruolo del vecchietto arzillo, o del «vecchio della montagna» come dicono simpaticamente gli italiani, come se si riferissero a un saggio erudito.

Quando passai da Khumjung, gli Sherpa festeggiavano la fine del lungo e rigido inverno. Per la prima volta da cinque mesi, il terreno non era più ghiacciato e tutte le famiglie Sherpa erano nei campi. Era come se vangare la terra e seminare le patate fossero una grande festa, cui erano stati invitati anche stormi di uccelli che si libravano in cielo, e in lontananza i brillanti pendii innevati che spuntavano tra nuvole bianche, con in sottofondo i canti e il fischiettare dei lavoratori nel fondovalle pianeggiante. A sinistra una collina coperta di boschi e a destra il Khumbila, una montagna sacra.

Negli anni passati ero sempre salito fino alla casa di Kappa Gyaltsen, che dipingeva quadri naïf della vita in Himalaya. Ma l'artista era morto, e così andai a far visita allo Sherpa Pertemba e a sua moglie, che mi avevano invitato all'inaugurazione della loro casa. Davanti alla loro abitazione col tetto in pietra, di forma allungata, si levavano pennacchi di fumo, ovunque svolazzavano bandiere di preghiera. Vi giunsi passando per i vicoli, attraverso stretti passaggi tra mura in pietra. Pertemba aveva scalato l'Everest nel 1975. Per la prima volta lungo la parete sud-ovest. Allora era un uomo conosciuto non solo in Nepal. Adesso si occupava della sua fattoria. Anche lui stava festeggiando l'inizio della primavera. Quando lo salutai, mi sentii in imbarazzo, non perché ero venuto a mani vuote, ma perché mi riconobbe subito. Non parlammo dei bei vecchi tempi in cui i tabù erano ancora tabù, mi sorprese la naturalezza con cui quell'uomo invecchiava. Adesso si occupava della sua fattoria. Anche lui stava festeggiando l'inizio della primavera.

Un tempo, gli Sherpa ridevano dei miei sogni, stimolavano così la mia fantasia, e mi invidiavano perché rompevo i tabù. Oggi, invidio io loro per l'umiltà che accompagna la loro vecchiaia. Anch'io, oggi a settant'anni, non voglio lasciarmi imprigionare in uno schema: tuttavia è necessario reinterpretare il valore della libertà nella vecchiaia.

Una volta, in passato, per acclimatarmi ho percorso di corsa il tratto da Namche Bazar a Tengboche. Il continuo sali e scendi tra le ripide vette ghiacciate e le gole del Dudh Kosi era un allenamento ideale. Adesso facevo un passo alla volta, guardavo e ammiravo: c'era meno foresta, i pendii erano disboscati; meno ombra; il sole di primavera mi bruciava sul collo. Spaventato, guardai uno yak che, sotto un carico di 60 chili e impazzito per il gran caldo, con un corno ferì l'avambraccio di uno Sherpa che cercava di trattenerlo. La ferita sanguinava lentamente, e venne fasciata. L'uomo aveva una corporatura minuta e gracile, non si infuriò. Era sempre tutto uguale lì: il breve caos nella carovana yak, la fatica, le montagne di ghiaccio che si stagliavano nel cielo. Quegli uomini avevano imparato a sopportare dolori e ogni tipo di fatica per tutto il giorno. A sua volta, quella imperturbabilità aveva destato in me il coraggio di rinunciare a molte comodità in montagna. Così ho potuto inventare lo stile alpino. È stato lì, nel Solo Khumbu, dopo la spedizione del 1975 alla parete sud del Lhotse, che ho deciso di scalare un ottomila in una cordata di due. Tutti coloro che allora hanno riso di me mi sono serviti da sprone per cercare qualcosa di sempre più nuovo. Mi sono stati utili persino coloro che in seguito hanno male interpretato il valore dello stile alpino. Mi hanno stimolato a mantenere alto l'alpinismo tradizionale e a rimanere contrario agli eccessi del turismo.

A Pheriche un capannello di persone si agitava intorno a un elicottero. Si trattava del soccorso a un trekker colpito dal mal di montagna, le borse furono stipate sul sedile posteriore dell'elicottero. Un medico si sedette accanto al pilota. Tutti gli altri rimasero a terra. Il rotore cominciò a girare, sempre più veloce, il rumore si fece sempre più forte. Dalla grossa marmitta soffiava un fumo blu. D'un tratto si alzò la polvere nello spazio tra i bagagli e le case affacciate sulla strada, lambita dai primi raggi del sole. Con amarezza ripensai alle calunnie: nel 1986 dissero che anche io ero volato in elicottero al campo base ai piedi della seraccata del Khumbu per scalare il Lhotse prima dell'inizio dell'inverno. Quella menzogna ebbe però la forza di rivelare i motivi di coloro che la diffusero, che volevano giustificare così i loro voli in elicottero a diversi campi base. Erano degli illusi, per i quali i fatti non contavano. Perché chi non è convinto di se stesso non ha la forza per minare la credibilità di nessuno.

Era notte fonda, quando qualche giorno dopo mi trovai davanti alla tenda nel campo base. All'inizio non sentivo freddo, il respiro però si fece subito affannoso. A causa dell'aria rarefatta. La lunga cresta innevata del Nuptse lasciava intuire dove cominciavano le stelle e finiva la terra sotto i miei piedi. Si sentiva ululare il vento che sferzava gli alti spigoli di roccia e ghiaccio. In una delle tende accanto a me c'era una luce accesa. Udii mormorii incomprensibili, vidi una sigaretta illuminare il buio per un attimo. Un vecchio Sherpa che fuma, pensai. Come se la vecchiaia e il trovarsi in quel luogo primitivo fossero più sopportabili parlando tra sé e sé con una sigaretta tra le dita. Quando gli chiesi come andava, rispose facendo riferimento alla sua età. Non doveva più salire sulle montagne. Soddisfatto me ne tornai nel sacco a pelo.

«In Asia gli uomini anziani affrontano i loro anni meglio di noi» pensai. Sì, i buddisti e gli indù si ritirano volentieri nella loro vecchiaia: una forma di vita passiva segue a quella attiva. La loro età acquista valore. In occidente invece è il contrario. Veniamo messi sempre di più da parte.

Con tutto quello che facciamo ad alta quota, avvertiamo una stanchezza che ci paralizza, la forza vitale nella mente e nelle gambe è frenata. Oltre ai movimenti, anche il pensiero rallenta. La nostra determinazione si impigrisce, è come se la nostra volontà sonnecchiasse nel dormiveglia. Non è letargia quel che lassù ci toglie la forza e la prontezza dei sensi, ma la mancanza di ossigeno. Questo tipo di esistenza ci consente però di pregustarci la vecchiaia. Nessuno può sottrarsi alle conseguenze dell'assenza dell'ossigeno, né tantomeno può sfuggire al processo dell'invecchiamento. L'arte di vivere consiste anche nel rendersene conto, nel vivere la vecchiaia come un processo di apprendimento e nel vivere man mano sempre pienamente.

Sono stati gli Sherpa anziani che, con la loro pace, mi hanno incoraggiato ad accettare la mia vecchiaia. Cantano i loro canti con la fronte raggrinzita, la pelle floscia intorno agli occhi. Senza sapere se l'indomani ci saranno ancora. Siamo diventati quel che siamo oggi, soprattutto nei tanti mesi che abbiamo trascorso insieme «nell'aria sottile». Persino la scoperta che il mondo sarà lo stesso anche senza di noi, non è più inaccettabile. Ho tentato a lungo di dirigere il mio mondo, di prepararmi al futuro. Senza pensare che il tempo scorre da sé. Senza rendermi conto che anche la conquista dell'inutile è fugace. D'un tratto sono giunti gli ultimi anni. L'essere inutile e il non essere sono diventati un tutt'uno. È il fatto di immaginare spesso la morte, ciò che oggi, a settant'anni, mi fa passare la paura di morire?

61. Sofferenza

La passione, l'entusiasmo hanno sempre anche a che fare con la sofferenza. Ma se perdiamo l'entusiasmo, il più delle volte rimane solo la sofferenza.

Raggiungemmo tardi la vetta, e mio fratello era molto stanco perché era salito per ore dietro di me. E per di più molto velocemente. Con il mal di montagna però, la discesa dalla parete Rupal del Nanga Parbat non sarebbe stata fattibile senza corda. Non potevamo assumerci quella responsabilità. E poiché non potevamo aspettarci nessun aiuto, scendemmo dalla più facile parete Diamir, ai cui piedi Günther morì travolto da una slavina. Non racconterò la sua storia per l'ennesima volta. Il 29 giugno eravamo giunti in una conca glaciale ai piedi della montagna. Presto sarà tutto finito, sperai. Restava da aggirare un ultimo tratto di seracchi. Andai di nuovo avanti per un tratto, e lui scomparve dietro una dorsale di ghiaccio. Quel che trentacinque anni più tardi fu rinvenuto del suo corpo nel ghiacciaio racconta la sua storia. Quando nel 2005 con un gruppo di escursionisti fui condotto sul luogo del ritrovamento di un cadavere nel ghiaccio, non fu la paura ma l'attesa a farmi andare avanti. Era poco prima di mezzogiorno, a tre chilometri e mezzo dai piedi della montagna. I nativi avevano trovato un mucchio d'ossa, un cadavere, che avrei dovuto identificare. Ero preparato a quel che avrei visto. Ciononostante rimasi senza parole, quando vidi mio fratello davanti a me.

Non dirò che quel che vidi fu terribile – la scarpa, le ossa sparse e ridotte in centinaia di frammenti che risaltavano sul ghiaccio nero – quel momento rimarrà impresso nella mia memoria come il cumulo di ghiaccio che aveva travolto e sepolto mio fratello. Non ero più stupito. Lo spavento di allora cedette il posto alla certezza: «È morto» pensai allora. «Questo è il suo scarpone» pensavo adesso. Non so perché ne fui subito certo – sopra e sotto il ghiaccio c'era solo un mucchietto d'ossa vicino alla sua scarpa – ma mi bastò un attimo per rendermi conto che in trentacinque anni il solo spostamento dei ghiacciai poteva aver trascinato il corpo fin lì, sotto il ghiaccio delle slavine, che si era accumulato nel tempo sopra di lui, e sotto il ghiacciaio che si era sciolto, defluendo a valle.

Di Günther era rimasto ben poco. Tutto ciò che avevamo lasciato nella nostra tenda al campo base – appunti, diario, filmati – se l'era preso il capo spedizione. In seguito, io ne avevo rivisto solo una parte. Le nostre settimane insieme in montagna, il terrore alla Forcella Merkl quando mi resi conto di non avere vie di uscita, la paura nella discesa – tutto riaffiorò durante la cremazione, mentre il nostro medico, il dottor Hipp, pronunciava le preghiere: in un posto e in circostanze che non avrebbero potuto essere più impressionanti. Quella quiete perfetta! Sullo sfondo, quella montagna che toccava il cielo, e che sovrastava la tomba e il ghiacciaio che lo aveva nascosto così a lungo e che lo aveva trascinato a valle. Sopra tutto il Nanga Parbat, la cui vetta Günther aveva aggiunto. La nostra vita insieme volò via come un alito di vento. L'orgoglio e il dolore si confondono nei miei ricordi. Il Nanga Parbat sarà per sempre il simbolo dell'audacia della sua vita.

Quando anni più tardi ascoltai Steve House all'IMS (International Mountain Summit) a Bressanone durante la sua conferenza sul Nanga Parbat, fu come se fossi stato con lui sulla montagna, in quella sua grandiosa ascensione diretta della parete Rupal nel 2005. House, nato nello stesso anno in cui è morto Günther, riuscì a trasmettermi i suoi sentimenti: paura, dubbio, sofferenza. Le emozioni, non la documentazione, erano inconfondibili. Le poche immagini che scorrevano sullo schermo – un po' sfocate, di lato, mosse – resero il suo racconto una commovente storia di dolore.

Non sentivo compassione ma ammirazione per la sua capacità di soffrire, oltre alla gratitudine per il fatto di poter condividere con lui quei sentimenti. Lo stesso tipo di partecipazione che mi pervadeva quando leggevo le storie dei grandi uomini d'avventura: Nansen, Shackleton, Mallory, Bonatti. Quel che mi sconvolgeva non era l'eroismo, ma il dolore che quegli uomini avevano affrontato per entusiasmo. Quel che colpisce, e che al tempo stesso costituisce il loro insegnamento, è il modo in cui si sono liberati di tutta la loro arroganza.

L'americano Steve House si è guadagnato la sua fama nel mondo pericoloso e senza compromessi dell'alpinismo tradizionale. Ma la sua forza è la sua mente. Quando si scalano in stile alpino grandi montagne come il Nanga Parbat, non ci si può permettere di sbagliare. Anche il minimo errore può portare alla morte. House è riuscito persino in spericolate ascensioni solitarie: in Canada, Alaska, Himalaya. Il suo exploit è stata la parete nord della North Twin Tower in Canada. Con Marko Prezelj. A metà della parete, House perse il rivestimento esterno di uno scarpone. Il momento dell'improvvisazione, per portare a casa la pelle. Calarsi era impossibile. Per di più era notte e c'era tempesta. Con i ramponi attaccati con nastro adesivo alla scarpetta interna dello scarpone, il tutto infilato in un sacchetto di plastica, House riuscì a fatica a raggiungere la vetta e poi a scendere al ghiacciaio Columbia superando un dedalo di crepacci. L'oftalmia da neve completò la situazione. «Più affronto le cose con semplicità, più l'esperienza è appagante» dice. È questo stile, il suo stile, che incanta.

Io ammiro Steve anche per il suo atteggiamento verso la montagna. Passo dopo passo è diventato il migliore alpinista che poteva. Ai suoi tempi, ha salito le vie giuste sulle montagne giuste. Ed è anche un eccellente narratore di storie: non la morale ma le sue azioni ne sono il fulcro. Poiché i suoi giorni più gratificanti sono quelli in cui spegne tutto e il dolore diventa una parte naturale della sua esistenza. House non celebra la lotta contro gli elementi, la vittoria è vuota per lui. Sono le sofferenze che seguono alla sfida: bivacchi al freddo e al gelo, dolori fisici ad alta quota, solitudine. Ne parla nelle sue conferenze senza alcuna vanità. « La felicità » dice, « è quando conta solo il fatto di aver riconquistato la vita. »

Questo vale anche per tutti gli uomini impegnati? Forse, ma il sacrificio – o il dolore – per giustificare un pensiero più elevato mi ripugna. Tutti i moralisti, i farisei della giustizia e i vendicatori per ideale, cui manca l'empatia, conoscono solo macchinazioni e nessuna passione. La diffamazione, la delazione e l'inganno derivano dagli ideali? O dall'invidia? Che si fa passare per verità, anche nell'ambiente alpinistico.

In un mondo globalizzato le dicerie sono diventate un'arma capace di « distruggere » le persone, senza mai poter trovare il colpevole.

Per tutta la vita mi sono dedicato alle mie passioni, non ho mai lavorato davvero e ciononostante ho fatto molto più di tanti altri, che hanno reclamato il loro diritto a una vita scevra di preoccupazioni. Ho sempre accettato la sfida. E sono arrivato fin dove ho potuto facendo quel che mi piaceva. Il dolore e la preoccupazione facevano naturalmente parte del gioco, erano aspetti positivi, quando non giungevano come imposizioni esterne. No, non sono un masochista, al contrario, è possibile immaginare anche Sisifo « come uomo felice ». E non ho neanche bisogno di indentificarmi con traguardi che sembrano più alti. Posso perseguire l'inutile senza sentirmi la coscienza sporca e godermi la discesa adesso che sto invecchiando. Dunque non commenterò in futuro le menzogne, sempre diverse, che sono state fabbricate intorno a me e che sono circolate nel mondo. Se gli altri non possono sopportare né la verità né se stessi, perché si vedono messi da parte, è un problema loro. Non porgerò il fianco a chi vuole essere applaudito come divulgatore di chiacchiere ed essere considerato al contempo « una persona perbene ».

62. Religione

È molto diffusa l'idea che noi alpinisti – lassù – siamo vicinissimi al cielo e quindi a Dio. Ma al di là del cielo non c'è altro che incertezza perché l'uomo e Dio hanno bisogno l'uno dell'altro. Dopo tutto, le religioni sono nate perché l'esistenza di Dio non può essere dimostrata. Che Dio si rivelò sulla montagna – Mosè ricevette i dieci comandamenti sul monte Sinai, Allah si mostrò a Maometto sotto la vetta del monte Hira e Buddha ricevette l'illuminazione in Himalaya – è una leggenda. Senza dubbio queste storie di montagna rimandano a immagini forti, che non possono essere verificate. Neanche da noi alpinisti. Al contrario: più in alto salivo, più in alto andavo, più mi era chiaro che il mondo sarebbe andato avanti a esistere anche senza di me, e che tutti gli dei sarebbero scomparsi con l'umanità. Perché sono proprio gli uomini che creano gli dei. Il mio alpinismo giovanile intriso dello stupore per il sublime mondo della montagna era ancora una sorta di religione empirica, una forma di ricerca di senso, che in seguito si è trasformata in azione. Finché non scoprii che spettava a me dare quel senso alle mie azioni.

Può darsi che la religione sia nata dal linguaggio e dalla curiosità di una mente umana più evoluta. Tuttavia è necessario analizzare l'inizio e la fine, la causa e l'effetto, prevedere i pericoli e le loro conseguenze, assicurare la sopravvivenza dell'uomo. La selezione naturale non si fonda solo sulla capacità fisica e spirituale di sopravvivere, ma le appartengono anche le emozioni. E al pensiero cognitivo infine anche le domande « da dove veniamo » e « dove stiamo andando ».

Tutte le idee che l'uomo si fa del divino sono proiezioni di immagini di se stesso. Dunque, la fine dell'umanità deve coincidere con la fine del divino. Detto questo, non sono un ateo, ma non posso neanche provare che Dio esista o non esista. Ma al di là della nostra capacità di conoscenza c'è molto di inimmaginabile. Lascio aperta la complessa questione, e tutte le idee in merito valgono come aiuti per affrontare la vita: la speranza dell'immortalità, della giustizia, di una forza che stabilisce le regole che governano l'umanità.

Dopo essere cresciuto nella tradizione cristiana, e ascoltando in seguito racconti religiosi ovunque, ho potuto sorprendermi delle molte similitudini fra religioni di diversa tradizione. Rispetto tutte le fedi. Di tutto il mondo. Le moschee, le chiese, i templi con il loro sfarzo sono espressioni culturali di vita ma non luoghi dove ricevere l'illuminazione. Considero le religioni le prime invenzioni per poter organizzare una convivenza tra molti uomini. Ma la ricerca di Dio, come la ricerca della felicità, rimane vana. La vera verità sta nella natura, la felicità non si trova sulla vetta, ma dentro di noi. Se siamo completamente noi stessi. Forse le montagne sono state i primi totem, simboli religiosi come le sorgenti necessarie per la sopravvivenza; come i fiumi, che non dovevano essere guadati; come gli alberi che non dovevano essere tagliati; luoghi di culto, che gli uomini primitivi hanno cercato insieme.

Forse la montagna è davvero un luogo di conoscenza: arcaico. Lì le possibilità di resistere sono distribuite equamente; ogni volontà umana superata; solo gli attori stessi determinano la loro sorte, insieme capiscono quali chance hanno; e la natura sta sopra ogni cosa. Dunque, la montagna è un luogo di ritiro, l'alpinismo tradizionale un rituale, una sorta di esercitazione primordiale di religione? No, perché gli insegnamenti della chiesa e delle sue gerarchie continuano a salvaguardare la potenza. E in più, i loro dogmi di infallibilità costringono a interpretare l'irrazionalità da così tanto che i loro contenuti sembrano logici: non per me. Ma poiché la natura e le sue leggi sono così grandiose, rimango possibilista e invece di andare in chiesa vado in montagna. Ogni atteggiamento tronfio nei confronti della natura può costare la vita; lì non contano né i soldi né la potenza, ma solo la capacità, l'impegno e il rispetto della natura stessa.

Sono i «santi» più recenti che hanno indicato le vie in montagna, quelle che vale la pena seguire: Milarepa, che circa mille anni fa meditava lassù in Himalaya dopo aver respinto la ricchezza e la sicurezza della sua famiglia e trovato la sua vita nelle montagne. Rinunciando ai beni materiali, aveva ricevuto l'illuminazione. O Francesco d'Assisi, che praticando un ascetismo simile si spogliò di tutti i suoi averi, per ritirarsi a vivere sugli Appennini. Nel suo eremo della Verna predicò ai fiori, ai lupi e agli uccelli.

A entrambi, l'eremita e lo yogi, ho riservato un luogo di commemorazione nel museo della montagna di Castel Firmiano, a Bolzano. Non perché seguendo il loro esempio potremmo raggiungere un'equa distribuzione dei beni nella nostra economia globalizzata, e neanche per contrapporre la rinuncia all'avidità, due valori, di cui l'uno potrebbe favorire il rispetto del nostro mondo, l'altro la distruzione. Sempre a condizione che gli «dei» non abbiano deciso altrimenti. La forza che farà scomparire l'umanità, prima che essa stessa si distrugga da sola, si nasconde nel cosmo. Sin dall'inizio.

63. Cordata

Per me camminare insieme è l'unica forma naturale dello stare insieme. Come arrampicare insieme. Tutto va molto meglio se sono in cordata. Meglio se di due. In due si possono tentare, superare e sopportare meglio le molteplici possibilità in cui possiamo trovarci. Qualunque cosa accada, in una cordata le preoccupazioni e le paure possono essere condivise.

Tutt'altra cosa è viaggiare invece in grandi gruppi nella natura incontaminata. Perché lì i pericoli sono maggiori. Più grande è il gruppo, maggiori sono i pericoli, maggiore è anche la paura, che sembra diventare paranoia quando è condivisa con molti altri. E allora la conseguenza potrebbe essere l'isteria collettiva. Per questo ho preferito da sempre arrampicare in una cordata di due. Non solo perché mi interessa un singolo uomo più degli uomini in generale, ma soprattutto perché nel ritmo della salita sviluppiamo sicurezza, forza e fiducia. Entrambi.

Il mio corpo deve stare in movimento perché io possa pensare chiaramente. Non per ricordare dettagli, molti preferisco rimuoverli. Spesso non ho portato diari con me e non me ne dispiace. Ma in nessun posto sono stato più consapevole della mia esistenza e di quella del mio accompagnatore come in un'avventura a due. Mi interessa accumulare esperienze per comprendere il mondo nella sua totalità. Come se avessi a disposizione questo mondo, me stesso e le mie sensazioni rispecchiandomi nel mio compagno o compagna. Quando sono in viaggio a piedi in due nella natura incontaminata sono nel mio elemento; ma al tempo stesso sono un tutt'uno con la mente e il corpo con l'altro. È come se solo la sequenza dei nostri passi ci gettasse nell'immensità di un unico cosmo. Capiamo al volo quel che dobbiamo fare, come se fossimo in sintonia col mondo e col compagno al tempo stesso. Mi ripeto: durante una spedizione o un viaggio d'avventura non ho mai discusso con i miei compagni. Che raggiungessimo il nostro obiettivo o no, ciascuno ha sempre dato il suo contributo con le proprie capacità, la propria abilità, le proprie esperienze, in modo assolutamente naturale e senza reclamare nulla in cambio.

Nella natura si stabilisce sempre anche una chiara leadership. Nasce in modo istintivo senza qualificazioni professionali, senza gerarchie. In montagna non ci sono associazioni né autorità, né tantomeno burocrazia o magistratura che possano influenzare il potere decisionale. In un'avventura non vale alcun genere di monopolio. L'accordo nello stare insieme è la base della sopravvivenza. E anche del successo. Ma «la grande cordata degli alpinisti», nell'opinione pubblica tedesca ancora rappresentata dalla direzione del Club alpino tedesco, si comporta come sempre da autorità morale in fatto di montagna. Grazie al mito della salvaguardia della montagna, che comunque non tutela, e della «salvezza della montagna» del «club dei giusti», la direzione dell'associazione sfrutta questa reputazione per rinsaldare la sua leadership nelle questioni che riguardano gli sport di montagna. Ora, questa rispettabile direzione – un paio di anziani signori che nel loro tempo libero fanno finta di salvare le montagne – ha trasformato un'associazione senza fini di lucro in un'azienda di successo dal punto di vista economico, che offre servizi nell'ambito degli sport di montagna e del turismo di montagna: arrampicate in palestra, viaggi di montagna e d'avventura, assicurazione. Tutto questo potrebbe essere meritevole, ma il fatto che la direzione del DAV si sia arrogata il diritto di parlare a nome di un milione di iscritti e che usi questo potere senza controllo, ha comportato un autoritarismo che io trovo preoccupante.

La maggior parte degli iscritti del DAV fa parte dell'associazione solo perché in questo modo può contare su una buona assicurazione, un posto-letto garantito nei rifugi o un abbonamento conveniente nelle palestre del DAV. Quel che andrebbe chiaramente distinto – da una parte l'azienda, dall'altra l'associazione senza fini di lucro – non viene soltanto mischiato, minando così la trasparenza, ma la direzione annuncia «verità» con cui non può essere d'accordo una grande fetta degli iscritti. Con questo, non mi riferisco tanto al problema delle provvigioni quanto alla tracotanza con cui vengono usate le stoccate in nome della moralità per giustificare l'esclusione. Sotto un'aureola di santità il DAV abusa di una leadership nelle questioni che riguardano la montagna, e l'alpinismo tradizionale, che costa più di quanto frutti all'associazione, viene relegato nelle retrovie.

Quando dopo una comune spedizione, qualche volta capitava che io e i miei compagni ci scambiassimo opinioni differenti, non accadeva mai perché avevamo discusso in viaggio, ma sempre perché nel gioco intervenivano terzi che perseguivano i propri interessi. Ma siccome le idee degli estranei sono diverse dagli obiettivi di due uomini d'avventura, è inutile voler ristabilire la giustizia in un secondo momento. Quando si è in una situazione di massima esposizione, alla giustizia contribuiscono tutti secondo natura e senza parole. È ineluttabile. Dove sarei arrivato se non avessi rispettato i miei compagni! Da nessuna parte. Nel corso di un'impresa è necessario condividere preoccupazioni e paure, riconoscere i sentimenti degli altri e impegnare a fondo le proprie capacità – forza, abilità, resistenza. Solo con questo tipo di comunione – soprattutto con la somma del sapere di ciascuno – è possibile superare i limiti.

Per esempio Anderl Heckmair, guida alpina tedesca del dopoguerra, apparteneva all'epoca a un gruppo innovativo di rocciatori. Si chiamavano *Bergvagabunden* (i vagabondi della montagna): la loro risposta alla disoccupazione durante la crisi economica mondiale furono le spedizioni estreme in montagna. Nel 1938, Heckmair fu il leader della cordata di quattro alpinisti che compì la prima ascensione della parete nord dell'Eiger. Non solo andò da primo in tutti i tiri più difficili, ma prese anche le decisioni. Non perché adempiva il suo compito in silenzio, ma perché fu l'incitatore e il salvatore nelle situazioni complicate.

Combatté contro le avversità fino alla fine. Credo di poter affermare che senza di lui non ci sarebbe stata nessuna ascensione della nord dell'Eiger. La libertà in montagna lo appagò per tutta la vita. Con responsabilità. Realizzò la sua sfida personale: aspettative elevate. Come per gli altri, era quello il suo elemento. E il suo obiettivo nella vita non fu conquistare o vincere ma accumulare esperienza.

Il mio rapporto più intenso in montagna l'ho vissuto con mio fratello Günther. Cosa non abbiamo osato fare! No, il nostro non era un gioco d'azzardo. E non si trattava neanche di correre rischi sempre maggiori. Noi eravamo solo alla ricerca di pareti sempre più difficili, e in seguito di avventure più grandiose. La nostra ricerca di pericolo sempre maggiore aveva a che fare con l'esigenza di sfruttare le nostre capacità. La sicurezza veniva da dentro. Nulla ci proteggeva e nessuno ci sarebbe venuto in aiuto in caso d'emergenza. All'infuori di noi stessi. Era necessario essere pronti a tutto e a tornare indietro se il problema andava oltre le nostre capacità. Se eravamo sicuri di non farcela, rimanevano giù. Fallivamo spesso.

Sono caduto in crepacci, caduto insieme a cornici di neve, ma non sono mai caduto mentre arrampicavo come primo di cordata. Allora non era consentito cadere dalla parete, avrebbe potuto essere fatale. Oggi è tutto ovvio. È tutto una questione di atteggiamento e di assicurazione sempre migliore. Fino a quando non mi sono rotto il calcagno ho creduto che non sarei caduto, e non sono mai caduto. Per questo sono ancora vivo.

In cordata si tratta innanzitutto di collaborazione, mai di vincere o perdere, e neanche di essere il primo. Ma quando si torna nella civiltà, questo genere di rapporto non c'è più. D'un tratto si torna a essere un individuo che vuole andare avanti. Non di rado a spese degli altri. L'opinione pubblica favorisce un tale comportamento perché appartiene alla civilizzazione. Chissà perché? Dunque, il naturale impegno nei confronti dell'altro, come quando si è in mezzo alla natura, è obsoleto. La soddisfazione del successo comune insieme a un desiderio rinnovato è un dono raro. Riconoscere che alla realizzazione di un'idea segue la forza e non la lotta è difficile. Per tutti coloro che partecipano a una squadra. Anche per questo i patti nelle spedizioni sono da evitare. Così come tra le idee e l'azione si accumula energia, tra i compagni cresce la fiducia. Chi desidera di più, arriva più lontano. Anche con gli altri. Perché si lascia mettere le ali se le sue ali non vengono tarpate.

64. Morale

È perché ho sempre perseguito l'individualità che mi sono fatto tanti nemici che quasi mi odiano. Infatti è diventata una moda prendere l'individualismo per egoismo e renderlo responsabile della «decadenza dei valori» nella società che lo accompagna. Io vedo in questo appunto un gioco di potere: perché altrimenti sono sempre religione e politica a lanciare gli appelli morali, l'esortazione al «rinnovamento spirituale e morale»? Perché in questo modo esprimono il loro monopolio sulla morale e il potere nella società.

Secondo me la società non è innanzitutto un'arena di interessi privati, ma la somma di piccole società che si devono adoperare per tenersi aperte il maggior numero di possibilità per esprimere la propria individualità. L'egoismo senza scrupoli non si impone né nel branco né nel clan né tantomeno nella grande famiglia. Molto più spesso si sviluppa nelle grandi masse di persone che si sentono privilegiate. Sempre. E il singolo che affronta questa massa, vi si perde dentro. Poiché chiunque fermandosi opponga resistenza alla massa che avanza, viene calpestato.

Nel 1993, lo sguardo rivolto alla vetta dell'Ararat nella vastità della Turchia orientale – quando cambia la luce, i raggi del sole ancora obliqui che disegnano un drappeggio sulla brulla landa sottostante – l'ombra della montagna proiettava un cuneo sulla terra. Come un mito che gravava su di lei. Qual è il mistero rimasto attaccato a questa montagna? L'Ararat – geologicamente giovane, formata lentamente da roccia vulcanica trachite, senza alcun interesse alpinistico – è una tra le montagne più conosciute del mondo: per l'arca di Noè e la morale a essa collegata. Da lì, dal punto d'incontro tra tre paesi, Iran, Irak e Turchia, viene tramandata la storia della salvezza dei giusti. Da secoli. Suona come un postulato: solo chi si comporta secondo morale viene salvato.

Nel popolo di origine curda di quella regione, sono sopravvissute le comunità yezidi. La loro religione arrivò nelle montagne curde probabilmente nel XII secolo dal Libano. Ma le loro origini risalgono all'epoca precedente al profeta iraniano Zarathustra. Il loro dio «Chode», creatosi da sé, ha dato inizio a un monoteismo antico che rimane ancora oggi un fenomeno della cultura curda.

Quando noi europei pensiamo al monte Ararat, pensiamo alla leggenda biblica dell'arca di Noè. E dunque anche all'eletto che viene salvato. Se, quando e come esattamente si sia verificato il diluvio universale, non lo sappiamo in realtà. Di certo non è possibile che l'Ararat alto cinquemila metri abbia potuto fermarlo come racconta l'Antico Testamento. Se pure «i fiumi» diffondendo «le loro forze» (Ovidio) avessero provocato la grande inondazione nella regione dell'odierno Mar Nero, quando è stata scritta la Bibbia, l'acqua non avrebbe potuto portare nessuna barca a una tale altezza. Probabilmente la leggenda dell'arca, il mito più potente della storia dell'umanità, è più antica della Bibbia. Ma è possibile che in questa storia ci sia un fondo di verità che è stato tramandato per generazioni prima che fosse scritta e associata a un evento concreto? Spesso le leggende si costruiscono su immagini simboliche: situazioni rischiose per la vita che volgono al bene grazie alla morale. La storia dei giusti e della loro salvezza compare già nell'epos di Gilgameš. Si è profondamente impressa nella memoria dei sopravvissuti e, mentre veniva tramandata, è diventata un mito.

Il fatto che l'uomo abbia eletto il monte Ararat a luogo sacro si può percepire una volta lì; la ragione per cui rimane collegato all'arca biblica rimane un mistero. Nello spazio di molti secoli intorno al monte si è sviluppata l'agricoltura. Tra l'8500 e il 5500 avanti Cristo, quel modello di vita è stato esportato sempre più a occidente. E con esso anche la storia del diluvio universale. Che una vera inondazione sia stata la causa della fuga del popolo eletto? O, come spesso accade, è stato solo il rilievo dominante che ha offerto alla gente spaventata un rifugio, un sostegno e l'aiuto per orientarsi? Lassù sul monte, c'era forse già un luogo sacro pre-biblico, un rifugio per quegli uomini per cui il dio e la natura erano ancora un tutt'uno? Agli occhi delle popolazioni locali – in fuga dal declino, la peggiore delle fini – le montagne appaiono come l'ultima ancora di salvezza. La dimensione morale viene molto più tardi. Perché i fondatori della religione vi hanno scoperto uno strumento di potere. Mi sembra logico che la morale come strumento di potere sia diventata sempre più importante in parallelo alla stanzialità dell'uomo. Nel frattempo siamo arrivati a moralizzare la sfera del privato. Oggi abbondano i paladini della morale – nei forum su Internet, nelle lettere dei lettori, nella rete in generale. Per lo più in modo anonimo vibrano le loro stoccate contro il «male» sempre con la scusa di fare del bene. Così si genera uno stress morale, l'individualità viene criminalizzata e la libertà limitata. Come se tutti dovessimo essere come pretendono questi ipocriti: allegri, cortesi, generosi, disponibili e buoni. Sembra sia sorta un'autorità sulle leggi che si esprime attraverso la rete in modo sempre più forte e rapido: la morale civile di massa. E con le loro fantasie di onnipotenza, questa massa di paladini della morale è pericolosa.

Sicuramente il comportamento etico c'era già prima di qualunque ordine statale. È una legge di natura che non ha bisogno di legislazione. Dopo tutto i nostri istinti sono orientati alla sopravvivenza del genere umano. È possibile che con la crescita della popolazione e dell'intelletto come correttivo dell'istinto sia nata l'etica che influenza la nostra morale. Ma la morale non è uguale all'etica. E non c'è alcuna necessità di conferire una dimensione trascendente a entrambi questi valori. È dalla valorizzazione della ragione nell'ambito dell'illuminismo, e non prima, che sappiamo che nella finta morale si può nascondere anche un potenziale criminale. I patti fondamentali come i diritti dell'uomo e il rispetto dell'individualità del singolo sono conquiste impensabili nelle teocrazie o nelle dittature morali.

Nel 1970, durante la mia prima spedizione in Himalaya, mi confrontai col mio capo spedizione, che si presentava come idealista e moralista, e che dalla sua squadra pretendeva assoluta obbedienza. Era il suo modo per assicurarsi la superiorità rispetto a noi alpinisti. Ufficialmente si poneva l'obiettivo di conquistare la parete Rupal, la più alta parete di roccia e ghiaccio della terra, alla fin fine invece gli interessava solo avere sempre ragione. Il «buon compagno» si rivelò un egoista, sempre a caccia di riconoscimenti personali e che non ammetteva obiezioni. Chiunque avesse avuto il coraggio di andare per la propria strada veniva perseguitato da quel sedicente leader. Fino alla fine dei suoi giorni tirò fuori la sua dannata morale in ogni discussione. Ma gli devo un grande insegnamento: della morale si può abusare. È grazie a questo suo modo arbitrario di agire che mi sono liberato del mio idealismo infantile.

Quando nel 1969 ricevetti l'invito per partecipare alla spedizione in memoria di Siegi Löw, lo accettai subito. L'obiettivo, compiere la prima ascensione della parete sud del Nanga Parbat alta 4500 metri, era di mio gusto: due volte e mezzo più alta della parete nord dell'Eiger. A una quota altissima sul livello del mare e alla fine del mondo. Dopo qualche tentativo fallito, quel versante della montagna era diventato la sfida alpinistica più ardita di quei tempi.

Avevo accumulato esperienza in una spedizione sulle Ande e immaginavo le problematiche dell'ascensione di un ottomila: difficoltà, pericoli e fatica. Così cominciai a prepararmi di conseguenza.

Poiché per partecipare alla spedizione avevo dovuto pagare un'iscrizione, interruppi gli studi a Padova e – nel frattempo avevo ottenuto la maturità – insegnai matematica, scienze naturali ed educazione fisica alla scuola media superiore di Appiano vicino a Bolzano. I pomeriggi li dedicavo ad allenarmi. Correvo molto in montagna, ogni giorno andavo da Bolzano a San Genesio Atesino: 1000 metri di dislivello sulle punte dei piedi e senza fermarmi. Allora mi occorreva un po' più di mezz'ora. Contemporaneamente mi esercitavo nella respirazione, spesso mangiavo e bevevo a distanza di tempo per abituare i reni alle situazioni estreme.

A mio avviso ci sono tre livelli di resistenza: il primo che ogni uomo in salute raggiunge ci consente di impegnare il fisico da tre a quattro ore senza avvertire stanchezza, fame o sete. Il secondo livello, che dipende dalle riserve di glicogeno nel fegato, lo raggiungevo dopo le grandi spedizioni. In quella fase di allenamento ero in grado di arrampicare per un giorno intero senza avvertire la tipica fame o sete di mezzogiorno. Anche dopo notti di bivacco la mia resistenza si manteneva su un livello elevato, e cresceva persino la mia capacità di concentrazione. Il terzo livello, che nelle Alpi non ho mai raggiunto, l'ho sperimentato più tardi sul Nanga Parbat, nella giungla della Nuova Guinea o nel deserto del Gobi. In quelle spedizioni, a causa di circostanze impreviste, sono stato costretto ad andare avanti per giorni in condizioni di estrema stanchezza senza bere e mangiare nulla. Sono sopravvissuto perché ero allenato.

Nelle situazioni estreme si fa affidamento più sullo spirito e sulla capacità di resistenza dei nostri organi interni che sulla mera forza muscolare. Soprattutto il fegato e i reni devono essere abituati a condizioni eccezionali se non vogliamo lasciarci la pelle.

Quando mi allenavo non avevo messo in conto che sul Nanga Parbat avrei potuto trovarmi in una situazione di pericolo. Ma sono ancora vivo perché non avevo sottovalutato la fatica della salita e avevo valutato correttamente i pericoli, anche senza conoscere le montagne dell'Himalaya. I pericoli aumentano man mano che cresce l'altezza. Non solo dovevo essere in grado di affrontare i pericoli preventivati, ma dovevo superarli. Sarebbe stato da irresponsabili partecipare a una spedizione del genere senza un allenamento speciale.

A Natale del 1969 tentai la parete nord del Pelmo. Un'invernale! Io e mio fratello Günther – nel frattempo anche lui era stato invitato alla spedizione alla parete Rupal – volevamo acquisire su quella parete innevata la resistenza che serviva in Himalaya. Dopo due bivacchi, sorpresi da un repentino cambiamento atmosferico a due terzi della parete, fummo costretti a calarci. In seguito, nei nostri discorsi immaginavamo la sequenza dei movimenti da compiere nella zona della morte. Cercavamo di riprodurre come doveva essere lassù. Eravamo talmente entusiasti da non renderci conto che, avendo sottoscritto il contratto della spedizione, eravamo completamente in balia del capo spedizione: dei suoi ordini, dei suoi umori e infine anche di quello che lui avrebbe raccontato dell'impresa.

Grazie allo speciale allenamento nella corsa avevo sviluppato maggiormente la muscolatura delle gambe rispetto al tronco, ed ero sceso a 42 battiti cardiaci al minuto. Potevo ritenermi soddisfatto. Ciononostante, al momento della partenza i dubbi e l'incertezza di un possibile successo mi tormentavano in egual misura.

Al cospetto del Nanga Parbat, io e Günther ci sentimmo inizialmente piccoli. Ma poi nel giro di sei settimane raggiungemmo la regione della vetta, e il 27 giugno eravamo entrambi in cima. Circostanze impreviste – l'ingannevole segnale di allerta per le condizioni meteo, il mal di montagna di mio fratello, il non avere a disposizione una corda – ci costrinsero a scendere dal lato ovest più facile. Ci riuscimmo, ma Günther rimase sepolto da una slavina ai piedi della montagna. Lo cercai invano, mi trascinai con i piedi congelati nella valle del Diamir, e alla fine strisciai di nuovo nella vita. Herrligkoffer sentenziò che a quell'odissea non ero sopravvissuto per miracolo ma per calcolo. E che lui non era più responsabile di chi si era opposto ai suoi ordini. Fino alla sua morte, sostenne, senza alcuna prova, che avessi abbandonato Günther alla forcella Merkl.

Morale! Poiché si indignò per le incongruenze che lui stesso aveva messo in giro, condannò il fatto che mi fossi salvato perché lui aveva fallito come leader, e mi accusò di non aver prestato aiuto perché lui stesso non aveva avviato le ricerche nella valle

Diamir. Io dal canto mio capii tardi che alla morale esibita non si può tener testa: i moralisti hanno molti alleati mentre gli individualisti, che non si lasciano sottomettere dal codice morale della massa, ne hanno pochi. Così i moralisti vincono sugli individualisti. E difendersi da loro rende le cose anche peggiori. Perché i moralisti, insieme agli altri moralisti, sguazzano nell'idea di sentirsi dalla parte giusta. Come se facessero quadrato intorno a loro e alla loro «verità» inappellabile.

L'uomo d'avventura come individuo sicuro di sé, libero da ogni moralità, si assume istintivamente tutta la responsabilità delle sue azioni. Non ha più alcuna autorità, ma è responsabile solo della sua coscienza. Così va per la sua strada, scrive la propria storia, sempre aperto all'imponderabile e alle sue possibilità. Indipendente da ogni regola imposta dall'esterno, si lascia guidare dal suo entusiasmo, dai suoi istinti, dalle sue idee. I suoi turbamenti intimi sono soltanto suoi; è artefice del suo destino. Così nasce la sua strada. Oggi lo so: questo alpinista tradizionale, signore di se stesso, non può essere accettato da coloro che discettano di diritti e morale. Ma non considero un mio simile chiunque manchi della capacità di comportarsi secondo le proprie idee. Dunque è stato un mio errore affrontare pubblicamente le contraddizioni insite in tutte le speculazioni fatte sulla morte di Günther. E anche rispondere alle menzogne che sono state fabbricate intorno a me. Il risultato è stato solo altro odio. Soltanto io sono responsabile per la morte di mio fratello; se gli altri non riescono ad assumersi la propria di responsabilità è un problema loro. Pertanto non mi sento di dover fornire ulteriori argomenti a mia discolpa.

L'intolleranza del branco rispetto all'individuo è anche alla base del tentativo della direzione del Club alpino tedesco di escludere il mio alpinismo individuale. Tutte le mie imprese al limite sono state compiute esclusivamente sotto la mia responsabilità. Senza regole «imposte dall'alto» e impersonali. La mia domanda non è mai stata «consentito o vietato», ma solo «possibile o impossibile». Soltanto io ho dato un senso alle mie azioni.

Gli « idealisti » invece, che servono la loro associazione come « volontari », identificano quel senso con l'altruismo. Anche se fanno parecchi autogol. A quanto pare li rende felici poter screditare gli « outsider » che danno senso alla propria vita, definendoli « nietzschiani ». Nel superuomo di Nietzsche però io non vedo nessun mostro soprannaturale, ma solo un uomo che si autodetermina. Quel che ci accomuna è lo scetticismo contro ogni morale.

65. Rituali

Nell'agosto del 2011, insieme a mio figlio Simon, ho salito la via Dibona sulla parete ovest del Piz Boè nel gruppo del Sella nelle Dolomiti: parete di media difficoltà, 600 metri di altezza. Due giorni prima, Simon sarebbe morto se mia moglie non lo avesse trovato in tempo e non l'avesse trasportato in elicottero da Castel Juval a Bolzano in ospedale. In piena crisi respiratoria, la mamma Sabine e la sorella Magdalena lo avevano portato al cortile più alto del castello, dove è stato stabilizzato dal medico di guardia. A paralizzare il suo corpo non era stato il buio in cui era collassato ma piuttosto il rendersi conto che era incapace di reagire allo shock. Aveva bevuto del latte di soia senza sapere che aveva sviluppato una forte allergia a quell'alimento.

Adesso arrampicava agevolmente e in sicurezza sulle rocce grigie che si levavano verticali nella parte superiore della parete. Meravigliato di come naturalmente ci esponevamo al pericolo di un'arrampicata dopo che un solo bicchiere di latte di soia aveva quasi ucciso Simon, lo seguii con gli occhi mentre saliva l'ultimo difficile tiro. Con la massima concentrazione su appigli e appoggi arrampicava nel cielo del pomeriggio. Sembrava libero da qualunque dubbio o pensiero, la vetta era lassù, e la sua arrampicata era un rituale per celebrare la vita. Anche io e mio fratello Günther avevamo condiviso quell'immagine di noi stessi quando avevamo affrontato un'impresa insieme. Diverse centinaia di volte. La domenica non andavamo a messa, arrampicavamo sulle pareti di roccia. Per noi la verità andava cercata oltre i confini del bosco, nell'immensità e nella quiete tra le vette delle Dolomiti. La nostra dimensione non la trovavamo a valle e in città. E poi anche l'Alto Adige era cambiato: sempre più auto, nuove case a schiera, negozi, industrie. Sempre più persone in una giungla di divieti.

Il nostro regno in cima alla valle.

Che i nostri antenati – di dieci, venti o trentamila anni fa – avessero convinzioni religiose? O la loro vita – sempre tesa alla battaglia per la sopravvivenza – era qualcosa di naturale? Che conoscessero rituali comuni? Mi chiedo: quando, nel corso dell'evoluzione, è nato ciò che noi chiamiamo religione? D'un tratto, dopo un avvenimento preciso, o pian piano come somma di ripetute sollecitazioni? Sono le prime città che sono sorte intorno ai luoghi di culto, o viceversa, le cerimonie religiose sono state celebrate per la prima volta nelle città più grandi? In ogni modo, le prime città e la loro amministrazione risalgono agli inizi della civilizzazione moderna. Di certo anche i rituali comuni.

Durante i nostri viaggi nel massiccio montuoso del Tassili e nel Wadi Rum, nella sabbia del deserto io e Simon abbiamo trovato molti resti dell'età della pietra: pezzi di argilla, punte di frecce, manufatti in pietra e strumenti usati nei rituali. Sulle pareti di roccia, immagini stilizzate di uomini a caccia, in lotta e danzanti. Oltre a molte immagini di animali. Come se un tempo l'arte e la ritualità avessero fornito un'identità comune alle comunità più grandi. È con la costituzione delle prime città che sono apparsi capi consapevoli del loro potere? E con questi sovrani le prime guerre? I cacciatori e i raccoglitori avevano idea di quel che li circondava? La loro religione bastava a spiegare quel che non era chiaro? Di certo, il mito della creazione e della morte facevano parte della loro religione. Forse i loro rituali servivano a cancellare paure, a soddisfare il soprannaturale e a dare consolazione. Con comunità più ampie poi giunsero i giochi di potere, la limitazione e l'esibizionismo, espressi nei rituali. Il numero dei sudditi divenne infine il metro del successo. In una cordata tutto questo non serve. I piccoli gruppi sono sottoposti alla natura dell'uomo.

I non addetti ai lavori e gli ideologi delle associazioni elevano volentieri l'alpinismo a una dimensione religiosa. Perché è caratterizzato da molto impegno e da una buona capacità di sopportare le sofferenze. Ma la sua origine non è nell'età della pietra, come per l'arte e la lingua parlata, ma nell'età moderna. Rimane un'attività fine a se stessa. Scalare una montagna non ha alcuno scopo e nessuna utilità. Scalare una montagna è solo una possibilità. La cosa misteriosa è che con essa si superano tutti i problemi senza volerli risolvere. Ma perché facciamo qualcosa che non porta alcuna utilità concreta? La religione fa finta di dare un senso alla vita dell'individuo, di vincere la morte con l'eternità. Sebbene non ci siano riscontri scientifici a riguardo, la seguono miliardi di persone. È per questo dunque che una religione deve trionfare sull'altra? È per questo che sono stati inventati i rituali più crudeli per la ricerca della verità? Da almeno tremila anni, i credenti delle altre fedi vengono disorientati, uccisi e « convertiti ». Tutto nel nome di Dio. Come se la legge del « Survival of the fittest » controllasse anche la religione.

Io ho perso per strada ogni rituale: il « Berg Heil » così come lo Jodel e la posa del vincitore sulla vetta. Anche se l'arrampicata viene associata, sbagliando, a comportamenti da scimmia, l'arte dell'arrampicata dipende soprattutto da capacità mentali. I rituali non hanno alcun significato. Quando sono in cammino in mezzo alla natura, non ho bisogno di spiegare le mie azioni. I miei sensi mi mostrano senza sosta prove di quello che Hölderlin chiama il divino. Lo rispetto come l'aldilà perché la nostra mente non lo comprende, o non lo comprende ancora. Non credo che la fede sia una forza soprannaturale da accogliere per principio. E non perché non abbiamo una spiegazione alla sua esistenza e quindi non possiamo trovare delle prove a suo riguardo, ma perché i rituali della chiesa fingono un sapere che non possono possedere. Lo stesso atteggiamento lo riservo ai custodi del Santo Graal dell'alpinismo.

Le mie spedizioni le ho compiute per lo più con pochi compagni. Per la prima volta sul Makalu – nell'inverno 1985-86 – ci accompagnò anche una nutrita troupe cinematografica. La sua presenza era ingombrante. Urlanti, con addosso ogni genere di strumentazione, i cameramen e i tecnici del suono correvano nel nostro mondo misterioso sottraendogli gli aspetti essenziali e trascurando tutte le consuetudini: la preparazione dello zaino, lo studio della via, il rito della Puja, l'offerta agli dei degli Sherpa prima di iniziare la salita. Era incredibile come una dozzina scarsa di tecnici potesse divorare tutta la magnificenza! La quiete, l'immensità, la lentezza. Ciò che poi il film mostra in proposito è quello che alla fine restò: nulla.

66. Libertà

La mia memoria collega alla salita delle grandi pareti delle Alpi i vasti spazi. Ancora oggi. Avevamo abbandonato la civiltà con le sue case a schiera, i bar, le viuzze strette e le case del Signore, e mostrato una fredda indifferenza che costituiva una provocazione per i borghesi. Dormivamo nei fienili, sotto strapiombi o in tenda. Il vuoto sopra le vette e la terra direttamente sottostante, che non apparteneva a nessuno, erano nostri. Non ci serviva nulla, e non ci serviva denaro: una condizione che non avremmo scambiato con nulla al mondo. No, non amavamo la montagna, noi amavamo il nostro modo anarchico di vivere: facevamo quel che ritenevamo giusto; arrampicavamo dove ci sembrava possibile; dormivamo quando volevamo; bevevamo dove trovavamo acqua; mangiavamo quando avevamo fame e ancora qualche provvista nello zaino. Sì, saremmo potuti morire, ma facevamo di tutto per evitarlo.

Questo senso di libertà è strettamente collegato alle mie prime impressioni delle vette del gruppo delle Odle, le «mie» montagne, che conservo nella memoria fin da bambino. Che immensità! Nella stretta valle in cui ho trascorso tutta la mia infanzia, tutto seguiva regole precise: tempo libero, il lavoro nel pollaio, la domenica a messa. Si trattava sempre di questo o quello: giusto o sbagliato, consentito o vietato. Quando trent'anni più tardi mi trovai sulla vetta dell'Everest però, non potei respirare profondamente in libertà: l'aria era troppo rarefatta, lo spazio per stare in piedi era poco, il panorama limitato per via della bufera di neve, e non potevamo restare a lungo. La preoccupazione per la nostra vita ci imponeva di scendere. Io e Peter Habeler rimanemmo pochissimo sul tetto del mondo, di libertà neanche l'ombra. Perché la libertà non può mai essere realizzata contro la natura.

«In montagna si trova la libertà» dice una delle tanto decantate frasi fatte che si sentono in tutti i rifugi. Il problema è che siamo noi a coltivare questa illusione per offrirla in sacrificio all'autodisciplina. Una cosa è sentirsi liberi da pregiudizi, costrizioni, cliché; ma la nostra paura si oppone alla libertà di cose nuove e incerte. E come nella nostra società la libertà soccombe a favore della sicurezza, lo stesso accade anche nelle avventure. Forse noi uomini non siamo né liberi né immortali. Ma possiamo scrollarci di dosso questa mancanza di libertà, almeno in parte, quando osiamo tendere alla nostra affermazione personale.

Tutti noi facciamo quel che facciamo secondo le nostre capacità, le nostre idee, le nostre esperienze. La volontà scaturisce da un lungo processo, e ciò che percepiamo come decisioni liberamente prese segue la natura dell'uomo. Dunque libertà è anche quel che noi traiamo dalle possibilità.

Come uomo d'avventura so che l'altra faccia della libertà è la responsabilità. Dunque vale il principio: «la capacità è la misura di quel che si può fare». E pertanto io non faccio quel che voglio – voglio solo ciò che posso. Questo libero arbitrio è relativo e nel gruppo può essere trasformato sempre solo con il rispetto degli altri. Ma anche il singolo, che nella sua autonomia crede di decidere in modo individuale, è soggetto a influenze esterne, costrizioni, di cui spesso non si rende conto. Questa consapevolezza di se stesso è importante quanto la conoscenza, perché ogni libera decisione può rivelarsi una decisione sbagliata, con conseguenze spesso tragiche in caso di imprese al limite.

Una volta l'uomo si faceva togliere la libertà di decisione da re, sovrani autonominatisi, entità divine inventate. Sudditi e fedeli dovevano obbedire, ed erano anche costretti a subire le conseguenze delle decisioni sbagliate delle loro autorità. Che oggi nelle nostre democrazie sia diverso? Non è dato sapere in che misura la qualità della vita, la felicità e il dolore siano il risultato delle nostre proprie decisioni. Nel nostro mondo globalizzato non esiste una risposta soddisfacente.

L'avventura come gesto anarchico in spazi non regolamentati è un esperimento avvincente anche perché collegato a un sapere primordiale: massimi rischi nella massima libertà.

Oggi viviamo in una civiltà che fa finta di lasciarci spazi liberi che si ridurranno sempre più. Anche perché siamo tanti sulla terra. E così le leggi alla base della società, che limitano il livello di libertà dell'individuo, diventeranno sempre più restrittive. Tuttavia a me sembra che già da tempo abbiamo toccato il minimo di libertà. E con la «totale libertà nella rete» siamo sul punto di cedere anche l'ultima parte.

Personalmente più che andare in Internet preferisco andare in montagna. Una slavina la posso evitare, una *shitstorm* no. Con la scusa della massima libertà di opinione possibile, proprio questa viene distrutta perché il singolo può essere screditato in rete senza che ne venga chiesto conto a nessuno. Ma la libertà senza la responsabilità è pericolosa. Come quella collettiva nella rete. Le tempeste mediatiche sono un misto di arroganza, superficialità e aggressività. Anche di razzismo e xenofobia. Altro che tolleranza. Si dice che la libertà debba essere sempre anche la libertà di chi la pensa diversamente da te. Ma rimane un'illusione se costoro non possono più difendersi. La parola «libertà» può risuonare come illusione dalle vette delle montagne, ma almeno da lì non può fare danni.

Persino l'avventura nel frattempo si è piegata alla società del controllo digitale. Sembra che oggi gli attori abbiano bisogno innanzitutto dell'opinione pubblica. Annunciano le loro imprese in rete, mettono in mostra una «natura selvaggia» attraverso il satellite e postano infine una «avventura» che ha perso da tempo la sua dimensione arcaica, perché lo spazio libero e quello controllato sono diventati uno e lo stesso, lo spazio una volta dominato dal pericolo è diventato lo spazio di un finto pericolo. Il mio ABC dell'avventura tradizionale: no **a**rtificial oxygen, no **b**olts, no **c**ommunication, no drugs, appare così come una assurdità.

67. Famiglia

L'ultimo desiderio di mia madre è stato che noi figli ci ritrovassimo tutti insieme almeno una volta l'anno, tutti, senza eccezione! Secondo le possibilità delle nostre famiglie. Nella sua vita non aveva mai espresso timori per il futuro ma solo la preghiera che ci sostenessimo a vicenda. E ha tramandato a noi figli il suo intimo convincimento che una grande famiglia sopravvive finché sta insieme. Nel frattempo, noi fratelli viviamo sparpagliati per l'Europa, ma ci incontriamo regolarmente.

Nessuno sa come sarà il mondo tra cinquant'anni. Ci sarà meno spazio per il singolo, la vita sarà più sterile, la burocrazia aumentata e la quotidianità più noiosa. Posso preparare i miei figli solo parzialmente. Per me personalmente è indifferente, ma in realtà non lo è. Viviamo in Alto Adige, la mia famiglia si è organizzata bene nella piccola provincia, viaggiamo molto. Questo non significa che vivremmo ovunque, la qualità della vita in Alto Adige è alta, e anche se non siamo d'accordo con tutto quello che accade qui, siamo soddisfatti. Ho parlato spesso e dettagliatamente di quel che non mi piace dell'Alto Adige, e ciononostante non me ne sono andato. Prevalgono i lati positivi: clima, paesaggio unico, multilinguismo.

Oggi, con i miei figli condivido la visione del loro mondo, quella che sarà la loro vita: un'esistenza completamente diversa da quella che è stata la mia da ragazzo. La relazione con il mio mondo, con la mia terra è scaturita da un processo che ancora oggi non ha soluzione di continuità. La relazione dei miei figli con il loro mondo, con la loro terra, è soltanto loro. Ma questa terra la vivo molto insieme a loro: con Madgalena, storica dell'arte, organizzo i musei; con Simon, futuro biologo, vado ad arrampicare; Anna mi accompagna qualche volta nel bosco e nelle escursioni.

L'11 agosto del 2011, a mezzogiorno mi trovavo con Anna, che all'epoca aveva nove anni, sulla vetta del Monte Pascolo. Nel cuore dell'Alto Adige. Eravamo saliti da Lazfons attraverso boschi di larici e cembri, prima seguendo vecchi sentieri per il trasporto di legname, poi lungo un pascolo che saliva descrivendo un mare di onde verdi. Seguimmo una traccia immaginaria segnata da una serie di ometti. Giunti in vetta, dove si trovava un ometto più grande, rimanemmo un po' ad ammirare l'orizzonte. Monumenti in pietra decoravano lo stretto crinale a ovest e a est, la croce di vetta si ergeva più giù su un'anticima, come fosse subordinata a simboli più antichi.

La nostra vetta, anche se non arriva ai 2500 metri, consente una vista impareggiabile: a ovest si vedono il Gran Zebrù e l'Ortles; a nord l'orizzonte è occupato dalla Ötztal, dalla Stubaital e dalla Zillertal; a est le Vedrette di Ries, la Rocca dei Baranci, e la Punta dei Tre Scarperi; la Croda Rossa d'Ampezzo, la Cima Cunturines, il Sella e il gruppo del Catinaccio formano un massiccio di vette a sud. Da alcuni punti di questo panorama a 360 gradi si vede oltre i confini della regione, verso La Pala, l'Adamello, fino al Brenta. E poi vicinissimo il gruppo delle Odle, la malga di Casnago, dove durante la mia infanzia ho trascorso molte estati. Anna era affascinata come me da quella vista e mi disse che le sembrava di essere al centro del nostro mondo.

Nessuno può immaginare davvero come qualcosa compaia dal nulla e poi scompaia. E solo pochi riescono a ipotizzare come la specie umana si sia distribuita nel tempo sul globo. Ma sta di fatto che solo l'umanità – esposta alle più diverse condizioni ambientali – ha avuto una possibilità di svilupparsi e sopravvivere malgrado le catastrofi naturali.

Il Monte Pascolo è una montagna centrale, un luogo che emana forza come pochi altri in Alto Adige e anche altrove. Spesso questi luoghi sono segnati da caverne, alberi, denti di roccia: il Sasso della Croce in Val Badia, il Ruefen in Val di

Funes, il massiccio dello Sciliar per esempio, simboli terreni e divini allo stesso tempo. Noi viandanti moderni non arriviamo più in questi luoghi cruciali come i pellegrini di una volta: per esempio al Sacro Monte di Andechs in Baviera, al Monte Tricorno in Slovenia, al Grossglockner in Austria. Anna era rimasta affascinata dagli ometti di pietra subito sotto la vetta e dalla corona di montagne che ci circondava, che suscitavano turbamento. Non che la natura, in un tale luogo, desse a noi un senso, era come se l'atmosfera particolare ci liberasse da dubbi e domande. Nessuna rivelazione: solo l'esperienza dell'essere al centro, l'esperienza della coesione.

Da ovest si stava avvicinando un ventaglio di cirri, che presto avrebbe danzato sopra di noi, e d'un tratto ci ritrovammo avvolti dalle nuvole. E al tempo stesso in mezzo a un cielo aperto. In quei momenti non serve inventarsi un essere soprannaturale. Il divino e il terreno diventano un tutt'uno, è evidente. Il sublime non si deve cercare lassù: basta guardare il panorama dalla vetta e svaniscono tutti i dubbi. È come una liberazione; sentirsi parte del mondo è come sentirsi al sicuro in famiglia.

«L'Alto Adige è così bello» disse Anna. Lieti di lasciare tutto intatto, scendemmo passando davanti alla croce di vetta. «È un bene che la croce non sia sulla vetta principale.» «Già» disse lei, «così si vede tutto.» Aveva capito: in vetta bisogna proteggere anche il panorama, non solo i simboli dei vari conquistatori.

La famiglia ha a che fare con la condivisione. E anche con la responsabilità. A tal proposito le mie sorelle, i miei fratelli e io ci sentiamo uniti in modo particolare. Soprattutto dopo la morte dei miei fratelli Günther e Siegfried. Mio fratello non sarebbe morto nel 1970 sul Nanga Parbat se io non gli avessi dato la possibilità di venire con me. E se non fossi stato suo fratello, lui non sarebbe venuto dietro di me, e non avrebbe tentato di recuperarmi nell'ultimo tratto della parete Rupal. Per nessun altro avrebbe rischiato così tanto, se non per salvare se stesso e me. Ci sentivamo responsabili l'uno dell'altro, ed era ovvio che scendessimo insieme. Io sono sopravvissuto e con l'aiuto della mia famiglia sconvolta ho imparato a vivere con la mia responsabilità. Sono l'ultima persona al mondo a poter affermare: «Non c'entro niente con la sua morte, è stata causata dalla slavina, non è affar mio». È affar mio eccome, vivo con questo pensiero, e non capisco perché interessi agli altri. Sigfried è morto nel 1985 – mi trovavo sul Kailash in Tibet in quel periodo –: fu colpito da un fulmine su una parete nelle Dolomiti e morì dopo qualche giorno.

Eppure non ho lasciato l'alpinismo, ho percorso nel mondo più strada di quanto le articolazioni di una persona possano sopportare: complessivamente due volte il giro del mondo. E sono salito fin dove mi è stato possibile. Più in alto e più lontano non potevo andare. Ogni volta che sono tornato a Juval – la famiglia, le fattorie, il castello – tornavo nel mio mondo, nella vita vera fatta di strade lastricate, pecore al pascolo, cavalli nel paddock, orti, pile di legna da ardere. Tra i boschi, nella quiete, nell'aria fresca. Che fortuna! Per una vita intera ho fatto quel che gli altri sognano di fare, e all'età di settant'anni non solo ho trovato un nuovo compito ma soprattutto un nido sicuro, con una fattoria che provvede al proprio sostentamento, un paio di amici, una famiglia felice e soprattutto una moglie che si prende cura di tutto e tiene tutto insieme senza mai trattenermi. Le devo la libertà di partire, l'energia di tornare e dei figli ben educati: la mia felicità nell'età matura. Da donna saggia qual è, non scrive alcun libro, tiene per sé la sua storia.

68. Vicinato

Mi chiedo spesso cosa ne è stato del gioco dei bambini. Forse è perché sono cresciuto con i tanti bambini del vicinato a Pizzago, una frazione di San Pietro nella val di Funes in Alto Adige, che vedo i bambini di oggi completamente diversi dal ricordo di noi, perennemente sporchi come il carbone. Giocavamo sempre insieme nel bosco, sulle sponde del ruscello, per strada. I bambini di oggi scompaiono dietro le porte di casa, siedono da soli davanti a videogiochi in una camera poco illuminata o guardano la televisione. Lasciano la loro casa solo per andare a scuola. Quando ero piccolo, stavo sempre all'aria aperta, o nella nostra azienda avicola o nelle malghe, e se era possibile giocavo con altri bambini. È tutto cambiato. Oggi, nella mia valle natale non mi capita mai di vedere un bambino che gioca. Solo in remote regioni di montagna durante i miei viaggi mi è capitato di vedere ancora ragazzini che giocavano insieme come nei miei ricordi di bambino. Come se lì il gioco facesse parte del processo di apprendimento, della cultura, dei rituali tra gli uomini, dei legami che durano una vita e della solidarietà tra vicini.

Gli uomini che vivono nelle zone montuose trascorrono spesso tutta la vita nella valle in cui sono cresciuti o nelle sue immediate vicinanze. Rimangono insieme ai loro parenti e ai loro amici di gioventù con cui condividono le responsabilità del loro insediamento, della loro valle. È una cosa naturale. Non si sentono parte di una stirpe o di un gruppo, ma della comunità di una valle. Per loro «fuori» significa oltre la successiva cresta di montagne. Dentro questa piccola società tradizionale, che spesso è composta da meno di cento persone, tutti conoscono tutti. La solitudine non è tra i loro problemi.

Quando ci si sposa, uno dei due si trasferisce dalla valle d'origine in cui è nato ma, nella maggior parte dei casi, abiterà in un luogo dove i parenti possono andarlo a trovare regolarmente. Tuttavia, da quando si sono sviluppate le prime forme di stato, queste forme di vita sono state man mano represse. Molte società tradizionali sono state sottomesse, qualche volta ridotte in schiavitù, cacciate o sterminate. Ma in alta montagna, una zona difficilmente accessibile a istituzioni statali e quindi considerata poco appetibile, si possono salvaguardare forme di vita sociale fondate su un forte senso di partecipazione all'interno del gruppo, sul senso di responsabilità l'uno per l'altro e sull'autarchia. Poiché lì solo l'unione garantisce la sopravvivenza, l'idea di se stessi deriva dalla comunità. Il tanto citato orgoglio rurale deriva dall'insieme di tutti gli abitanti della valle. E non deriva solo dal fatto di possedere le terre.

Senz'altro ci sarà stata qualche divergenza di opinione in queste comunità anche nei secoli passati. Perché il vicino è fonte di disturbo: una volta viene sabotata una concessione edilizia, un'altra volta viene bloccata una strada; si fa intervenire il comune; vengono negati i diritti di passaggio; si arriva a sporgere denuncia. Tutto per egoismo. Per incapacità di vedere oltre se stessi.

Quando a quarant'anni, invece di un'assicurazione sulla vita, comprai una fattoria di montagna, all'inizio non mi sembrò un problema. Nessuno dei miei nuovi vicini avrà da ridire, pensai. Chi avrebbe voluto ristrutturare una fattoria in rovina? I campi erano diventati una selva, gli edifici cadevano a pezzi, le strade erano impraticabili. Un giorno, di ritorno da una spedizione, trovai una delle strade d'accesso principali bloccata da una rete e non potevo entrare nella mia proprietà. Allora i miei vicini non dovevano essere così contenti della mia presenza! Indignato, tentai prima di imporre i miei diritti, cambiai strade, costruii di nuovo la fattoria e imparai a rispettare il complicato diritto consuetudinario riguardo l'acqua di irrigazione, l'uso del legname e della malga.

All'inizio nessuno aveva concretamente espresso qualcosa contro la mia presenza. E neanche in seguito. Un contadino vicino, che voleva sostituire la baita in legno ricevuta in eredità, che risaliva a quattrocento anni prima, con una casa per le vacanze, mi propose di comprarla. Io la acquistai, la feci demolire e la ricostruii uguale e identica nella mia fattoria. In modo che non andasse persa. Quando la mia agricoltura da autoproduzione e autoconsumo con relativa locanda ebbe successo, il comune mise il luogo sotto la cosiddetta «tutela degli insiemi» (e tutti a Juval ne trassero dei vantaggi), eppure i buoni rapporti di vicinato cominciarono a sgretolarsi. Il mio terreno fu richiesto come parcheggio per i vicini allevatori di bestiame da latte, ma a me fu negata qualunque possibilità di parcheggio su uno qualunque dei loro terreni: come a dire che la sfera privata delle famiglie vicine doveva essere garantita a spese della mia. Per sottolineare il legame con la propria terra, in Val Senales era circolata una storiella secondo cui io avevo tentato di portare via la «terra» a una famiglia della valle. Per fortuna, la sua fermezza lo avrebbe impedito... E dire che avevo salvato solo una parte di un bene culturale, anche perché la fattoria interessata avrebbe potuto essere trasformata in appartamenti per le vacanze. Il declino della cultura rurale di montagna si può fermare solo se le fattorie vengono rese accessibili e gli edifici vengono ammodernati.

Conosco molte altre storie, confermate e tramandate, che mostrano chiaramente che l'invidia, la pretesa di avere sempre l'ultima parola possono raggiungere i livelli più alti. Così anche le piccole società si giocano il loro sapere accumulato nel corso dei secoli. Sempre, perché vicini più o meno lontani sono infastiditi dai loro simili. Come in città. Nel tempo sono diventato più tollerante e sedentario: da cacciatore sono diventato custode e collezionista. E quindi è diventato più importante per me convivere in armonia con i vicini. Il valore del vicinato sopravvivrà sempre in montagna, proprio come il permafrost che tiene insieme roccia e terra. Altrimenti la convivenza sociale si indebolirebbe, si sfalderebbe, si adatterebbe alla cultura di città e alla fine scomparirebbe del tutto. In questo modo si metterebbe in dubbio la sopravvivenza in montagna, e la mia agricoltura da autoproduzione e autoconsumo non avrebbe futuro.

Non riesco ancora a immaginarmi nei panni di un uomo con un lavoro fisso. E nutro un profondo rispetto per coloro che lavorano, sono la parte di un mondo a cui non mi sono mai sottomesso. Continuerò a tenergli testa fino alla fine. Non che io voglia far parte dei nobili e dei privilegiati, al contrario, avrei tollerato la loro gabbia ancora meno del cartellino da timbrare. Non credo neanche agli intellettuali, che hanno relegato gli istinti al regno animale ed elevato l'alpinismo tradizionale a ideale eroico-romantico da museo. Come gli animali si comportano secondo la loro esperienza, io mi sono comportato secondo i miei istinti e ho cercato di sopravvivere in un mondo dal quale gli uomini ragionevoli si tengono lontani. Non la morale, ma la pratica mi ha insegnato che i rapporti, la tolleranza e l'empatia rendono forte la società.

69. Rinuncia

D'un tratto la montagna spuntò oltre le nebbie monsoniche. Una formazione montuosa sovrastava valli ricoperte di boschi: non avevo mai visto tali contrasti di bianco e nero, roccia e neve, e bianchi erano anche i cumuli che lambivano la base della montagna. Su tutto l'abbacinante cima del Makalu. Svettava come la punta di una freccia nel cielo blu. Incredibilmente alta. Le montagne più basse erano ombreggiate dal grigio dei monsoni attraverso cui si levava quell'unica vetta. Che spettacolo! Una meraviglia! È la quinta montagna più alta del pianeta, lo seppi subito. A sinistra si vedevano parti del Lhotse e dell'Everest, che scomparirono subito ingoiate dalla nebbia che stava salendo. In quel momento capii che quell'attimo non sarebbe mai più tornato. I ricordi – la mia prima impressione di quella montagna; ritrovarmi in vetta al quarto tentativo; o quando io e Sabine, mia moglie, tornammo a casa – mi riempiono di felicità. Nostalgia delle mie spedizioni? No, non mi è dispiaciuto non poter più arrampicare. L'Himalaya l'ho vissuto abbastanza.

Progredire non significa andare sempre avanti e sempre più in alto. Oggi per me autodeterminazione significa avere più tempo per altro, per gli altri. Già da trent'anni sono un uomo che scende e che va d'accordo con l'idea della discesa. Per uno che è stato molto in alto, non andare più in alto non è un problema.

Non ho nessun segreto. Forse più esperienza degli altri. Ciononostante, secondo me è l'uomo il grande mistero. Il suo entusiasmo gli consente di raggiungere ogni cosa, la sua avidità di distruggere ogni cosa. Risolvere questo contrasto è la mia sfida alla politica. Senza entusiasmo non si ottiene nulla e il successo solo per amore del successo rende ciechi. Come tutto si può perdere in un attimo, così il successo di ieri può essere insignificante. La vita ricomincia ogni giorno e contemporaneamente consuma il suo tempo. Molte persone si definiscono come la somma dei loro successi, io invece con i miei obiettivi. Mi concedo di invecchiare, di diventare più maldestro e più lento. Anche nel pensiero. Lo so, in mezzo alla natura incontaminata, le migliori possibilità di sopravvivere le hanno quelli che sanno affrontare il fallimento, che si sanno adattare. Quelli che bluffano non l'hanno vinta neanche nella civiltà moderna. Almeno non per sempre. Il caso, il mistero, l'impossibile hanno determinato la mia esistenza, sì, tutta la mia vita. All'abitudine oppongo sempre la mia capacità di rinunciare.

Quasi tutte le cose che ho realizzato le devo alla vita pratica. Non allo studio o ai sogni. A tal proposito non sono neanche stato sempre immune da condizionamenti esterni e pretese della civiltà. Non dico neanche di aver vissuto una vita felice; mi sono solo affidato alla natura e sono sopravvissuto. Nonostante la mia pressante impazienza e il mio temperamento collerico. Così ho imparato a controllare la mia passione e le mie paure, ad agire in modo responsabile. Mi sono anche adeguato. È stata anche una questione di fortuna. Ogni volta che ho esaurito tutte le possibilità che avevo in un determinato campo di gioco, ho sempre trovato nuovi obiettivi. Con sfide del tutto nuove. Non ho dedicato la mia esistenza alla caccia al «no limits» ma a esprimere me stesso.

La mia speranza non è mai stata quella di afferrare la felicità; per lo più sono stato felice senza saperlo. Sempre. Sono state le mie azioni che hanno reso la mia vita degna di essere vissuta. Non solo l'idea. Da uomo d'azione, sono stato guidato dagli istinti che mi hanno consentito solo le esperienze che potevo superare. Sono selettivo, certo, ma al contempo tollerante, non ho mai ambito alla perfezione, e in quanto a questo nella vita ho avuto successo perché nel mio «essere felice» risuona «la perfezione non esiste».

Non mi chiedo neanche più quale sia il senso delle cose.

Perché ho imparato a rinunciare. Chi cerca sempre il senso, perché non ce l'ha, non lo troverà come non troverà la felicità. Sono due aspetti in noi radicati ma fuggevoli al tempo stesso.

Nella società civile, non veniamo mai valutati in base al nostro vero valore, ma in modo superficiale. Per questo i miei modelli di riferimento sono coloro che salvaguardano questa società civile. Anche se spesso sono dei perdenti. Non sono disinvolti neanche quando sono sicuri del fatto loro. Così non realizzeranno mai se stessi. Continueranno ad andare al lavoro: in cantiere, in fabbrica, sottoterra. Spesso senza protestare. Faranno il loro dovere, non si lasceranno innervosire, in caso di emergenza reagiranno energicamente e si aiuteranno l'un l'altro. Io li ammiro più di tutti gli uomini d'avventura del mondo. È eccezionale quel che questi uomini riescono a fare; spesso riescono a realizzare veramente tanto, troppo. Mentre gli altri, quelli che fanno molto meno, vengono sommersi di riconoscimenti, i «lavoratori» rimangono spesso nell'ombra! Nella moderna società civile è molto facile sottrarsi a un lavoro, ed è così difficile trovare da vivere. So di essere un privilegiato, quel che ho fatto – scalare montagne, raggiungere i poli o salire pareti verticali – non è né importante né utile. Quello di cui l'uomo è capace lo dimostra nella vita di tutti i giorni: chi ha una passione per la conoscenza esce e si dedica alla ricerca; chi ha la dote della pazienza e della costanza si dedica all'artigianato; l'artista esprime se stesso con le sue opere. Chi è valoroso fa il suo dovere. Agli uomini d'avventura piace essere pazzi, ma solo i boriosi devono provare il loro coraggio.

Che cosa è utile? si chiede la maggior parte dei borghesi. Utile in che forma e per chi? Chi fa solo quello che promette dei dividendi, fa un lavoro che non ama, odia fare quel che serve per comprare ciò di cui non ha bisogno, non saprà mai rinunciare. Anche chi non è mai contento e non riesce a fare le proprie scelte di vita, non riuscirà mai ad abbandonare il proprio ego. Ogni volta che ho aperto un nuovo orizzonte, la vera ricompensa era il desiderio stesso di farlo.

Quando io e Günther siamo partiti per il Nanga Parbat, eravamo un po' come il giovane Siegfried: non venivamo da case borghesi ma dalle valli più povere del Sudtirolo. Oltre all'istinto degli animali ci accompagnava la forza e la sana paura di poter morire in montagna. Non avevamo alcun credo e non seguivamo alcun codice, e all'ambiente degli «arrivati» riservavamo sguardi sprezzanti. Le malghe, le valli, le rocce erano nostre. Non i rifugi. Il nostro regno erano i luoghi adatti al bivacco, le sorgenti, le scorciatoie. Ciononostante l'idea del buon selvaggio non ci si addiceva. Avevamo vissuto da vagabondi, tutto era sempre andato bene, non pensavamo affatto all'eventualità di una vita in città. Non ci aveva mai sfiorato l'idea di una vecchiaia assicurata, neanche nei nostri incubi peggiori.

Quasi cinquant'anni dopo, io so che sulla terra ci sono tanti percorsi di vita quanti sono gli uomini. Trovare la propria strada è l'arte per eccellenza, perché solo sulla nostra strada diventiamo forti.

Ci sono tragedie, incidenti, avversari che mi hanno costretto a trovare nuovi orizzonti. Non ho seguito mai buoni consigli o un'esca qualunque – soldi, fama – ma sono andato dove c'erano più resistenze. Hanno richiesto tutte le mie capacità, mi hanno fatto crescere, imparare ed essere grato per tutto quel di cui la vita mi ha caricato e che mi ha donato.

70. Infine

Fin da giovane ho avuto problemi con i circoli degli alpinisti che ruotano solo intorno a se stessi. Ora che sto invecchiando, sono lieto di poter condividere con altri le mie esperienze. Poiché con l'età le perdite diventano ogni giorno più numerose: la perdita di forza e resistenza, la memoria che comincia a vacillare, gli amici che se ne vanno. E poi la morte che bussa alla porta. L'unica cosa che aumenta è la comodità. Una volta succedeva con il successo. Oggi con l'età. Da cui viene infine la tranquillità che ci permette di deporre le armi. Non si tratta di non fare nulla perché avremmo già fatto tutto, è più questione di dare un senso nuovo alla vita nella vecchiaia. Finché ho potuto fare tutto – salire sulla vetta dell'Everest, attraversare il deserto del Gobi o conquistare la nord dell'Eiger – non mi sono mai chiesto quale senso avesse la mia vita. Mettevo in campo tutti i miei talenti – per quanto modesti – ed esprimevo me stesso. Non ho mai sentito la «mia conquista dell'inutile» come un torto all'umanità. Un valore, verso cui mi sono sentito particolarmente in obbligo è l'alpinismo tradizionale. A questo dedico il mio ultimo museo sul Plan de Corones a Brunico perché bisogna mettere in rilievo il potenziale dell'esperienza dell'ultima realtà della natura e custodirne la parte selvaggia. L'avventura in montagna presuppone ancora uno spazio a rischio, e senza regole. Tutti i tentativi di voler regolamentare l'alpinismo sono sempre stati intrapresi contro le azioni decise in modo consapevole in montagna. La tendenza oggi più diffusa, quella di garantire «più sicurezza nelle Alpi», non viene prevenuta determinando le realtà delle pareti, in cui si rinuncia a una ristrutturazione, o documentando grandi «zone selvagge».

Per questo il mio amico Hanspeter Eisendle non intende mettere in discussione l'indiscutibile: chiodi a espansione alle soste, nei punti nevralgici o altrove – se proprio dobbiamo parlarne – appartengono alle vie nuove su terreni nuovi, così come le prese artificiali verdi e rosse appartengono ai muri di arrampicata e non a vie come «Des Kaisers neue Kleider» sul Fleischbank in Austria, in nome delle pari opportunità! Coraggiosamente critica gli autori della stupidaggine secondo cui con i mezzi di sicurezza le montagne sarebbero più sicure: «Se una associazione come il DAV può aumentare il numero dei suoi iscritti grazie all'istituzione delle palestre di arrampicata e di conseguenza con la preparazione delle vie di arrampicata di alto gradimento, allora non merita di essere salvato in un'ottica storica dell'alpinismo». Hanspeter Eisendle, il moderno «indiano delle Dolomiti» ha intuito queste contraddizioni e protetto le sue montagne natali dalle regole. Aggiunge: «Dove spuntano commissioni di studio sui chiodi e progetti di ristrutturazione, il caos caratteristico della parete di roccia viene eliminato». La sua questione chiave è: il DAV protegge quale futuro? Quello dell'associazione o quello della natura incontaminata che ancora rimane sulle nostre montagne? Su questo tema, soprattutto il DAV, ha perso la sua credibilità negli anni. La cosa migliore da fare per le associazioni alpinistiche è di lasciare quel terreno al caos. Almeno succederebbe qualcosa di divertente. Nei prossimi trent'anni sul Sasso di Santa Croce cadranno di certo meno persone se non ci saranno chiodi a espansione. E la gente che vuole assolutamente trovare le condizioni cittadine anche in montagna, dovrebbe costruirsi la sua sabbiera per giocare. Finché avrò dalla mia parte argomenti così solidi e amici affidabili come Hanspeter Eisendle non mi preoccuperò per «l'alpinismo d'avventura».

L'uomo d'avventura tradizionale che c'è in me, da individuo sicuro di sé, è responsabile solo per se stesso e per la sua cordata. Nonostante in montagna mi senta allo stesso livello degli altri dal punto di vista emotivo e dell'esperienza mi confronto solo con me stesso. Certo, c'era il pericolo di essere sconfitto dalla società civile, e pativo anche il conflitto con le sue norme, ma quando ero in mezzo alla natura non mi mancava nulla. Se avessi avuto una personalità debole, tenuta al guinzaglio da dipendenze o legami tradizionali, avrei rinunciato alle avventure. Sono stato abile ad andare avanti per la mia strada senza dover dare conto a nessuno e quindi rimanere mentalmente stabile. Infatti comportarsi secondo i propri desideri e affrontare i pericoli nella piena responsabilità delle proprie azioni, presuppone molta esperienza e conoscenza.

La nostra natura umana ci obbliga innanzitutto a cercare di sopravvivere. Alle sue leggi intime appartiene anche la disciplina del rischio. Quando nessuna legge, nessuna morale, nessuna tradizione, nessuna religione ci dice chi dobbiamo essere, non veniamo più giudicati in base al nostro servilismo, ma solo in base alle nostre iniziative. L'essere sopravvissuto costituisce dunque la base della mia «vita nuova».

Il diritto di scegliersi la strada comprende l'obiettivo di diventare se stessi, e anche la possibilità di vivere la vita con successo. Il processo di uno sviluppo costante cancella i confini tra «consentito» e «vietato» e si concentra su «possibile» e «impossibile». Una cordata, il cui comportamento non si rifà all'obbedienza e alla colpa ma all'iniziativa personale e alla responsabilità, si fonda su stimoli intimi e sulla somma delle capacità. Ci inventiamo dei modelli con cui poi ci identifichiamo. E così nasce la motivazione che presuppone la realizzazione di quegli ideali.

L'aspetto essenziale dell'individualismo nella cordata è la condivisione di paure, che equivale a un raddoppio di esperienza, entusiasmo e potenza psichica. Il senso di tutto ciò non deriva né da una religione né da un sovrano, ma da sogni a occhi aperti e dalle azioni stesse. Poiché tutte le decisioni vengono prese insieme – spesso tacitamente – si realizza un doppio ideale: la nostra piccola comunità corrisponde alle leggi della natura umana e ci aiuta a comprendere quel che abbiamo dentro.

Ma quando le azioni diventano impossibili perché la malattia o la vecchiaia erigono barriere per noi più alte e invalicabili di quelle dell'Everest e che ci chiudono come in una gabbia, forse ci sostengono il renderci conto della nostra limitatezza e il ricordo. Nella mia vita ho sempre dato tutto, e questo ha comportato un prezzo spesso elevato. Quante volte ho dovuto dare tutto quello che avevo da dare! Pur di non morire. Ciò che da me si esigeva è diventato una sorta di mantra, che, in seguito, ho ritrovato espresso in un saluto tibetano: «kalipé» – «con passo tranquillo» – augurano i tibetani a chi si mette in viaggio. Questo «kalipé» ha sostituito il «Berg Heil» nel mio modo di pensare. Da uomo sulla via del ritorno auguro a tutti coloro che sono destinati all'avventura nella natura incontaminata quell'esperienza che fornisce tutte le rispose sulla nostra vita e sulla natura dell'uomo. Perlomeno fino a quando la montagna e i deserti continueranno a essere spazi di pericolo.

Non sono mai stato un selvaggio: piuttosto un disadattato, un uomo alla ricerca del senso, degli ideali, dell'estetica, un uomo curioso. E vado ancora nella natura selvaggia per sfuggire a un mondo addomesticato, sulle tracce della vera natura dell'uomo.

Indice

PARTE 2. LA VITA CONTINUA

PARTE 3. NUOVO INIZIO

I LIBRI DI REINHOLD MESSNER
NELLA COLLANA EXPLOITS

Cho Oyu. La Dea Turchese

Grido di pietra

K2 Chogori

La libertà di andare dove voglio

La mia vita al limite

La montagna a modo mio

La Montagna Nuda

On Top. Donne in montagna

Parete Ovest

Razzo rosso sul Nanga Parbat

Tutte le mie cime

La vita secondo me

CORBACCIO

Fotocomposizione Editype S.r.l.
Agrate Brianza (MB)

Finito di stampare
nel mese di settembre 2014
da Grafica Veneta S.p.A. di Trebaseleghe (PD)
Printed in Italy